**UM PEQUENO DEMÔNIO
NA AMÉRICA**

UM PEQUENO DEMÔNIO NA AMÉRICA

NOTAS EM HOMENAGEM À PERFORMANCE NEGRA

HANIF ABDURRAQIB

TRADUÇÃO
Stephanie Borges

Esta obra foi publicada originalmente em inglês com o título
A LITTLE DEVIL IN AMERICA por Random House, um selo e divisão do grupo
Penguin Random House LLC, Nova York.
© 2021 Hanif Abdurraqib
© 2024, Editora WMF Martins Fontes Ltda., São Paulo, para a presente edição.

Todos os direitos reservados. Este livro não pode ser reproduzido, no todo ou em parte, armazenado em sistemas eletrônicos recuperáveis nem transmitido por nenhuma forma ou meio eletrônico, mecânico ou outros, sem a prévia autorização por escrito do editor.

1ª edição 2024

Tradução *Stephanie Borges*
Revisão da tradução *Marcelo Brandão Cipolla*
Acompanhamento editorial *Luciana Araujo*
Preparação de textos *Luciana Araujo*
Revisões *Tatiana Custódio dos Santos e Juliana de A. Rodrigues*
Produção gráfica *Geraldo Alves*
Paginação *Renato Carbone*
Capa e ilustração *Júlia Custódio*
Imagem da capa *Casal dançando no Savoy Ballroom,*
Harlem, 1947. Bridgman Images / Keystone Brasil.

Dados Internacionais de Catalogação na Publicação (CIP)
(Câmara Brasileira do Livro, SP, Brasil)

Abdurraqib, Hanif
 Um pequeno demônio na América : notas em homenagem à performance negra / Hanif Abdurraqib ; tradução Stephanie Borges. – São Paulo : Editora WMF Martins Fontes, 2024.

 Título original: A little devil in America : notes in praise of black performance.
 ISBN 978-85-469-0580-5

 1. Afro-americanos – Artes cênicas 2. Afro-americanos – Condições sociais 3. Afro-americanos – Identidade 4. Estados Unidos – Relações raciais 5. Afro-americanos – Vida intelectual 6. Literatura americana – Autores afro-americanos – História e crítica I. Título.

24-194002 CDD-791.08996073

Índice para catálogo sistemático:
1. Afro-americanos : Artes cênicas : História e crítica   791.08996073

Cibele Maria Dias – Bibliotecária – CRB-8/9427

Todos os direitos desta edição reservados à
Editora WMF Martins Fontes Ltda.
Rua Prof. Laerte Ramos de Carvalho, 133 01325-030 São Paulo SP Brasil
Tel. (11) 3293-8150 e-mail: info@wmfmartinsfontes.com.br
http://www.wmfmartinsfontes.com.br

Para Josephine Baker

Se você não é um mito, é a realidade de quem?
Se não é uma realidade, é mito de quem?
Sun Ra

Pense em nossas vidas e nos conte sobre o seu mundo detalhadamente. Invente uma história.
Toni Morrison

Sumário

PRIMEIRO MOVIMENTO: FAZENDO MILAGRES · 11
Sobre os momentos em que me obriguei a dançar · 13
Pensando em maratonas e túneis · 17
Sobre a despedida como performance · 45
Um epílogo para Aretha · 63

SEGUNDO MOVIMENTO: SUSPENSÃO DE DESCRENÇA · 75
Sobre os momentos em que me obriguei a dançar · 77
Saudações a todos os negros mágicos · 81
Dezesseis formas de olhar o *blackface* · 109
Sobre movimentos precisos e imprecisos dos membros · 139
Nove considerações sobre pessoas negras no espaço · 173

TERCEIRO MOVIMENTO: SOBRE QUESTÕES DE PAÍS/ ORIGENS · 209
Sobre os momentos em que me obriguei a dançar · 211
O monumento a Josephine Baker nunca poderá ser grande o suficiente · 217
É certo dizer que perdi muito no jogo · 245
Do que mais gosto em Don Shirley · 267
Eu gostaria de dar rosas a Merry Clayton · 289
Beyoncé se apresentou no Super Bowl e pensei em todos os empregos que eu odiava · 309

**QUARTO MOVIMENTO: ANATOMIA DA INTIMIDADE/
À PROCURA DO SANGUE · 331**
Sobre os momentos em que me obriguei a dançar · 333
A rixa às vezes começa com um passo de dança · 337
Medo: uma coroa · 359
Sobre a performance da suavidade · 377
Lacrar as portas, derrubar paredes · 397

QUINTO MOVIMENTO: CHAMADOS PARA LEMBRAR · 417
Sobre os momentos em que me obriguei a não dançar · 419

AGRADECIMENTOS · **423**
CRÉDITOS · **425**
SOBRE O AUTOR · **427**

PRIMEIRO MOVIMENTO

FAZENDO MILAGRES

Sobre os momentos em que me obriguei a dançar

É TRANQUILO dizer que nenhuma outra criança muçulmana na zona leste de Columbus tinha MTV ou Black Entertainment Television (BET) em casa & nós tínhamos às vezes como quando o Pai conseguiu uma promoção ou depois que a Vó veio morar com a gente & deixava uma Bíblia na mesinha de cabeceira & tinha que assistir ao canal que transmitia seus *game shows* 24/7 & por isso também é tranquilo dizer que eu era o único no Centro Islâmico da Broad Street que ficava acordado de madrugada & assistia aos programas da MTV que passavam depois que meus pais apagavam a luz & iam pra cama & então era só eu & o calor do brilho de uma TV antiga & os DJs tocando C+C Music Factory para pessoas usando roupas largas & coloridas & se balançando numa pista de dança imersa em luz estroboscópica & então é tranquilo dizer que eu era o único que dançava sobre o piso manchado do porão lá de casa sob o luar lá fora & todas as luzes apagadas & a televisão tocando *hits* & isso não era tanto *ensaiar* passos de dança mas era muito mais aprender as diferentes direções nas quais meus membros poderiam se debater & não há igreja que se compare à igreja dos braços desacorrentados jogados em todas as direções no silêncio de uma casa adormecida & por falar em igreja ser muçulmano é rezar em silêncio às vezes embora o chamado à oração seja uma das canções mais doces que possa pairar no ar & não tem louvor & não tem dancinhas nos corredores do templo & não há espírito santo para levar a culpa por todos os desmaios ou gritos ou convulsões do corpo & eu não quero que um espírito entre em mim mas quero uma namorada ou pelo menos um beijo de uma garota do Centro Islâmico aonde vamos nas sextas-feiras à tarde durante o verão para as orações de Jummah & largamos nossos sapatos no carpete & entramos no saguão onde os garotos e as garotas se reuniam rapidamente antes de serem separados para as orações & é absolutamente tranquilo dizer que com as minhas meias no piso de mármore do Centro Islâmico de Broad Street eu me sentia tomado por alguma coisa que acho que devemos chamar de sagrado para não transtornar a ordem divina & isso era bem no meio nos anos 1990 & ninguém mais fazia o *moonwalk* & mesmo quando faziam ninguém fazia direito & só existe um Michael & eu não sou aquele negão & enquanto as garotas do centro islâmico faziam fila para o be-

bedouro eu pensei *Agora é hora* & eu definitivamente não estava mais na escuridão do meu porão onde conhecia o piso & onde entendia cada cantinho da arquitetura & deslizei para trás nas pontas dos dedos dos pés & ninguém nem se deu ao trabalho de olhar para mim & então ninguém podia me avisar da escada em direção a qual eu deslizava & então ninguém viu meu breve momento de gingado antes que tudo desse errado & assim de repente eu estava numa pilha de sapatos descalçados & tranquilíssimo dizer que não arrumei nenhuma namorada naquele verão nem no verão seguinte & que a TV a cabo da minha casa foi cortada no ano em que a minha mãe morreu.

Pensando em maratonas e túneis

QUANDO A DENSA névoa da exaustão baixava no ambiente, era o desejo o que mantinha o corpo da dançarina na vertical. Quando o desejo se esgotava, era o outro dançarino, segurando sua parceira pelos braços. Nas fotografias das maratonas de dança da época da depressão, as mulheres às vezes parecem sem vida nos braços dos homens. Em algumas fotos, os homens apoiavam seus corpos para descansar sobre mulheres que tinham as costas arqueadas, de pé, tentando apoiar o peso morto da pessoa agarrada a elas.

As maratonas de dança começaram nos anos 1920, a maioria em cidades do interior. À medida que os parques de diversões e feiras começaram a se espalhar pela paisagem dos Estados Unidos, os americanos se tornaram mais obcecados pelo impossível. Demonstrações de força ou resistência humana. As pessoas testavam seus limites sentadas no alto de postes ou fazendo longas e terríveis corridas a pé pela zona rural. Com a bem-sucedida modernização dos Jogos Olímpicos em 1896, os americanos passaram a se interessar pela ideia de recordes mundiais. Muito antes da criação do *Livro Guinness dos Recordes*, tudo já era medido. Tempo e permanência eram referências para o impossível.

Em 1923, Alma Cummings dançou com seis homens no Audubon Ballroom em Upper Manhattan por vinte e sete horas sem parar. Cummings era uma professora de dança interessada nos limites do corpo em uma pista de dança. Seu triunfo se situou no cruzamento entre os vários fascínios de uma época: o excesso, a resistência e testar os limites da tolerância do país perante expressões mais liberais da sexualidade. Na única foto tirada logo após Cummings ter passado mais de um dia inteiro mostrando seus passos e girando na pista de piso de madeira, ela está com os pés dentro de uma pequena bacia cheia d'água. O sorriso dela pareceria de satisfação, se não soubéssemos o que ela tinha acabado de fazer. Mas, como sabemos, ela mostra os dentes e curva os lábios como quem está à beira de algum tipo de loucura, destacada por seus olhos sem expressão, que mal se mantinham abertos. Numa mão, Cummings segura os sapatos que usou para dançar. Há um buraco bem definido na sola de cada um, perto da parte do pé que pode bater no chão nos momentos mais animados. Os dois buracos bem grandes, como bocas abertas pelo horror, pelo espanto.

Quando as notícias da conquista de Alma Cummings começaram a se espalhar por aquele país obcecado por recordes, não era possível que o povo aceitasse ficar para trás. As pessoas viam algo que nunca tinha sido feito antes e também queriam ter alguma coisa a ver com isso. Algumas igrejas ainda diziam que dançar era pecado, mas não havia pecado maior do que não fazer nada enquanto ainda era possível gravar seu nome nos registros da imortalidade. Cummings teve seu recorde quebrado pelo menos nove vezes nas três semanas seguintes. Em Baltimore, em Cleveland, em Houston, em Minneapolis. Reportagens sobre pessoas dançando durante horas se multiplicavam nos jornais, migrando de uma cidade para outra. Se alguém batia trinta e uma horas num domingo em algum lugar em Indiana, então certamente alguém a alguns estados de distância tentaria se arrastar por trinta e duas horas até a terça-feira.

O problema, como os organizadores gananciosos o viam, era que ninguém estava lucrando com essa nova obsessão. Com certeza, o *boom* da industrialização no início dos anos 1920 mantinha as pessoas nos centros urbanos bem alimentadas e ansiosas para gastarem suas moedas com qualquer entretenimento que encontrassem. Mas nas regiões rurais dos Estados Unidos as pessoas viviam jogadas em situações desesperadoras. Uma combinação de tédio e escassez de recursos criou a oportunidade perfeita para os organizadores de eventos encherem o bolso com o entusiasmo cada vez maior em torno das maratonas de dança. Havia espaço para promover esses eventos – celeiros esvaziados pela falta de uso, ou vastos salões de que algumas cidades maiores e mais claustrofóbicas não dispunham. Também havia a simples capacidade de capitalizar em cima da pobreza e da necessidade. Organizadores ofereciam prêmios em dinheiro no valor de poucas centenas de dólares para os vencedores, às vezes um pouco mais. Uma boa competição era capaz de oferecer um prêmio um pouco maior que a renda anual do trabalho agrícola. Além disso, os dançarinos eram atraídos para as competições pela simples promessa de comida e abrigo. Durante as maratonas era oferecida comida, e os dançarinos tinham direito a breves intervalos para comer, tomar banho e se barbear. Era uma boa alternativa à fome ou a ter de permanecer mergulhado na própria realidade. Em vista da vida que levavam, qualquer coisa à qual os dançarinos se sujeitassem parecia valer a pena. Mesmo quando não venciam, ainda tinham um propósito – enquanto fossem capazes de suportar a privação de sono, os pés inchados ou as pernas trêmulas, curvadas e instáveis.

Quando o mercado de ações despencou em 1929, as maratonas de dança se tornaram uma mania nacional. Afinal, o desespero tem um efeito equalizador. A oferta de competidores dispostos se ampliou e se espalhou para além da área rural dos EUA. Pessoas sem perspectiva de conseguir emprego enchiam as maratonas de dança só para conseguir uma refeição de verdade enquanto tentavam levar um pagamento para casa. Foi ali que as regras mais rígidas foram estabelecidas: o joelho de um dançarino não podia tocar o chão em momento nenhum, ou ambos os membros da dupla seriam desclassificados. Os participantes tinham quinze minutos de descanso a cada hora, mas, quando esses minutos acabavam, precisavam voltar imediatamente à pista de dança. O que era dança, ou não, parecia ser bastante discutível em termos de movimento na prática. Dançarinos liam o jornal enquanto dançavam; alguns se barbeavam enquanto a parceira segurava um espelho. As regras determinavam que pelo menos um dos dançarinos do casal precisava se mexer – um conjunto de pés precisava tentar alguns passos com ritmo. As horas que os maratonistas passavam na pista foram aumentando, muito além das vinte e sete horas de Alma Cummings. Os dançarinos vencedores do início dos anos 1930 contabilizavam centenas de horas de pista, logo depois, milhares. Algumas cidades, como Boston, proibiram os eventos quando os participantes começaram a se machucar – ou a desmaiar e morrer uns dias depois.

Para as maratonas mais extremas, as danças variavam entre a animação de giros e movimentos vigorosos e períodos mais preguiçosos de uma caminhada semirrítmica.

As pessoas nem sempre escolhiam os seus parceiros pela afeição ou pelo interesse romântico, mas simplesmente por ser o alguém em quem mais confiavam para mantê-los vivos nos momentos mais ingratos da maratona. Uma pessoa que tivesse uma estrutura corporal robusta o suficiente para manter um parceiro de pé, mas não muito pesada para ser levantada. Havia dançarinos que entravam nas maratonas em dezembro na esperança de dançarem direto até junho. Duas pessoas – às vezes namorados, mas também parentes ou nem tão amigos assim – tinham que se comprometer uma com a outra e com a tentativa de se manterem de pé. Isso poderia ser mais fácil durante a noite, quando as bandas caprichavam no embalo para manter os salões animados. No entanto, o verdadeiro teste era durante o dia, quando o rádio mal zumbia uma melodia seca e o público era pequeno.

Sim, o público: aqueles que assistiam, com uma euforia cínica. Especialmente nas cidades, onde as maratonas atraíam mais gente, os espectadores lotavam os salões. Mesmo entre os desesperados existia a divisão de classes. As pessoas que estavam numa pior, mas não a ponto de se sujeitarem aos rigores de uma maratona de dança, iam observar as que estavam numa situação mais braba que a delas – as que apoiavam seus corpos cansados no parceiro em nome de um abrigo temporário ou uma rodada de refeições quentes ou um lugar para descansar diante de uma plateia de gente que ainda tinha um lugar para morar ou comida suficiente para sobreviver.

Digitei "maratonas de dança + dançarinos negros" numa busca no Google e todos os resultados vieram com um alerta embaixo. "Não encontrado: negros". O buscador pergunta se o termo "negro" *precisa ser incluído* nos resultados. Pelo menos aqui, deveria. Também se deve dizer que sim, havia uns poucos dançarinos negros fazendo suas próprias maratonas no Harlem ou em outros bairros negros de Nova York. A maioria dos dançarinos maratonistas e espectadores, no entanto, era branca. Os prêmios mais altos eram concedidos aos dançarinos brancos. Mas não se engane, as pessoas negras estavam dançando. Dançavam em clubes de jazz, em barzinhos, em salas de estar. As pessoas negras estavam dançando com mais interesse na habilidade do que na resistência. Privilegiavam parceiros que pudessem fazê-las se destacar, em vez de simplesmente segurá-las. Algumas dessas pessoas negras passavam necessidade assim como os brancos que dançavam durante horas, até chegar à beira da morte. Estavam mergulhadas em desesperos adjacentes, mas tinham diferentes oportunidades de escape e de recompensa ao seu alcance. Os dançarinos negros que se entregavam ao *lindy hop* nos bailes ou cassinos segregados tratavam de celebrar sua capacidade de se mexerem de um jeito que ninguém mais à sua volta era capaz, durante o tempo que conseguiam. Eles se levavam ao limite de uma exaustão breve, extática, em contraposição à outra, lenta, arrastada, desafiando a morte.

No fim das contas, o que é a resistência para um povo que já resistiu? O que ela significava para quem ainda podia, naquela época, tocar as mãos de um parente vivo que tinha sobrevivido ao nascimento no cativeiro, aos trabalhos forçados? A resistência, para uns, era ver o que se podia fazer numa pista de dança. Não tinha a ver com os limites do corpo quando ele é levado a um feito impossível no tempo linear. Não. Era ter uma relação poderosa o suficiente com a liberdade para compreender as limitações dela.

■

Quando eu estava no terceiro ano do ensino médio, havia festas *sock hop* no meio do dia. Era uma desculpa para que os calouros e veteranos dividissem seus dias, traçassem uma linha entre a vida antes e depois de suar. Também era o único jeito de a escola segurar dentro do prédio os alunos que tinham carro. Quando a diretoria se deu conta de que saíamos para o almoço e só voltávamos no meio da tarde, foi necessário chegar a um acordo. Assim nasceu o baile *sock hop* no meio do dia. Durante o horário do almoço, o auditório da escola autorizava que os alunos retirassem as cadeiras, trouxessem as caixas de som e criassem uma pista de dança. A escola era antiga e o auditório, subterrâneo.

A luz já era pouca naturalmente, e, à medida que os corpos começavam a lotar o espaço, a pouca luz existente era engolida. Uma cacofonia de barulho e sombras, mais ou menos durante quarenta minutos toda tarde. Era tão escuro que não importava quem sabia ou não dançar, quem estava se esfregando em quem – nem mesmo qual música tocava, desde que estivesse alta e tivesse um grave que pudesse ser sentido em todos os lugares, até no saguão de entrada. A supervisão dos professores era mínima, pois a maioria deles parecia ter decidido que essa alternativa era melhor que metade da escola ficar vazia nas aulas do turno da tarde.

Para a maioria dos adolescentes muito jovens e ansiosos, os pontos privilegiados eram os cantos, onde a escuridão era ainda mais intensa que no restante do espaço. Ali, o limite entre a dança e indecência era mais tênue. Se dois participantes dispostos quisessem criar um pouco mais de calor do que seus corpos produziam, ou se os olhos se encontravam na sala de aula às nove da manhã com instruções claras do que poderia acontecer umas horas depois, os cantos eram os locais onde esses acordos eram sacramentados. Com a privacidade que se pode alcançar em um auditório no qual metade da escola estava presente.

Talvez pela primeira vez na minha vida, eu preferia o centro da pista. Havia algo sedutor em estar no meio de uma massa de gente que ainda não tinha se descoberto, como eu mesmo não tinha. Havia alunos de diversas raças na minha escola, mas em geral só os negros dançavam. Só os negros tocavam como DJs naquelas festas. Só os professores negros vigiavam os bailes, ou viravam a cara quando a coreografia ficava apimentada demais, mas não a ponto de se tornar perigosa. Os outros eram convidados a entrar naquele espaço, é claro. Mas ele parecia evidentemente nosso – adolescentes negros nervosos demais para fazer qualquer outra coisa além de tentar se balançar para se verem livres dos limites da escola, dos pais, dos esportes ou de qualquer outra responsabilidade que depois, no furacão contínuo da vida adulta, passaríamos a ver como ventos gentis. Eu preferia a massa de corpos no centro da pista. Onde a habilidade de dançar era apenas uma coisa arbitrária no meio de um monte de outras coisas arbitrárias. Mal havia espaço para se mexer, na verdade, e por isso o que alguém fizesse dentro dos limites de seu pequeno quadrado era dança – e ninguém estava conferindo a capacidade do outro de dançar, porque cada um tinha que cuidar do seu próprio quadrado.

Nunca me senti tão dançarino quanto naquela época, entre outros jovens negros que também tinham o gingado ou não tinham, mas ainda queriam imaginar a tarde como uma noite sem preocupações. Quando a música acabava e as portas do auditório se abriam, a luz crua do saguão se espalhava pela sala e saíamos cobrindo os olhos, como se tivéssemos passado vários dias no subsolo. Tudo isso parece tão estranho agora. Sair daquela cena para sentar numa carteira e ler sobre Chaucer ou uma irmã Brontë, o suor ainda secando na minha nuca.

Agora me ocorre que essa era a verdadeira alegria de dançar: entrar num mundo diferente daquele que nos sobrecarrega e mexer o corpo em direção a nada além de uma oração para que o tempo desacelere.

Antes que eu aprendesse essa lição na prática, entendesse a forma como o suor pode cobrir gloriosamente a pista de dança, me voltava para minha televisão na infância para ver pessoas negras requebrando. *Soul Train* era transmitido ao vivo nas noites de sábado na WGN, uma emissora de Chicago, onde o programa surgiu. A WGN pegava em Columbus, ainda que só tivéssemos os canais básicos. No início e em meados dos anos 1990 era isso que nós assistíamos antes de *Yo! MTV Raps*. Naquela época, o programa ao vivo era muito bom. Mas as verdadeiras pérolas eram as reprises que às vezes eram transmitidas aos domingos durante o dia, quando a maioria dos outros canais estava atolada de infomerciais ou dos jogos da Liga de Futebol Americano da semana. As reprises mostravam clipes da era mais reluzente do *Soul Train*, de meados dos anos 1970 até o final dos 1980, quando os convidados musicais semanais eram o que havia de melhor das épocas do black soul, do funk, do R&B e do pop, e os trajes do público, que também dançava, eram enfeitados com franjas, babados e dourado, a pele escura, apenas pelas joias ou pelo glitter nos olhos e nas bochechas.

Soul Train era comandado por Don Cornelius, que começou sua carreira como DJ substituto na estação de rádio WVON, em Chicago. Cornelius nasceu em 1936, enquanto a era das maratonas de dança começava a morrer. Trabalhou de início como repórter e cobrindo esportes, mas, em seu tempo livre, era mestre de cerimônias numa série de shows musicais que apresentavam os talentos locais de Chicago. Nas noites dos fins de semana, ele enchia os ginásios das escolas secundárias da região com toda a gente que cabia lá e promovia seu show. Chamou essa série de "The Soul Train", e as apresentações se tornaram cada vez mais populares no fim dos anos 1960, com pessoas vindo de todo o Meio-Oeste para dançar ao som do que quer que fosse que Cornelius tocasse.

Em 1965, dois programas de dança eram transmitidos por aquela emissora UHF que começava a se destacar em Chicago: *Kiddie-a-Go-Go* e *Red Hot and Blues* – os dois voltados para o público jovem. O segundo era direcionado especialmente para o público negro, nas noites de sexta-feira, apresentado por Big Bill Hill, um DJ e promoter na cidade. *Red Hot and Blues* era dedicado especialmente ao R&B e mostrava jovens dançando ao som dos hits do dia, em graus variados de empolgação.

Essa foi a semente do *Soul Train*, mas Cornelius estava tentando fazer um programa de fato adulto e arraigado numa tendência de estilo que nascia na virada da década, quando as pessoas negras estavam se redefinindo mais uma vez, depois que a conversa sobre os direitos civis se transformou numa conversa sobre a libertação total. No fundo, Cornelius era um jornalista que se voltou para seu ofício pelo desejo de cobrir o movimento dos direitos civis, ciente de que este era inextricavelmente ligado à música que lhe servia de trilha sonora. Ela agia como um chamado para as pessoas tomarem as ruas e uma trégua depois de um longo dia de protestos, de marchas ou de trabalho num emprego detestável. Cornelius estava frustrado com a falta de espaço na televisão para a soul music, e a falta de pessoas negras se mostrando livres e íntegras na TV; então, ele mesmo criou um espaço para isso. Quando a oferta de um contrato de TV bateu à sua porta em 1970, ele já tinha um público estabelecido. Um povo não pode se ver apenas sofrendo, a menos que ele acredite que só mereça dor ou que só se pode celebrar quando essa dor é superada. Cornelius tinha uma visão para o povo negro no qual este se mexia no seu próprio ritmo e para suas próprias finalidades, e não em resposta ao que um país podia fazer por ele ou com ele.

O fato de Cornelius ser descolado ajudava muito. O próprio nome dele parecia ter sido transmitido por toda uma linhagem de canalhas que usavam chapéus enterrados quase cobrindo os olhos e mantinham na boca cigarros que nunca queimavam até o final. Seu nome completo –

Donald Cortez Cornelius – talvez fosse ainda mais legal do que seu nome de guerra, mas imagino que até os mais bambas entre nós precisam pegar leve com as pessoas às vezes. Ele era um magrelo de 1,92 m que caminhava com passos longos e lentos. Don Cornelius não dançava muito; em vez disso, preferia ceder a pista de dança aos muitos que suavam em cima dela durante cada gravação de *Soul Train* assim que o programa chegou à TV e se tornou um sucesso estrondoso. Mas era óbvio que Don Cornelius sabia dançar. Há pessoas que nem é preciso ver se mexendo para saber que ela e o ritmo são uma coisa só, e Don Cornelius era esse tipo de pessoa, em parte porque sempre parecia muito bem-arrumado, mas também não arrumado demais a ponto de se recusar a subir numa pista de dança. Ele usava blazer de veludo e mantinha o cabelo afro armado e impecável. Seus óculos de armação redonda repousavam equilibrados no rosto e nunca precisavam ser ajeitados.

Além de toda a estética bacana, Cornelius era um orador poeta, brincando com a melodia e a sintaxe em suas apresentações e entrevistas. No início de cada episódio, uma narração em segundo plano apresentava Cornelius enquanto a câmera dava um zoom nele e em seu sorriso fácil. Então ele respirava fundo antes de soltar uma frase longa e tortuosa, do tipo:

HEYYY, bem-vindos a bordo, garanto que vocês vão curtir a viagem especialmente se você gosta de soul bem gelado, porque temos ninguém menos do que o sorveteiro em pessoa aqui e ele vai olhar B-E-M nos seus olhos depois dessa mensagem muito importante.

Ou

Hey você aí, chegou a hora de mais uma *deliciiioooosa* viagem no trem do soul e você precisa se segurar bem no seu lugar, porque não vai querer perder o assento, nós vamos ficar aqui a noite *inteeeeeira*.

Também ajuda o fato de que Cornelius não se levava muito a sério. Ele, assim como o *Soul Train*, buscava mostrar o quanto a negritude era diversificada, e para isso, às vezes, calçava tênis de basquete do tamanho de sapatos de palhaço e fazia movimentos como se estivesse jogando uma partida de duas pessoas com um amigo. A presença dele como apresentador servia ao show em primeiro lugar, sem dúvidas. Mas ele também dava bastante de si para os espectadores em casa, para fazê-los se sentirem como se estivessem ali na plateia, qualquer que fosse o horário ou a época em que os episódios fossem exibidos. Durante algumas horas, em alguns domingos dispersos da minha juventude, lá estava eu com os dançarinos com suas gravatas largas e golas armadas, ou estava lá com Earth, Wind and Fire tocando "September" e um público se acabando de dançar com aquele som como se fosse a coisa mais maravilhosa que já tinham ouvido. Eu estava lá, o tempo todo, no final, com Cornelius fazendo sua despedida habitual:

Estaremos de volta na semana que vem, e você pode apostar sua grana que vai ser uma arraso, meu bem! Sou Don Cornelius e como sempre me despeço desejando a você muito amor, paz e soooouuuulll!!!

A maior característica do *Soul Train* era a Fila do Trem do Soul, que ancorava o programa. Era simples e óbvia: duas fileiras eram formadas e dois dançarinos saíam do fim da fila e iam dançando até a outra ponta, onde estava a câmera, e a fila naturalmente ia diminuindo. Os participantes não tinham muito tempo e espaço para se deslocarem, e tinham que fazê-lo com agilidade. Todo mundo estava assistindo, em casa e na própria fila. Enquanto os dançarinos passavam, os participantes que esperavam sua vez batiam palmas ao som da música para ajudá-los a se manter no embalo. A história da fila surgiu a partir do *stroll* (passeio), uma dança que se tornou popular nos anos 1950 e assim se manteve até o fim dos anos 1960. "The Stroll" era uma canção dos The Diamonds, de 1958, e fez um tremendo sucesso no programa *American Bandstand*, onde a febre da dança se alastrou. Os vídeos do *stroll* original não despertam muita empolgação. As duas fileiras são muito distantes e a maioria dos dançarinos, quando se encontra no centro, simplesmente dá as mãos e desfila numa caminhada melódica, às vezes balançando um braço ou os dois para dar um efeito. Todos os dançarinos eram brancos, e os participantes à espera de vez em quando batem os pés acompanhando a música, em vez de bater palmas. Nos vídeos em preto e branco, a maioria dos dançarinos parece que nem queria estar lá. Como se essa canção em particular exigisse deles um trabalho com o qual jamais quiseram realmente se comprometer.

Mesmo assim, Cornelius achou interessante a ideia de fila em si, e o conceito, segundo parecia, poderia ser mais bem aproveitado com alguns pequenos ajustes. Se o espaço entre as fileiras fosse mais estreito, por exemplo. Ou se a fila existisse fora do conceito de uma única canção que fazia os movimentos parecerem uma obrigação. O *stroll* era lento e um pouco tedioso, mas havia algo de insistente na fila do *Soul Train*. As músicas eram mais rápidas, com certeza. Mas as pessoas entre as fileiras dançavam com uma clara urgência. Mostravam seus melhores movimentos, como se a qualquer momento pudessem se esquecer de como fazê-los. As pessoas enfileiradas faziam a percussão com suas palmas. As mãos, a voz e o corpo, os melhores instrumentos. Os instrumentos a partir dos quais nasceram todos os outros.

A fila foi um sucesso instantâneo, porque ela permitia que cada pessoa tivesse o seu momento de brilho. Havia dançarinos que voltavam várias vezes, e, assistindo às reprises, eu sempre me surpreendia ao vê-los reaparecerem na fila durante semanas seguidas. Mas nunca ficava tão feliz quanto nos momentos em que via uma pessoa nova por ali pela primeira vez, o que às vezes se traduzia num excesso de empolgação ou numa urgência ainda maior que transparecia em seus movimentos. Alguns aproveitavam o tempo na fila, às vezes saindo um pouco para o lado e rodopiando, como quem tenta aproveitar a ocasião até a última gota, ganhando uns poucos segundos a mais antes de sua vez chegar ao fim. Alguns talvez tenham ouvido as histórias da mitologia da fila e tenham feito uma peregrinação para vê-la por conta própria. Conforme a fila foi evoluindo, as pessoas foram se tornando cada vez mais criativas em suas escolhas de como dançar. Os dançarinos começaram a trazer acessórios. Surgiram movimento acrobáticos. Casais começaram a combinar o figurino. A Fila do Trem do Soul se tornou uma parte essencial da experiência de assistir ao *Soul Train*. Pessoas negras estimulando outras pessoas negras rumo a uma saída alegre e sem limites.

Figuras que se tornariam estrelas dos anos 1970, 1980 e 1990 tiveram seus primeiros grandes momentos diante das câmeras rebolando e rodopiando no meio de duas paredes de pessoas batendo palmas. O ator Fred "Rerun" Berry, do seriado *What's Happening!!*, era um sucesso nos primórdios da fila do *Soul Train*. Jody Watley e Jeffrey Daniel eram parceiros da Fila do Trem do Soul antes que o mundo os conhecesse como integrantes do Shalamar. Diretamente de Columbus, Ohio, o cantor Jermaine Stewart animou regularmente a fila nos anos de 1977 e 78. Uma vez, em 1977, Stewart e sua parceira desfilaram pelo trem do soul fazendo *pop and lock*, uma sequência de passos de hip hop, usando smokings brilhantes combinando. Em 1986, quando Stewart estava nas paradas de sucesso com "We Don't Have to Take Our Clothes Off", Don Cornelius o anunciou no palco do *Soul Train* dizendo: "Ele está mandando bem e todos nós temos muito orgulho dele", e lá estava Jermaine, bonito como sempre, seu cabelo alisado e solto, um smoking preto, com uma jaqueta longa e brilhosa cobrindo o corpo. Nos anos 1980, Rosie Perez aperfeiçoou os movimentos que mais tarde serviriam de abertura para *Faça a coisa certa*, os braços balançando violentamente nas laterais do corpo, impulsionando a cintura em empurrões curtos, calculados. Quando Perez estava realmente *na fila*, ela nem sequer dançava até o fim. Parava um pouco depois da metade e então caminhava confiante o restante da distância, encarando a câmera.

Reflito com frequência sobre a diferença entre se exibir e se destacar. Se exibir é algo que você faz para o mundo em geral, enquanto se destacar é algo que você faz apenas para o seu povo. O povo que pode até não precisar ser lembrado do quanto você é bom, mas que vai acolher o lembrete quando este lhe for dado. A fila do *Soul Train* era um lugar de excelência para quem quisesse ganhar destaque.

Contudo, talvez meus clipes favoritos do *Soul Train* sejam aqueles em que o próprio Don Cornelius dança. Tem um episódio em que as Supremes estão no show e Mary Wilson queria dançar na lendária fila. Cornelius, que até então nunca tinha entrado na fila, se recusou a princípio, mas acabou cedendo. Quando apareceu no fim da fila, a multidão atingiu um grau de empolgação que nunca tinha se ouvido antes. Ele começou com um *funky chicken* e então tentou cair fazendo uma abertura, sem muito sucesso, mas que ainda assim parecia sem esforço e, de alguma forma, mágica. Era um dízimo – mais uma coisa a ser acrescentada na longa lista da generosidade de Cornelius. Se as pessoas queriam dançar, ele daria um jeito de fazê-las dançar, ainda que precisasse sacrificar a própria mística no processo.

Don Cornelius via nas pessoas negras uma promessa além de suas dores, e eu sempre me senti muito triste diante da ideia de que ele não conseguiu ultrapassar as próprias. Em 2012, ele deu um tiro na cabeça, porque no fim da vida estava sofrendo demais para continuar vivendo. Cornelius se aposentou como apresentador do *Soul Train* em 1993, mais de uma década depois de ter se submetido a uma cirurgia de vinte uma horas de duração para corrigir uma má-formação congênita em suas artérias cerebrais. Depois disso ele nunca mais foi o mesmo, sofrendo convulsões e dificuldades cognitivas. Continuou produzindo o show até 2006, quando o *Soul Train* enfim saiu da programação, e a partir daí se tornou cada vez mais recluso até sua morte.

Se as pessoas pudessem deixar este mundo de acordo com o que elas deram a ele, eu desejaria que o caminho até o paraíso tivesse pessoas negras enfileiradas dos dois lados, batendo palmas. Desejaria que Don Cornelius aparecesse no meio, sozinho, mostrando todos os passos e movimentos que nós sabemos que ele escondeu o tempo todo.

Eu nunca vi minha mãe dançar e nunca vi meu pai dançar, embora tenha observado os dois se inclinarem um para o outro durante uma balada de Luther ou de Ms. Patti. Me lembro deles se balançando para frente e para trás, embalados por uma melodia lenta e triste, ambos parecendo exaustos, mas alegres. Durante muito tempo, assisti a vídeos da fila do *Soul Train* imaginando se existia uma versão antiga dos meus pais que tinha sido escondida. Se eles saltitavam entre vocês, meus amados ancestrais dançarinos. Se meu pai poderia ter sido um homem com um chapéu tão enterrado na cabeça que, quando balançava pra cima e pra baixo, só se visse um palito de dentes escapulindo de um sorriso sagaz. Ou se minha mãe surgiria como umas das moças com um afro nas alturas, bem anos 1970, jeans cintura alta, rodopiando com facilidade pelas fileiras e tentando conter todo o seu estilo.

Nunca os encontrei naqueles vídeos, então os imaginei. Imaginei todos vocês também. Sou assombrado pelo brilho de vocês: o homem num macacão azul-marinho coberto de prata que dá um chute em direção ao céu enquanto Rick James grita "Give It to Me Baby". A mulher num suéter rosa com um laço e uma gola branca enorme, balançando os quadris e se abanando com um leque de igreja durante o "Don't Stop 'Til You Get Enough", de Michael Jackson. O casal em coordenação perfeita, a mulher de vestido branco decorado com flores carmim e o homem com um paletó carmim e calça branca, a camisa creme fechada por um único botão baixo, o peito à mostra, os dois balançando os ombros em sincronia ao som de "Ballero", do War.

Assisto aos clipes das filas do *Soul Train* e me pergunto onde estão esses amigos e amantes agora; se ainda estão vivos em algum lugar por aí, assistindo às cenas de suas versões do passado dando cambalhotas, rodopiando e fazendo passinhos enquanto alguns desconhecidos vibravam por eles. Parece um daqueles momentos que cria um espaço dentro do coração da pessoa. Talvez não seja, mas eu gostaria que fosse assim. Para mim, esses arquivos destacam que uma vez foi possível ser negro, ser uma pessoa e estar na TV sem precisar trazer uma mensagem séria ou ter que fazer piada ou criar uma sitcom baseada na história de uma família. Apenas uma canção e alguns segundos numa fila e um figurino que talvez tenha custado até demais, mas ficou muito bom debaixo dos refletores.

Eu assistiria aos vídeos do *Soul Train* por conta da solidão. Devido a um sentimento de deslocamento muito específico, sempre que me mudava para uma cidade onde não conhecia ninguém, ou não via ninguém que se parecesse comigo, eu assistia a vídeos da fila do *Soul Train*. Eu e meus amigos, que não moravam na mesma cidade que eu, assistíamos aos vídeos do *Soul Train* juntos à distância, com o telefone no viva-voz, e depois de cada clipe entrávamos numa espiral de nomear cada pessoa de acordo com sua dança, gritando como elas poderiam ser nossos parentes se tivéssemos sorte. Eu reivindiquei para mim a fantasia do parentesco com tantos de vocês, meus queridos primos em outras vidas. Vi vocês usando couro e pérolas, girando no labirinto rítmico daquela noitada imaculada. Imaginei vocês ensaiando no espelho, enquanto ensaiava no meu espelho antes de sair para algum lugar onde haveria música, espaço e oportunidade de mais uma vez me deleitar com o pecado de não ter nascido com o gingado de vocês. Meus amores distantes, imaginei vocês enfiando os braços no guarda-roupa, fosse ele qual fosse, caçando os trajes mais brilhantes. Imaginei vocês sem conseguir dormir nem trabalhar nem fazer nada além de rezar para ainda estarem vivos e de pé na noite em que as fileiras de corpos se abririam para vocês e as músicas fossem canções em cujas notas já tivessem entretecido seus próprios corpos numa ocasião anterior. Toda vez que piso numa pista de dança e não consigo dançar tão bem quanto os outros, olho para trás e rezo para que todos vocês abram um caminho que culmine numa luz inabalável.

―

Tanto nas maratonas de dança quanto na Fila do Trem do Soul, sou apaixonado pela performance da parceria e os limites aos quais essa performance é levada. Nas maratonas de dança, quando as pessoas se juntavam com a filha do senhorio, ou com o ex-colega de trabalho do filho, ou com um vizinho alto e robusto da rua de baixo, elas estavam se associando a alguém que poderia ser o único aliado por meses a fio. Num espaço onde todo mundo estava tentando vencê-las, essas duas pessoas precisavam cuidar uma da outra. Tinham que segurar o espelho para que a outra arrumasse o cabelo ou passasse batom quando a multidão de espectadores chegasse à noite, lotando o local.

Nas fotos antigas das maratonas de dança, é impossível dizer quais relações aqueles casais mantinham. As fotos às quais volto com mais frequência são as que focam nos rostos das pessoas, especialmente enquanto o parceiro está caído nos seus braços ou enquanto elas carregavam os parceiros para uma cama portátil para um breve intervalo. Com certeza dentro dos olhos deles persiste a mesma loucura frenética que encontramos nos olhos de Alma Cummings sentada com os pés de molho, segurando seus sapatos furados.

No entanto, também há carinho, preocupação, medo. Um afeto nascido da necessidade de criar um lar dentro dos limites da dança, ou de ficar fisicamente abraçado com a outra pessoa. Um objeto de sonho, nascido do desespero. Talvez eu seja obcecado por isso porque quantas vezes me apoiei numa pessoa ou numa coisa e chamei isso de amor, porque tinha que ser amor. Porque se não fosse, então outra coisa desmoronaria. Certamente o que estava em jogo não era uma refeição quente, ou um abrigo aquecido. Para mim, o que estava em jogo às vezes era a depressão, noutros momentos a solidão, algumas vezes uma manhã à qual pensava que não conseguiria chegar. Sou apaixonado pela ideia da parceria como um meio de sobrevivência, ou uma breve emoção, ou uma chance de superar um momento. Ainda que você e a pessoa com quem fez a parceria sigam por caminhos diferentes sob o sol depois de saírem suados da pista de dança, ou girem fora do quadro da câmera depois de passarem por uma fila de pessoas aplaudindo.

Nos primórdios da fila do *Soul Train*, havia poucos pares coordenados e muitas pessoas que talvez tivessem simplesmente entrado na fila e de repente se viam juntas. Nessa situação, não dava tempo para combinar a coreografia; só havia uns breves momentos de contato visual antes de ficarem à mercê dos movimentos um do outro. Depois eram só os dois, avançando ao longo de um túnel estreito de música e gritos de estímulo. A Fila do Trem do Soul é rigorosa, com espaço restrito para movimentos laterais. As pessoas precisam dançar em direção ao fim das fileiras e precisam fazer isso direito, porque todo mundo ali sabe dançar, e, se você não sabe, não tem um camarim para onde possa correr e se esconder para se reinventar. Assim, os dançarinos precisam confiar no que sabem sobre seus corpos para entenderem a si mesmos – e um ao outro – naquele salão quente, pulsante, com nada além do barulho e do instinto para guiá-los até o fim da fila, onde vão se separar, talvez para sempre.

E penso que é assim que eu mais gosto de imaginar os romances, amizades ou deveria dizer, amores. Num louvor a tudo o que meu corpo pode e não pode fazer, eu desejo compreender como ele pode cantar melhor com o corpo de todos vocês em um instante em um espaço onde as paredes transpiram. Quero trocar olhares com você numa pista de dança enquanto algo que nossas mães cantavam toca nas caixas de som. Quero que nos encontremos naquela floresta de corpos retorcidos e fechemos um acordo.

Ok, meu bem. Somos só nós dois agora. O único jeito é seguir em frente.

Sobre a despedida como performance

NUMA MEMÓRIA de uma época bem distante do agora, sou um menino segurando um pássaro morto na palma das mãos. Isso foi antes de eu saber distinguir que pássaro era qual, e por isso não tenho certeza de qual era a espécie, só que era uma criatura alada morta. Me lembro de as penas estarem frias, apesar de que, quando encontrei o corpo, ele estava envolvido por dois raios de sol num campo em frente à minha casa, do outro lado da rua. O campo já tinha sido salpicado de árvores altas e finas, até o asilo próximo dali reclamar de como elas obstruíam a vista que alguns residentes tinham do céu. Hoje essa reclamação me parece justa. As árvores não eram especialmente bonitas. Uma confusão de galhos finos e folhas sem a mínima decência de crescerem bonitos na primavera ou morrerem graciosamente no outono. O asilo argumentou que os moradores eram velhinhos e mereciam uma bela vista em seus últimos anos. Afinal de contas, as árvores só eram úteis para as crianças da vizinhança, como eu, que podiam usá-las para encobrir travessuras, esconder algum tesouro fora de casa ou construir um clubinho que não duraria muito. Meu primeiro beijo de verdade aconteceu aninhado entre duas daquelas árvores, com uma menina com quem eu andava de bicicleta e surrupiava chocolates numa loja de conveniência nos dias em que não tínhamos dinheiro, a maioria dos dias. Numa tarde de julho, quando ainda havia árvores naquele campo, descemos de nossas bicicletas e vagamos no meio delas, pulando por cima de pilhas de galhos. Nos encostamos numa árvore que estava perdendo a casca, pegajosa com a seiva que corria por baixo. Nos beijamos como as crianças descobrem como beijar: por curiosidade, não pelo romance. Quase um acordo. Como se não houvesse nada a descobrir no fim do beijo. Voltamos para nossas bicicletas e apostamos corrida por mais uns quarteirões antes de ir para casa. Ela se mudou do bairro no mês de março do ano seguinte e as árvores foram derrubadas em abril. Eu gravei nossos nomes em uma delas, uma tolice pelo romantismo da permanência.

O dia em que encontrei o pássaro foi no verão depois que árvores foram derrubadas, e provavelmente voltei ao campo por conta da nostalgia. De repente a paisagem parecia nua, sem os esconderijos aos quais eu e meus amigos recorríamos. E havia o pássaro, um montinho preto entre tanta poeira marrom. Não sei por que peguei o pássaro. Eu também era jovem demais para saber sobre os tipos de doenças que os pássaros podem transmitir. Só o vi no chão, tão afastado do céu, e senti que ele merecia algo melhor. Cavei um buraco pequeno, num lugar onde antes estavam as árvores mais altas. Eu o enterrei e coloquei uma florzinha em cima do monte de terra.

Esse foi o primeiro funeral do qual participei. Talvez tenha sido o primeiro momento em que aprendi a honrar os mortos.

Um funeral como celebração ou homenagem era um conceito distante para mim durante grande parte da minha infância porque não fui a muitos, e a maioria dos sepultamentos importantes nos quais estive presente eram muçulmanos. No Islã, o corpo deve ser enterrado o mais rápido possível – algo que muda dependendo das condições de quem organiza o enterro e do horário da morte. O ritual pós-morte é simples e envolve principalmente limpar o corpo e cobri-lo com um tecido de algodão branco antes de colocá-lo em um caixão simples e fechado. O serviço religioso é breve, com uma reunião na qual a comunidade se encontra e faz orações coletivas pedindo misericórdia para o morto. Minhas primeiras experiências com funerais foram assim: breves, sem cerimônia. Um corte emocional antes da despedida. Depois das orações, o corpo é carregado até o cemitério, onde será depositado numa sepultura feita em um ângulo voltado para Meca, para que o corpo encare a cidade sagrada. De acordo com a lei islâmica, a identificação do túmulo não pode se elevar mais de trinta centímetros acima do chão, sem lápides grandes e decadentes, que são desencorajadas. No islamismo sunita, o luto é delimitado por um tempo – quinze dias para entes queridos e parentes, quatro meses e dez dias em casos de viuvez feminina. Quando eu era mais jovem, depois de mais ou menos dois funerais, comecei a imaginar um sepultamento rápido e organizado como um tipo de presente. Uma espécie de misericórdia oferecida a alguém que viveu e agora, talvez, vai descobrir o que o espera do outro lado desta vida. Imaginava todo o processo rápido do funeral como um serviço para os mortos – poupá-los de ficarem aqui presos ao nosso luto, e em vez disso mandá-los logo para algo que se pareça com o paraíso e os espera de braços abertos. Algum céu infinito onde os mortos se sentam e esperam até que todos aqueles que amaram se juntem a eles, onde os anos passam como se fossem apenas minutos.

Tenho dificuldade de encontrar a lápide da minha mãe, porque ela não é mais alta do que o chão. Não há um marco de pedra que se eleve da terra com o nome dela gravado. Não há monumentos notáveis perto da sepultura. Se não houver cuidado, especialmente nas estações mais chuvosas, a grama e o mato crescem sobre a sepultura dela, camuflando-a e fazendo com que seja ainda mais difícil de achar. Uma das últimas vezes que fui até lá, zanzei pelo cemitério procurando pelo nome da minha mãe no chão por quase quarenta minutos, várias vezes me deparando com nomes que não eram o dela e pedindo desculpas a cada um deles. Na tentativa mais recente, a encontrei em vinte minutos. Há uma coisa que passei a apreciar neste tipo de busca – procurar um nome numa pedra e ter uma conversa com o corpo embaixo dela.

Não me lembro de muita coisa do funeral da minha mãe além da terra, que revestiu meus sapatos durante horas depois de ela ter sido enterrada. Me lembro de carregar o caixão pelo que me parecia ser lama, encharcada por causa da chuva que tinha saturado o chão na noite anterior. Não me lembro se ajudei a tapar o túmulo depois que o corpo foi colocado lá dentro, mas lembro claramente de observar as pessoas enfiando as pás no chão. Essa é a parte nada romântica de um funeral. O trabalho de mover a terra e carregar o corpo inerte, mas eternamente amado.

Quando minha mãe morreu, eu estava prestes a me tornar um adolescente. Estava crescendo e perdendo tudo ao meu alcance, e já não usava roupas formais com frequência.

Quase um ano depois do enterro dela, fui calçar os sapatos que usei naquele dia. Tinha que ir a algum jantar e estar bem-arrumado. Quando tirei os sapatos de cima do guarda-roupa, um pouco de terra do cemitério se soltou da sola e caiu bem em cima da minha bochecha direita.

―

A primeira vez que fui a um funeral numa igreja negra, eu tinha dezessete anos e minhas pernas doíam por ter de ficar de pé por mais de vinte minutos seguidos. Passei surpreso pelo caixão aberto, ricamente enfeitado com tecido e flores. Depois de duas horas e meia de cerimônia, saí para ver uma frota de carros esperando para levar os enlutados ao cemitério. Houve cantoria, lamentação e pessoas perdendo e recuperando a compostura só para perdê-la outra vez. Antes disso, só brevemente tinha me ocorrido que havia mais de um jeito de alguém passar desta para melhor, tomara que em boas mãos e para um outro mundo mais gentil que este. Boa parte da minha educação tinha girado em torno da morte e da perda como um período estruturado e reservado, no qual as demonstrações visíveis de emoção eram estranhas na melhor das hipóteses e constrangedoras na pior.

Quando eu tinha vinte e um anos, assisti a um funeral numa igreja em algum lugar no sul de Alabama, e uma mulher gritava durante as homenagens. Soava entre dolorida e orgulhosa. Então ela foi para o corredor e começou a dançar, e as outras pessoas aos poucos se juntaram a ela. O funeral em si parecia uma espécie de desfile de moda. As pessoas vestiam trajes que superavam suas melhores roupas de domingo, vestidos e joias e sapatos que moram no fundo do armário, encasulados num túmulo protetor até que as ocasiões mais especiais chamem por eles. A mulher no esquife desse funeral específico tinha vivido uma vida longa, ligada àquela comunidade de formas que eu não entendia por completo, pois nunca morei ali. O velório durou horas, se alongando noite adentro, e depois que tudo foi dito e feito, havia comida e mais dança. Aquilo me espantou porque ninguém parecia particularmente triste. Cada movimento em torno da morte que conheci na minha juventude me falava que o reconhecimento dela deveria ser sério e silencioso. Algo feito com decoro, e então nunca mais se olha para trás. Um funeral era uma tarefa, não um momento do qual se criam memórias.

Hoje me ocorre que aquele velório – sobretudo o funeral negro – é uma forma de celebrar o que a vida da pessoa significou e de fazer isso como se o falecido ainda estivesse aqui. Demonstrar gratidão pela plenitude de todos os sei lá quantos anos em que alguém escolheu ter sua vida misturada à nossa. Estive em funerais negros em que as pessoas levaram comidas que a falecida tinha lhes ensinado a cozinhar, ou usavam seu maior chapéu, escolhido tendo o morto em mente, deixando que as abas lançassem uma grande sombra sobre seus rostos sorridentes. As pessoas contam histórias carinhosas e exageradas sobre a vida que a pessoa levou, noite adentro. Não há encenação nisso, nenhuma enganação. É a continuidade da tradição afro-americana de tentar proteger e ampliar as próprias narrativas. Uma tradição que tem estado presente desde que os negros foram forçados a virem para a América, sabendo que existiam histórias e vidas a serem honradas além deste lugar.

Quando Michael Jackson morreu, em fim de junho de 2009, foi o tipo de morte de celebridade com a qual a minha geração, em particular, teve que se acostumar nos últimos dois ou três anos: um herói central da nossa infância se foi de repente, de forma inesperada, do nada. A morte apenas abriu a boca num grande bocejo e engoliu uma vida que com certeza ainda tinha mais para oferecer. Embora a morte de Michael Jackson não tenha sido em absoluto a primeira morte chocante de uma estrela, foi especialmente pesada para mim e os meus amigos. Muitos de nós – isto é, todos os meus amigos que nasceram nos anos 1980 e cresceram entre o fim dessa década e o início dos anos 1990 – aprendemos o que era uma estrela do pop com Michael

Jackson. Essa foi a época em que ele estava mais decadente em termos de performance: todo coberto de dourado, videoclipes estreando no horário nobre como se fossem programas especiais, o rancho Neverland se espalhando por quilômetros quadrados intermináveis. Apesar do fato de que em 2009 Michael Jackson estava muito longe do modelo de popstar que ele definiu, sua morte ainda reverberou para meu grupo de amigos com um impacto que não consigo lembrar que nenhuma outra teve. Em alguns momentos, Jackson parecia ser imortal. Mesmo cercado por diversas polêmicas e exibindo um estranho comportamento em público, ele ainda era o nosso popstar. Aquele que nós presumíamos que viveria para sempre.

Fazia calor em Columbus, Ohio, no dia em que a morte de Michael Jackson começou a circular no noticiário. De várias formas, era uma época diferente. O Twitter estava nos primórdios, e o Facebook, como hoje, não era bem o lugar para conseguir notícias precisas em tempo real. Eu rolava a linha do tempo e atualizava várias notícias picadas no meu laptop, na cama, enquanto dois ventiladores sopravam na velocidade máxima contra a minha pele úmida de suor, que encharcava o travesseiro nas minhas costas. Me lembro do calor pelo jeito como me inclinei para a frente nos momentos em que as notícias pareciam enfim ser verdadeiras, quando vários veículos começaram a relatá--las ao mesmo tempo. Me lembro do calor pelo jeito como a fronha do travesseiro ficou agarrada nas minhas costas enquanto eu procurava meu telefone, e então lentamente se descolou do abraço da minha pele suada. E me lembro do calor pelo jeito como corri lá para fora para compartilhar a notícia com os meus vizinhos, que transpiravam nas varandas, porque isso era um pouco melhor do que transpirar nos apartamentos sem ar-condicionado. E agora estou dizendo que o calor em Columbus estava implacável no dia em Michael Jackson morreu. Estou dizendo que tudo no ar tinha más intenções.

Em Columbus há um bar chamado Hampton's on King, que é como um bar qualquer, exceto pelo seu porão. O porão do Hampton's on King é uma caverna. É um daqueles espaços onde é quase certo que as pessoas não deveriam se reunir lá dentro, mas ainda assim elas fazem isso. Não há janelas nem ventilação, só espaço e oportunidade caso um DJ se sinta disposto a colocar uma mesa e caixas de som para uma noite de celebração. Na noite da morte de Michael Jackson, um bando de DJ de Columbus levou seus equipamentos para o porão do Hampton's on King e o bar abriu mão de qualquer outro propósito a que servia e convocou a cidade para vir dançar em homenagem ao Rei do Pop, dane-se que era dia útil. E assim nós fizemos. No porão do Hampton's on King, na noite em que Michael Jackson morreu, não havia espaço suficiente para os corpos fazerem nada além de dançar com os parceiros de dança que a claustrofobia escolheu para cada um de nós, e às vezes esse parceiro era a parede, e às vezes não conseguíamos sequer levantar o braço para secar o suor, e às vezes só balançávamos respingando suor em quem estivesse na nossa frente ou atrás de nós, e essa pessoa não se importava, porque acho que o que Michael Jackson queria dizer quando cantou "Don't Stop Till You Get Enough" é que um rio deve brotar daquilo que a dança tem a oferecer para que nós possamos boiar mais uma vez para longe da ilha do luto.

Eu sei, eu sei que voltei mais uma vez a esse sentimento específico – que você talvez conheça e talvez tenha aproveitado no início ou no fim de um verão com um calor insuportável. Há algo marcante para mim na forma como o ar noturno comprime os lábios e assopra uma trégua gentil sobre a pele úmida. Gostaria que a sensação de sair de uma pista de dança quente e ensopada de suor numa noite fresca pudesse ser engarrafada e vendida no mercado. Os primeiros instantes da brisa fresca te atingindo, te carregando para uma liberdade mais amena. Em Ohio, a umidade é cruel. Mas quando ela se abranda, o ar da noite é uma bênção. Nas primeiras horas do dia seguinte à morte de Michael Jackson, eu e meus amigos cambaleamos para fora do porão do Hampton's on King às duas e meia da manhã e nos arrastamos para nossas casas cantando junto dos carros que passavam com as janelas abertas, tocando os antigos sucessos de Michael Jackson nas alturas. *É assim que alguém deve se despedir deste mundo*, pensei. Fazendo barulho, com as memórias de sua voz fazendo o céu estremecer.

―

Foram necessárias oito horas inteiras, um grupo de pastores e suas passagens bíblicas e cantores descalçando os sapatos para as paredes da igreja estremecerem, velhas amigas passearem por antigas lembranças e o chapéu de Cicely Tyson projetar uma longa sombra sobre seus olhos enquanto ela lia um poema reaproveitado e mostrava que ainda era capaz de segurar o público com firmeza na palma de sua mão – Cicely, nossa eterna madrinha, que recebeu a ajuda de três homens para descer do palco, a fim de que o espectador pudesse engavetar a mentira de que ela desafiava o tempo. Foi necessário dançar pelos corredores da igreja e um homem gritando palavras de ordem – "Vamos lá" ou "Não pare agora!" quando um orador pegava um bom ritmo. Foi necessário até que os não pregadores se tornassem pregadores – qualquer coisa saída da boca de alguém naquela cerimônia se tornava palavra sagrada. Foi necessário tudo isso, mas Aretha Franklin enfim foi velada numa sexta-feira à noite, enquanto eu assistia à cerimônia ao vivo de um quarto de hotel em Atlanta. Outros espectadores passaram seu expediente inteiro assistindo, uns colados nos monitores de seus computadores, outros espiando de relance na TV para ver o que viria a seguir. Segurei as lágrimas quando o ex-jogador da NBA Isiah Thomas contou como Aretha o ajudou a se tornar o homem melhor que ele passou a ser; bocejei quando Clive Davis falou com amor, mas além da conta , sobre as técnicas do canto de Aretha; e fiquei constrangido durante os longos cinquenta minutos de lamento fúnebre feito pelo pastor Jasper Williams Jr., que falou de tudo, dos crimes cometidos dentro da comunidade negra até a forma como as mães solteiras estão falhando na criação de seus filhos, enquanto Aretha Franklin – uma mãe solteira de quatro meninos – descansava bem diante dele.

Quando toda a pregação estava feita e quase todas as canções já eram simples ecos e todas as memórias tinham sido reconstruídas com bastante amplitude para que todo ouvinte pudesse se sentir incluído, aí veio Stevie Wonder, um velho amigo querido de Aretha, cantar uma última música antes que ela fosse retirada da igreja e levada ao lugar de seu descanso final.

Naqueles últimos momentos dilatados do funeral de Aretha Franklin, pensei no que é se despedir de alguém adequadamente. Como até isso, quando feito direito, pode ser uma performance no mesmo nível da vida que a pessoa levou. O caixão do jogador de futebol português Eusébio foi exibido sobre um suporte barroco de ouro e deu várias voltas olímpicas no Estádio da Luz, em Portugal, onde ele jogou durante anos. O caixão de Michael Jackson foi revestido de ouro catorze quilates e forrado de veludo para uma cerimônia de três horas que lotou o Staples Center e deixou uma multidão esperando do lado de fora. Em março de 1827, dez mil pessoas marcharam pelas ruas de Vienna segurando tochas em homenagem a Ludwig van Beethoven. Enquanto o corpo e o funeral de Aretha eram preparados, o caixão de John McCain atravessava o país ao qual um dia ele serviu, recebendo uma cerimônia fúnebre no Arizona e outra em Washington, D.C.

A piada que muitas pessoas negras fizeram na internet enquanto o funeral de Aretha se arrastava pela quinta, sexta, sétima hora de duração era que todos nós já esperávamos por isso. Uns zapeavam e voltavam para a transmissão só para ver se a cerimônia ainda estava acontecendo, outros passavam os olhos pela programação divulgada com antecedência para ver que quase todos os oradores e artistas estouraram o tempo que lhes foi designado; também teve quem desencanou e disse *é claro*, *é claro*.

Acho que todos nós deveríamos ter esperado um evento de longa duração, embora lá no fundo eu pense que muitos sabíamos que tantas horas assim ultrapassavam até as dedicadas a nossas celebrações mais extravagantes. Nesse ponto da minha vida, eu já tinha ido a mais funerais não islâmicos do que a funerais muçulmanos, então não estou mais chocado pela forma como o tempo voa quando se homenageia a vida de alguém. No entanto, mesmo os mais experientes do meu povo sabiam que a despedida de Aretha foi ao mesmo tempo excessiva e insuficiente. Longa demais e com muita gente que tinha coisa demais a dizer, mas ainda assim ela permaneceu um pouco mais conosco. Alguns reverendos cochilaram e algumas mulheres que fazem parte das lideranças das congregações se espreguiçavam nos bancos da igreja e deixavam escapar um bocejo na oitava hora; algumas pessoas saíram mais cedo; e muitos do meu povo bateram palmas juntos com alegria e disseram: *olha só o que somos capazes de fazer*.

———

No fim do verão de 2018, uma orca chamada Tahlequah nadou pelo oceano Pacífico carregando o corpo de seu filhote morto debaixo da nadadeira. O filhote morreu horas depois do nascimento. Tahlequah foi vista inicialmente tentando empurrá-lo para a costa do Pacífico entre os territórios dos Estados Unidos e do Canadá antes de resolver simplesmente carregar o filhote consigo, o que fez durante duas semanas. Cientistas e observadores chamaram o acontecimento de "uma jornada de luto". A duração do luto não tinha – até então – precedentes. A questão era ela conseguir se desapegar. Se a baleia soltasse o filhote e o deixasse ir embora, ele afundaria no oceano e se tornaria uma memória.

Uma vez, conversei com ume poeta que também tinha perdido a mãe. Enquanto mapeávamos as dores em comum dos nossos lutos, tal poeta me contou algo que aprendeu com outre poeta. "Bem, nós temos duas mães", ile me explicou. "Uma que mantemos no nosso coração e o cadáver que não conseguimos enterrar."

Há o enterro do cadáver metafórico, e então há o carregar de um corpo físico, mas a hesitação de se despedir de ambos vem de um lugar semelhante. A mãe que perde um filho carrega com ela não apenas o corpo daquele filho, mas o potencial do que aquela vida poderia ter sido. Guardo luto pelo corpo real e pelo potencial da pessoa inteira que ele continha. Como meu tempo neste mundo poderia ser melhor se eu pudesse passá-lo com todas as pessoas que amei ainda vivas, aqui comigo.

O funeral longo, ou as fotografias na parede, ou as recordações gritadas para o céu noturno, são todas partes da memória desse carregar. Tudo isso são lutas com a mesma mensagem: agarrar a memória de alguém com as duas mãos e dizer *Eu me recuso a deixar você afundar*.

Então sim, eu estava triste assistindo ao funeral de Aretha Franklin, sabendo que mais cedo ou mais tarde ele iria acabar ou sabendo que eu teria que me afastar dele, porque isso significava que finalmente teria que dizer adeus a uma parte do meu luto: a parte que se apegava a Aretha como um ser terreno. E talvez todos os velórios longos e elaborados tratem disso: uma tentativa de prolongar a permanência da pessoa sobre a terra o máximo possível, seja levando o caixão para dar uma volta de carro em torno de um estádio de futebol ou fazendo o corpo voar de um estado para outro, ou tirando os sapatos e estendendo todas as últimas notas de uma canção enquanto o público enche os corredores da igreja e levanta uma mão em homenagem. Mesmo agora, distante daquele momento, me agarro ao caixão de Aretha Franklin e tento trazê-la de volta só mais um pouquinho, ainda que eu saiba que ela já partiu. Tento recriar o que sei que vi nas esperanças que a memória ecoa e você e eu somos transportados de volta para um tempo em que ela ainda estava sendo celebrada por um povo que nunca quis ver aquela celebração terminar.

Amados, hoje venho até vocês depois de um mês em que não enterrei ninguém! Venho até vocês depois de um ano inteiro sem enterrar ninguém, e isso também merece uma celebração! Venho até vocês com os joelhos manchados daquela poeira velha e familiar, mas dessa vez as manchas são de um tombo que levei depois de envolver nos meus braços um bom amigo que eu não via há muito tempo, e, nesse abraço, nós dois fomos levados ao chão pela nossa felicidade, então decidimos ficar ali um pouco mais e olhar para cima. Venho até vocês manchado dos restos de felicidade em um ano ruim, e que ano ruim foi esse! Um ano em que ninguém que amo foi enterrado pode mesmo assim ser um ano ruim, mas, nele, eu venho querendo celebrar cada cantinho do meu amor pelas pessoas por quem tenho amor. Fiquei mais um ano mais velho e portanto um ano mais perto de beijar os limites de seja lá qual for o fim que me espera, mas ainda estou aqui. Tomara que por mais uma estação. Muito me apaixonei pelas folhas, que cumprem o dever de criar beleza em sua morte, se desprendendo de galhos que no mais são muito comuns antes que o frio as congele e as transforme em pó. Que a performance de cada funeral seja como as folhas das árvores que caem do lado de fora do meu apartamento neste final de novembro. As folhas que eram a princípio um caleidoscópio de cores e depois apenas esmaecem num laranja bonito. As folhas que permanecem enquanto todas as árvores no seu entorno vão ficando peladas. As folhas que, enquanto escrevo nestes meados de dezembro, estão se rendendo agorinha ao frio e ao vento e caindo lentamente na terra. Depois de tudo isso, neste instante, posso segurá-las. Posso sussurrar para suas videiras. *Vocês se saíram muito bem*.

Um epílogo para Aretha

COMO AINDA não conseguia deixar Aretha partir, caminhei até um cinema em Pasadena na primavera de 2019. É claro que eu sabia que ela tinha morrido e acreditava em sua partida, mas ali estava uma oportunidade de vê-la jovem e viva, então aproveitei. O documentário *Amazing Grace* ainda não tinha sido distribuído amplamente, mas apenas lançado em cinemas esparsos pelos litorais, e acabou que eu estava perto de um num domingo, então fui até lá para receber a salvação.

Em uma entrevista que fez parte de uma série documental da HBO de 2008, *The Black List*, a dramaturga Suzan-Lori Parks usou um pouco de seu tempo para falar sobre pessoas negras e nossa tendência a sermos participantes ativos de nosso entretenimento, não importa o local. Ela recordou que, quando sua peça *Topdog/Underdog*, vencedora do Prêmio Pulitzer em 2001, estreou na Broadway, o público negro chegava atrasado e não desligava o telefone. Eles usavam jeans largos na Broadway e gritavam enquanto a ação se desenrolava no palco. Lembrando da empolgação desse público, Parks insistia que precisamos celebrar e encorajar tais momentos e tratá-los com tanta reverência quanto o que os motiva na tela ou no palco.

Gosto dessa ideia – de que é nobre da parte das pessoas negras reagir visceralmente a uma obra que é criada para nós e responder numa linguagem que conhecemos bem. Há algo de valor em querer que o mundinho ao seu redor saiba o quanto você está sendo tocado, então talvez um completo estranho possa encontrar suas palmas, seus gritos, seus pés batendo e se descubra empolgado também.

Aretha Franklin não queria que a gravação de seu disco ao vivo *Amazing Grace* fosse lançada. Vale mencionar isso porque o filme que documenta o processo de gravação trata do assunto na abertura, com uma breve referência a como "a gravação foi engavetada" – o que é verdade, mas não conta a história inteira de por que o filme nunca foi lançado até 2019, um ano depois de sua morte.

Em janeiro de 1972, Aretha foi para Los Angeles para gravar um álbum de música gospel durante duas noites na Igreja Batista Missionária do Novo Templo, acompanhada por seu velho amigo reverendo James Cleveland e o Coral Comunitário do Sul da Califórnia. A gravação do álbum foi filmada pela Warner Bros. e programada para ser lançada na mesma época que o disco, passando nos cinemas como uma sessão dupla com o filme *Super Fly*.

O primeiro problema foi que o diretor do filme, Sydney Pollack, não usou a claquete antes de cada tomada de gravação. O processo foi imprevisível, com um fluxo livre e momentos de muito improviso. Assim, não havia referências de continuidade para dar sequência às tomadas. Outro resultado é que o som e a imagem não estavam sincronizados, e como não havia um jeito fácil de corrigir isso na época, o filme ficou guardado num cofre até 2008, quando foi entregue ao produtor Alan Elliott.

Elliot levou dois anos para sincronizar o filme e tinha a intenção de lançá-lo em 2011, mas Aretha, naquela época com quase setenta anos, não quis que o filme viesse a público a menos que ela recebesse a compensação adequada. Quando Elliot tentou exibir o filme em festivais, ela o processou diversas vezes. (Aretha queria uma parte maior dos lucros projetados para o filme, e isso parece justo: ela era a base de qualquer sucesso que o filme viesse a alcançar e, portanto, era legítimo tentar controlar como seria divulgado e distribuído.) Quando o último processo, em 2016, garantiu que o filme permaneceria engavetado, Aretha declarou: "A justiça, o respeito e a retidão prevaleceram, bem como o direito que a pessoa tem à sua própria imagem."

Depois que Aretha morreu, em 2018, Eliott foi chamado a Detroit por uma amiga dos familiares vivos da cantora.

Pediram que ele mostrasse o filme para a família dela, que nenhum deles nunca tinha visto. E assim as nuvens que tinham obscurecido essa magia durante quarenta e seis anos lentamente começaram a se dissipar.

Amazing Grace é um álbum singular, mesmo sem a filmagem da gravação para lhe dar vida. Não é apenas uma seleção excelente de canções, é um álbum que Aretha nem tinha de ter gravado, em primeiro lugar. Em 1972, ela já estava estabelecida como uma estrela. Tinha alcançado um sucesso estrondoso, com dez singles seguidos entrando para a lista das dez músicas mais tocadas de R&B. Era a atração principal em grandes casas de show, como a Fillmore West. Ainda assim, não havia muito risco em sua decisão de gravar um disco que evidenciasse um retorno à igreja. Em sua infância em Detroit, ela aprendera a usar a voz na igreja Batista Nova Betel, sob a orientação de seu pai, o reverendo C. L. Franklin.

Com uma voz como a de Aretha, a distância entre a soul music e a música da alma é muito pequena. Então, na pior das hipóteses, esperava-se que *Amazing Grace* fosse um álbum com um canto magistral que poderia ser lido como uma mudança de rumo por alguns de seus fãs recentes e como um retorno pelos fãs mais antigos. No entanto, ele se tornou e continua a ser um dos discos mais vendidos da carreira de Aretha e o álbum de música gospel ao vivo mais vendido de todos os tempos. Aretha ganhou um

Grammy com ele em 1973. Com o sucesso fenomenal do álbum em mente, penso na distância pequena, mas significativa, que separa o gospel como música popular e o gospel como um veículo para a salvação: como é possível apreciar a música sem se preocupar muito com a salvação, mas ainda assim ser levado para um lugar que parece sagrado.

As músicas de *Amazing Grace* são canções gospel tradicionais. Algumas são retrabalhadas ou reimaginadas, mas não são como muitas canções gospel contemporâneas que você pode ouvir no rádio hoje, cujas letras apontam para um amor que poderia ser de natureza espiritual ou, também, algo mais carnal e terreno. Aretha canta "What a Friend We Have in Jesus", "Mary Don't You Weep" e "Amazing Grace", e suas versões dessas canções não buscam escamotear o divino por conta de um romantismo vago, mas encontrar novas formas de aproximar o divino do corpo de cada ouvinte, mesmo daqueles que não esperavam por isso. Essa é Aretha no auge de seu desempenho, voltando para ver se ainda conseguiria se juntar às vozes inflamadas de um coro de igreja; para ver se as palavras de um hino ainda poderiam levá-la às lágrimas no meio de uma canção. É bom que uma pessoa seja lembrada pelas canções que escolheu cantar quando poderia cantar qualquer outra coisa.

Ainda assim, embora o álbum seja espetacular, deve-se dizer que você precisa assistir ao filme, as duas horas inteiras, do início ao fim. O filme se desdobra com um impulso emocional que faz com que pareça mais curto do que é. Há muitos momentos deliciosos, mesmo fora das canções. Ah, as entradas. Na primeira noite, o reverendo Cleveland convoca o Coral Comunitário do Sul da Califórnia, e da entrada da igreja uma fileira de vestes reluzentes prateadas ondula pelos corredores. Na segunda noite de gravações, Aretha aparece na igreja usando um casaco longo de peles e os fachos de luz projetados do alto tropeçam uns nos outros na tentativa de iluminar o caminho dela até o palco. Nessa mesma noite, Mick Jagger, que apareceu lá fundo durante uma canção, se levanta e percebe que não tem outra opção além de acompanhar com palmas, a ansiedade aflorando-se em seu rosto quando ele percebe que pode não estar no ritmo. O diretor do coral, Alexander Hamilton, com uma magia precisa, leva o coral a um ponto de virada exuberante e emocionante, sabendo de antemão o momento exato de baixar o tom. Ao longo do filme, ficamos paralisados por causa de Aretha, usando seu afro imóvel e imaculado como uma coroa, aquela luz delicada e generosa mais uma vez dançando em cada fio de cabelo, como pais preocupados, mantendo tudo no lugar.

Aretha não fala muito durante o filme. A maior parte do que os espectadores ouvem dela é sua voz inconfundível cantando, o que agora, devo dizer, sinto como uma flecha atravessando o coração. Mesmo depois de uma vida toda ouvindo a voz de Aretha Franklin, ouvi-la outra vez é ouvir de um jeito novo. Há uma faísca reluzente de dor alegre ao perceber que aquela voz vem direto do corpo dela, o qual não está mais ligado a esta terra frágil e defeituosa. Aretha era uma daquelas cantoras que interpretava com a voz e o rosto inteiro. Seu rosto geralmente era estoico (e talvez um pouco nervoso) naqueles momentos em que ela sabia que tinha que se conter, e, quando ela cantava, as maçãs de seu rosto se erguiam como pequenas montanhas que os cantos de sua boca tentavam escalar, mas nunca conseguiam. Se o filme não tivesse som, talvez nesses momentos poderíamos pensar que ela estava dando gargalhadas com um velho amigo.

Esse é um tema das performances de Aretha no filme, no qual o espectador pode ver a técnica por trás sua capacidade natural de alongar uma canção. O ambiente da igreja estimula ainda mais esse instinto. É a natureza de improvisação do espírito: se a voz entoando as palavras é boa o bastante, quaisquer palavras servirão. A canção pode durar para sempre.

E parece que algumas delas podem mesmo. A música que dá título ao filme se desenrola por quase onze minutos, irrompendo numa espécie de caos espiritual da metade para o fim. Os integrantes do coro perdem toda a compostura e começam a reagir, dando pulinhos e jogando as mãos para cima. Em um determinado ponto, o reverendo Cleveland para um pouco, senta-se e coloca as mãos no rosto, impressionado com a impossibilidade de tudo aquilo. "Amazing Grace" tem sido cantada e ouvida em inúmeros arranjos, mas nunca desse jeito. O último um minuto e meio da canção é Aretha sendo Aretha, encontrando uma nota e levando-a até outra ainda mais poderosa, enquanto o público grita – metade para estimulá-la a continuar e metade para que o Senhor continue a inspirá-la.

Perto do fim da segunda noite, o pai de Aretha, o reverendo C. L. Franklin, diz algumas palavras. Ele se recorda de alguém que lhe disse ter visto Aretha na televisão e que eles ficariam felizes quando ela voltasse para a igreja. Nesse instante, ele faz uma breve pausa, se afasta do microfone e dá um sorriso bobo. "E então eu disse, escuta aqui, meu bem..." e com isso o público se acaba em gritos e comemorações, porque já sabia o que vinha a seguir. Era a declaração do que aquela noite tinha provado, do que eles já tinham entendido: Aretha nunca tinha deixado a igreja. Ela tinha cantado com o espírito esse tempo todo. A câmera volta-se outra vez para Aretha, que se manteve num foco discreto no palco enquanto seu pai a elogiava. Ela solta um meio-sorriso.

A canção final do filme é "Never Grow Old", que leva quase dez gloriosos minutos para terminar. Bem no começo da canção, C. L. Franklin se levanta de seu assento para gentilmente secar o suor que se acumulou na testa e nos olhos de Aretha, enquanto ela continua a cantar, sem perder o ritmo. Um pouco depois, a referência de Aretha, Clara Ward, vai franzir o rosto e revirar os olhos em êxtase com uma das impossíveis notas altas de Aretha, um gesto que muitos de nós conhecemos como "é melhor você fazer isso mesmo" – uma descrença reverente quando todas as outras emoções ficam para trás. Vem então o que alguns pensam ser o fim da canção, mas os íntimos sabem se tratar apenas da metade, quando as pessoas na plateia – que neste ponto também são integrantes do coral – começam a inundar os corredores e a se segurar na beira do piano para evitar um desmaio. Por mais sensacional que seja o filme como um todo, tudo se resume a esses dez últimos minutos. Tudo aquilo para o qual ele tinha encaminhado o espectador está aí: o alegre e total desmanche de um espaço onde as pessoas se aproximam de algo sagrado, e Aretha no centro, dando o melhor de si para prolongar esse estado pelo máximo tempo possível.

Algumas filmagens de shows se concentram apenas no palco e nada mais; como *O último concerto de rock*, no qual o espectador pode às vezes se esquecer de que há uma plateia no ambiente. Outros, como *Fade to Black*, de Jay-Z, apresentam grandes tomadas em movimento captando o palco e a plateia na mesma medida. O que é fascinante na filmagem de *Amazing Grace* é que seus criadores parecem ter percebido que, num ambiente de igreja, o público é uma parte do palco. A plateia, com seu engajamento, não pode ser separada da experiência, ou do registro da experiência. A filmagem é crua, o que significa que há cinegrafistas correndo por todo lado e assistentes de todo tipo passando pelo fundo das tomadas. Mas isso também significa que, em sua forma mais pura, existe um público de pessoas negras em uma conversa direta com o que elas estão testemunhando, desinibidas e sem medo de que alguém possa pedir que elas se aquietem.

E aqui eu digo que com certeza chorei, embora não saiba quando as lágrimas começaram. Pode ter sido nos primeiros momentos, Aretha andando animada pelos corredores da igreja. Pode ter sido no meio, durante as filmagens dos bastidores, quando Aretha e o coral tropeçam e tropeçam até que os tropeços se tornem uma corrida sincronizada em alta velocidade. Pode ter sido durante a filmagem da segunda noite, ao ver C. L. Franklin sentado na primeira fila assistindo à sua filha, nervoso e paralisado. Só sei que em algum momento toquei meu rosto e as lágrimas corriam. No pequeno cinema, em meio à pouca luz com que a tela abençoava a sala, eu via lenços e lenços brancos de papel passados em rostos negros na plateia enquanto o filme chegava ao fim. E percebi que esse ainda era outro funeral. Me lembrei, mais uma vez, que são nossos lutos que decidem quando terminam.

E vi esse filme numa sala com pessoas que estavam lá realmente para louvar – algumas pessoas que se reuniram do lado de fora do cinema em trajes de domingo que faziam parecer que vinham da igreja ou que iriam para lá depois da sessão, ou talvez considerassem esse o passeio sagrado do dia: chapéus de aba larga, ternos listrados e sapatos tão brilhantes que eu podia ver meu reflexo neles. Quando as pessoas na tela diante de nós manifestavam algo parecido com o espírito santo, essas pessoas expressavam sua versão particular também: riam bem alto das piadas do Reverendo Cleveland e jogavam suas mãos para cima em exaltação quando Aretha transformava mais um monossílabo em vários segundos de um belo som. Na saída do cinema, todos ficamos parados e respiramos um pouco antes de seguirmos nossos rumos sem dizer nada, por que, no fim das contas, o que poderíamos dizer uns aos outros? Do que poderíamos falar em voz alta, ali entre nós, que já não soubéssemos?

SEGUNDO MOVIMENTO

SUSPENSÃO DE DESCRENÇA

Sobre os momentos em que me obriguei a dançar

NINGUÉM QUER ser o tipo de pessoa negra a quem os brancos recorrem quando são pegos fazendo merda & precisam encontrar aquela rota de fuga fácil "tenho um amigo negro" & devo dizer que é estranho continuar vendo essa ladainha repetida pelas velhas ruas dos EUA & pode-se argumentar que isso nunca funcionou & funciona menos ainda agora que as pessoas negras dão o papo reto & talvez não estejam dispostas a serem convocadas para esse jogo & tudo isso para dizer que às vezes eu penso nas pessoas brancas da época em que estudei numa faculdade praticamente toda branca & como eu podia identificar os que nunca antes estiveram perto de pessoas negras pela forma como tentavam imitar o que eles achavam legal & é engraçado com que facilidade o falso salta aos olhos quando você já viu o que é de verdade & com isso me refiro também às gírias & também ao gingado & o jeito como alguém balança a cabeça ouvindo música & estou falando de tudo isso & de como eu me sentei em silêncio nos cantos da maioria das festas nos dormitórios & assistia a tudo isso se desenrolar com o punhado de outros negros exilados nessa ilha de artes liberais onde nós decidimos que certamente não seríamos responsáveis por ensinar a esses brancos como dançar ou cantar ou bater palmas no ritmo & ainda assim eu & meus amigos íamos a essas festas nas noites em que não queríamos ficar nos nossos quartos & escutar rap alto & fazer um rap juntos usando a palavra *neguinho* sem ter que examinar a sala & ver quem mais estava usando ou não a palavra *neguinho* & o cara com quem eu dividia o quarto era um garoto branco de um lado da cidade onde pessoas negras moravam e davam confiança pra ele porque o pai dele era advogado & tinha livrado uma galera de umas merdas feias & é engraçado eu acho como as interações se tornam transacionais com quem decidimos que são o nosso povo e com aqueles que decidimos que não são & o cara com quem eu dividia o quarto às vezes caminhava pelo campus com os moleques negros & se sentava na lanchonete na mesa onde toda a galera negra sentava & de vez em quando caía fora das festas nas casas para zanzar pelo campus sozinho à noite & penso agora que provavelmente existe uma diferença entre querer ser negro e respeitar os negros & imagino que essa é uma diferença que ecoa especialmente se você vem de um lugar onde você já os respeitava & então é jogado num lugar onde você se parece com todo mundo que definitivamente não os respeita & não estou falando de compaixão pelo único *outsider* aqui mas em vez disso de compaixão por não conhecer a alegria singular de entender que você já os respeita entre um grupo de pessoas que pensam que os respeitam mas não os respeitam de jeito nenhum & talvez o superpoder mais verdadeiro dos negros seja a capacidade de identificar a falsidade e a mentira & eu me mantive vivo & relativamente feliz ao dar o papo reto desde os primórdios & numa noite de fim de outono fui a uma dessas festas babacas com o cara que dividia o quarto comigo & assumimos o som & tocamos alguma coisa que faria a festa começar em nossos respectivos cantos do mundo & quando os moleques brancos com suas camisetas Hollister & Abercrombie nos viram com as mãos pra cima no meio da casa & apontaram pro cara que dividia o quarto comigo & fizeram todas aquelas perguntas que as pessoas fazem quando pensam que alguém que se parece com elas está passando vergonha & talvez eu devesse ter saído em defesa daquele rapaz que eu conhecia & de quem aprendi a gostar & tinha visto como alguém que sentia um desejo profundo por conexão dentro desse limbo & em vez disso eu me encolhi de volta no meu canto & embora não tenha dado risada eu fiquei calado & aquele silêncio reverberava nas paredes & na primavera o cara que dividia o quarto comigo voltou para o bairro onde cresceu num fim de semana & nunca mais voltou.

Saudações a todos os negros mágicos

AO TIO Remus em *A canção do Sul*, o negro mágico do qual brotaram todos os outros negros mágicos. A costela da qual cada negro mágico foi feito. O negro mágico que foi realmente mágico & resolveu todos os problemas de Joãozinho com lendas populares & pelo menos rendeu a James Baskett um prêmio honorário da Academia em 1946 por interpretar tio Remus & ele foi o primeiro ator negro a receber uma estatueta dourada & acho que isso é um pouco mágico também & em meados dos anos 1960, Bobby Driscoll – que interpretou Joãozinho – não conseguia mais trabalhos como ator & começou a usar drogas & a beber & morreu numa cama de armar num prédio abandonado no East Village cercado por panfletos religiosos, mas não antes de ter declarado a um repórter *Não acho que memórias sejam muito úteis*.

Mas de volta aos negros mágicos.

Um salve para o meu parceiro Robert Guillaume, que foi mágico como um desenho animado em *O Rei Leão* & ergueu aquele bebê diante de um penhasco & fez as estrelas tomarem a forma do lar depois que aquele covarde do Simba fugiu de casa para comer insetos com uns patifes enquanto sua mãe dele e seus parentes eram dominados por hienas estúpidas & estridentes que, no fim das contas, eram dubladas por uns negros, mas que ainda não eram mágicos. Mais um salve para Robert Guillaume, que não interpretou um desenho animado em *Sports Night*, a malfadada criação de Aaron Sorkin, mas estava lá resolvendo problemas apesar de tudo & ele sofreu um derrame durante a filmagem & o show não conseguia continuar sem ele & a produção estava se desmantelando & então ele voltou com sua fala arrastada & sua bengala & seus olhos cansados que contemplavam aquela vastidão de desespero branco. Saudações para Whoopi Goldberg naquele filme *Ghost – Do outro lado da vida* & Carl Weathers que decididamente não foi mágico o suficiente para evitar apanhar de Ivan Drago até a morte, mas era mágico o bastante para ensinar a um jogador de hóquei como jogar golfe antes de morrer na tela & se tornar uma espécie de espírito-guia.

Uma saudação especial para todos os negros mágicos que ajudaram os amigos brancos teimosos a encontrar o amor nos caminhos tortuosos das comédias românticas. Para Dave Chappelle, que ajudou Tom Hanks a se ajeitar com Meg Ryan apesar do capitalismo e do América Online. Para Will Smith em *Hitch*, que prestou um serviço muito comum de ensinar o amigo branco a dançar para que ele conseguisse marcar um encontro com uma modelo. Para Daryl Mitchell, que era o professor com consciência racial na escola majoritariamente branca de *Dez coisas que eu odeio em você* e foi o negro sarcástico e sabe-tudo na cidade pequena cheia de habitantes brancos em *Ed*. Um salve para Gabrielle Union em 1999! Para Bubba em *Forrest Gump*, que revelou seu amor por camarão a Forrest durante a Guerra & falou sobre como queria um barco pesqueiro de camarão & então morreu para que Forrest pudesse voltar para casa & começar uma empresa de pesca & existe uma Bubba Gump Shrimp Company na *vida real* & foi criada por um cara chamado Tim & talvez Bubba seja o mais mágico de todos pela dádiva que ele permitiu que o mundo recebesse. Saudações aos negros mágicos que também foram Deus ou que poderiam ser semelhantes a Deus. Um salve para Eddie Murphy & Morgan Freeman & numa certa medida para Laurence Fishburne também, mas não o Laurence de 1991 quando ele atendia por Larry & estava em *Os donos da rua* falando aquele monte de merda. Saudações a todas as pessoas negras em *E aí, meu irmão, cadê você?* & Djimon Hounsou & Magic Johnson, talvez, & Stacey Dash tanto agora quanto antes, mas nunca para Stacey Dash correndo para seu pequeno e brilhante pedaço de liberdade malandra naquele clipe de Kanye West & saudações para Michael Clarke Duncan, que Deus o tenha & que Deus também seja negro no paraíso resolvendo os problemas insuperáveis dos mortos que deveriam estar em paz, mas é quase certo que não estarão.

Um salve para o meu amigo Trey, que poderia ter ido para a escola pública no Eastside, mas os pais dele queriam que ele recebesse uma *boa* educação & então o mandaram para a escola católica majoritariamente branca perto de casa & ele era uma estrela no time de basquete & no time de futebol americano & ele usava camisa & gravata para assistir às aulas & tinha os tênis mais maneiros & parou de andar com a gente do nada assim que conseguiu ser convidado para as festas no subúrbio classe média & respondia a todas as perguntas sobre por que o gueto é gueto & por que ele não era como todos os outros que tinham uma aparência como a dele & alguns diriam que todos nós temos um pouco de magia dentro de nós & uma mistura errada de certas pessoas com uma certa imaginação é tudo o que é necessário para que ela se manifeste & saudações tanto para a performance mágica em si quanto para o público à espera segurando a respiração & sem perceber que eles estão prestes a cair na armadilha.

Em 2006, foi lançado o filme *O grande truque*, baseado num romance homônimo de Christopher Priest. Tanto no livro quanto nas telas, o truque de mágica é desconstruído em três partes: na Promessa, você é apresentado a um objeto que parece comum – um baralho, um pássaro, o corpo de uma pessoa viva. Você, talvez desejoso da sensação de ser enganado, pode inspecionar o objeto casualmente para ver se ele não foi alterado, ignorando os sinais de que tenha sido. Na etapa seguinte, a Virada, o objeto comum se torna ou realiza algo extraordinário bem diante dos seus olhos. O baralho se dissolve em pedaços, ou o pássaro desaparece calmamente nas dobras de um lenço, ou o corpo se torna uma passagem na qual você entra e se descobre absolvido ao usá-la como saída. No fim, o Grande Truque, simplesmente, é o momento em que a coisa extraordinária retorna ao seu estado comum, mas ligeiramente alterada. Debaixo da palma da mão, as cartas se transformam de novo num fluxo elaborado de corações vermelhos, com a carta preta que você escolheu posicionada bem no meio. O pássaro irrompe de dentro de um lenço dobrado, mas dessa vez é um cardeal, ou uma pomba, ou algo mais brilhoso do que as penas trevosas de um corvo. O corpo, é claro, aparece em algum lugar diferente de onde estava antes. Em algum lugar onde ele possa ser brevemente útil mais uma vez para o espanto da plateia, e depois esquecido até que possa participar do próximo truque.

Existe uma versão disso na qual eu desapareço diante dos olhos de colegas de classe, do time e de velhos amigos, só para reaparecer em outro lugar e desaparecer novamente. A faculdade que cursei está localizada no centro de um subúrbio de classe média. Essa região ficava entre dois bairros negros, aos quais o próprio subúrbio não prestava muita atenção. Quase todos os meus colegas de faculdade eram brancos. A maioria dos negros estava lá para praticar esportes e trocar olhares de reconhecimento entre nós na lanchonete ou zanzar de uma aula para outra. Alguns de nós criamos laços, é claro. Mas eram laços formados pela necessidade de sobrevivência. Um laço como esse nem sempre tem substância suficiente para se transformar em algo extraordinário além das fronteiras de seja lá onde for que a sobrevivência aconteça. Muitos dos estudantes brancos não saíam do campus e do raio de poucos quarteirões de sossego que o subúrbio lhes concedia. Os moradores da região abastada e meus colegas de faculdade lamentavam ter que fazer um curto trajeto descendo a rua até o Kroger, porque o Kroger era, decididamente, a parte do bairro mais indesejável – um bairro que eu conhecia bem e dentro do qual cresci. Ninguém à minha volta no time de futebol da escola sabia disso quando, depois de um treino, eles resmungavam por ter que ir até o mercadinho do gueto descendo a rua. Eu estava lá durante o treino, estava lá com a bola no pé, ou quando alguém precisava de fita para proteger os tornozelos. Mas então, do nada, era como se o vento me tornasse translúcido.

A primavera de 2003 foi o período em que os Diplomats eram ouvidos ressoando do lado de fora das janelas abertas dos dormitórios, ecoando pelos corredores durante a hora do banho da manhã. Os Estados Unidos estavam em guerra outra vez e Cam'ron, Juelz Santana, Jim Jones e Freekey Zekey se enfeitaram com a estética do império usando bandanas da bandeira em torno da cabeça ou saindo pelos bolsos de seus jeans caídos. O logo deles era uma águia com as asas abertas como a do Grande Selo dos Estados Unidos. A capa do álbum de estreia deles, *Diplomatic Immunity*, mostrava seus rostos contra um fundo listrado vermelho e branco dentro de um círculo de estrelas. Além da escolha da apresentação visual, quase nada dava a entender que o grupo tinha uma relação forte com o patriotismo. Afinal, em 2003 eles fizeram uma música que era claramente crítica ao país. O próprio álbum era cheio de reações negativas à narrativa estadunidense pós-Onze de Setembro. Na canção "Ground Zero", o grupo declarava que fazia "música Onze de Setembro". O integrante do grupo mais interessado em andar no limite entre a estética estadunidense e se opor ao país era Juelz Santana. Que em "Gangsta" fazia um rap dizendo "I'm the realest thing poppin'/ since Osama bin Laden" [Sou a coisa mais real que despontou/ desde Osama bin Laden] e "I ain't mad that the towers fell/ I'm mad the coke price went up/ and this crack won't sell" [não estou com raiva porque as torres caíram/ minha raiva é que o preço da coca subiu/ e esse crack não vende].

Há um verso de Santana que foi modificado antes do lançamento do álbum. Na versão de "I Love You" no disco os ouvintes escutam Santana fazendo um rap solene sobre os pedaços quebrados das torres serem os túmulos de muitas pessoas. Mas na versão original da canção, os versos do rap eram um elogio a Mohammed Atta, um dos sequestradores do Onze de Setembro, destacando a coragem dele.

Alguém, em algum lugar, decidiu que essa estrofe ia longe demais e os versos foram alterados e substituídos.

Nada disso importava no enclave de admiração e fascinação que eram os corredores e as festas no campus. Estudantes brancos colocavam bandeiras dos EUA em torno da cabeça e do pescoço e cantavam com animação os raps acompanhando as letras de *Diplomatic Immunity* sobre como as ruas às vezes são a guerra, ruas pelas quais aquelas pessoas naquelas festas podiam ter medo de andar. No entanto, eles gostavam de se imaginar caminhando por elas. Ryan, que vinha de um dos subúrbios próximos, tinha uma foto dos Diplomats na parede, e os pais dele, sem ouvir a música, pensaram que já era hora do rap ter alguns patriotas de verdade falando para o público jovem. Meus colegas de turma usavam camisetas largas e compridas em homenagem ao código de vestimenta dos Diplomats. Era uma transformação fascinante que acontecia no fim do ano letivo. Muitos deles, que tinham criado uma fantasia dos EUA como um país idílico, ou que tinham comemorado em março quando o presidente declarou guerra, agora se viam como um grupo de rappers que pareciam olhar a situação de longe e só de longe. Ninguém ouvia tanto as canções; antes, gostavam daquela remodelação da velha iconografia, que agora se transformava em algo que eles haviam passado a perceber como perigoso – uma iconografia que, para mim e para os meus colegas negros de campus, tinha sido perigosa havia anos em sua forma original. Antes de ter se tornado algo extraordinário.

Há momentos em que eu questiono o que estou absorvendo com meus olhos e meus ouvidos e se essas coisas estão vibrando no mesmo tom que todo mundo está percebendo com os deles. E então me lembro do Desaparecimento. A tensão central que se desloca lentamente por todo *O grande truque* é a disputa entre os mágicos que tentam superar um ao outro em nome da vingança, disputa que se desenvolve mais visceralmente no objetivo de realizar o truque perfeito do Desaparecimento. O roteiro do truque é aparentemente simples. A Promessa: um corpo aparece. A Virada: um corpo desaparece. O Grande Truque: o corpo reaparece. Contudo, numa apresentação perfeita, é um truque que seria difícil de realizar agora, o que dirá em 1890, quando se passa *O grande truque*? O número exigia muito do artista e exigia muita suspensão de descrença por parte do público. Na história, o mágico Robert Angier tenta criar um sósia a partir de um estranho que conheceu na rua; assim quando ele desaparecesse embaixo do palco, o sósia apareceria sem solução de continuidade. Os problemas eram que o sósia era um bêbado em quem não se podia confiar, e que Angier ansiava pelos aplausos do público – o olhar espantado nos olhos deles quando o inesperado acontecesse.

A solução para Angier foi pedir a ajuda de Nikola Tesla (que no filme é interpretado por David Bowie). Tesla cria uma máquina que duplica qualquer coisa colocada dentro dela, incluindo uma pessoa. O truque da máquina é que ela clonaria e recriaria uma pessoa a uma curta distância. Isso também significava que, para de fato realizar o truque, Angier teria que se tornar uma nova pessoa a cada noite, enquanto a versão mais original dele experimentava a morte. Um Angier recém-clonado apareceria no balcão, de braços abertos para se refestelar na aprovação da plateia, enquanto a versão ligeiramente mais velha e mais original se afogava no tanque embaixo do palco.

Todos os truques de mágica têm extremos, mas com frequência há um movimento na apresentação que exige sacrifício. Um campo cheio de corvos mortos; uma lixeira cheia de fragmentos de cartas de baralho. Ou o compromisso de matar a si mesmo para que outra versão de você possa viver para ser ovacionada pela plateia. Desde que as pessoas não pensem na física de tudo isso. Contanto que as pessoas que estavam ansiosas por uma visão tenham apenas aquela visão e nada mais. Você conhece esse truque. Tenho certeza de que você já o viu centenas de vezes.

Uma vez que estamos falando de homens que desaparecem e dos anos 2000, mais um salve para Dave Chappelle. Aquele que, depois de usar sua mágica em *Mensagem para você*, mas antes de fazer mágica em *Nasce uma estrela*, descobriu que, nessa linha específica de trabalho, as risadas das pessoas brancas são ao mesmo tempo uma moeda e um conflito. Um longo purgatório barulhento sem saída. O *Chappelle's Show* teve a breve, incomum e brilhante duração de vinte e oito episódios entre janeiro de 2003 e julho de 2006, embora a temporada final em julho de 2006 tenha sido reduzida – somente três episódios foram ao ar depois de inúmeros atrasos e notícias de que Chappelle estava se afastando do show e de que a Comedy Central lhe oferecia dezenas de milhões de dólares para que continuasse.

Para alguns, havia sempre essa sensação de que as pessoas brancas que estavam tão apaixonadas pelo show não sabiam exatamente quais partes dele as levavam aos limites mais extremos da gargalhada. Boa parte da energia do programa era determinada pelo pensamento de Chappelle naquela época, de usar o esquete e a tela como uma espécie de casa dos espelhos dos horrores, usando tanto ideias sobre a negritude quando ideias sobre como a branquitude impacta a negritude. O show não era só isso, é claro. Mas, no fundo, ele parecia ter o desejo de levar as pessoas a verem um reflexo menos elogioso de si mesmas, chegando a algo que pairava entre o absurdo e a introspecção.

Foi preciso que as pessoas brancas adorassem o *Chappelle's Show* para que ele se tornasse tão valioso quanto era para a emissora, mas foi necessário que as pessoas brancas rissem muito alto e por tempo demais – e rissem do que não tinha graça – para chegarmos ao início do fim do programa. Piadas repetidas em festas ou pessoas fantasiadas como os personagens no Halloween. Não tenho certeza do que leva uma pessoa a não se entender como alvo. Havia o esquete da "Família Niggar", por exemplo. Na superfície, a piada é que essa família branca dos anos 1950 tem o sobrenome Niggar, o que permite que eles possam olhar para a foto da bebê de um parente e digam coisas como "Ela tem aqueles lábios dos Niggar".

No entanto, a verdadeira piada está no leiteiro interpretado por Chappelle, que é apresentado ao pai da família como o "leiteiro de cor". A piada também vem mais perto do fim do esquete, quando o personagem de Chappelle e sua esposa negra se encontram sem querer com os filhos da família Niggar num restaurante chique. Quando o recepcionista branco chama "Niggar, mesa para dois" e o leiteiro e a esposa se aproximam dele, com Chappelle protestando que eles não tinham saído naquela noite para serem desrespeitados, para só então perceber que a recepcionista chamava dois jovens brancos da família Niggar. Chappelle comenta: "Aposto que vocês vão conseguir uma mesa melhor do que qualquer negão que já pisou neste restaurante", e ele e a esposa dão risadas exageradas e constrangidas, jogando a cabeça para trás, enquanto as três pessoas brancas na cena riem junto alegremente. O esquete é apresentado em preto e branco na tela, assim como já se realizara ao vivo e em cores em várias casas estadunidenses – nos quartos, nos porões e nas salas de estar onde as pessoas se reuniam em torno dos televisores. A piada sempre está na nuance de pronúncia que uma simples letra possibilita. Quando as pessoas falam do desejo de imitar – de usar a palavra "nigger" sem repercussões –, isso tem a ver com poder, é claro. Mas também tem a ver com acesso. Com o frisson de fazer algo e não ter de sofrer as consequências. Essa parte específica do programa entendia isso muito bem, ainda que as pessoas brancas que o assistissem não entendessem. Com a claque da risada cada vez mais baixa, o personagem de Chappelle exclama: *Ó meu Deus, esse racismo está me matando por dentro*.

No entanto, foi o esquete do duende negro que provocou a perda de prestígio pessoal de Chappelle. O quadro, em retrospecto, se alinha claramente com todos os outros movimentos dos objetivos do programa. A premissa é simples, mas é acelerada por seu destemor insolente. A cena começa com Chappelle sentado num avião. Ele logo é abordado por uma comissária de bordo, que pergunta qual refeição prefere: frango ou peixe. Quando a palavra "frango" sai da boca da comissária, uma versão pequena de Chappelle, semelhante a um duende, se materializa em cima do encosto do assento da frente. O duende negro está de *blackface*, vestido como um carregador de hotel e girando uma bengala. "Frango!", ele grita. "Acabei de ouvir a palavra mágica! Vai e pede um balde bem grande, crioulo, cai dentro! Negão filho da puta!"

Todo o conceito consiste em brincar com os estereótipos mais extremos e como eles podem assombrar as pessoas negras que se encontram na companhia de pessoas de outras raças. Chappelle luta com a escolha entre frango e peixe, enquanto o duende o convence a se dar ao luxo de pedir o que ele realmente deseja. Quando ele pede peixe, só para descobrir que as refeições com peixe acabaram, ele pergunta, constrangido, como o frango foi preparado. É frito, lhe informam, e o duende negro faz aparecer um banjo antigo e toca e dança para comemorar. Essa é uma daquelas esquetes de Chappelle que quase com certeza foi feita para ele e seus amigos darem risada. O quadro caminha no limite entre a comédia e o desconforto e não faz isso tão bem quanto muitas outras esquetes do show. Grande parte da piada reside no absurdo do duende de *blackface* gritando incentivos para Chappelle emendados com expressões como "seu beiçudo filho da puta". A expressão de hesitação e desconforto de Chappelle não exprime os sentimentos de forma palpável o suficiente para realçar a narrativa que está por trás da piada. Tudo o que resta é uma versão menor dele, gritando e pintada para ficar mais escura do que ele já é. Mas é claro que pouco importava, na época, se Chappelle interpreta bem ou não durante o esquete. As pessoas que sabiam que podiam rir com ele, partilhando a sua dor, e as pessoas que podiam rir dele já estavam claramente divididas.

Em 2005, Chappelle contou para a revista *Time* que, enquanto gravava aquele esquete, percebeu um homem branco no set que riu mais alto e por mais tempo do que todas as outras pessoas. Aquele era o sinal – um sinal bem claro de que ele precisava dar um tempo. Fez o Hajj, a peregrinação a Meca. Passou um tempo na África do Sul. Quando voltou, se esparramou numa cadeira no programa *Inside the Actors Studio*, acendeu um cigarro e o público deu gritinhos entusiasmados. Ele divagava com a clareza e a veemência de alguém que foi embora, tornou-se um mito e então voltou. "As pessoas estavam me chamando de viciado em crack no país onde nasci", ele afirmou, inclinando-se para a frente com as cinzas caindo do cigarro entre os dedos. "Mas na África do Sul as pessoas me deram comida. Garantiram que eu tivesse um lugar para dormir. Me levaram ao shopping. Isso fez com que eu me sentisse bem. Fez com que eu me sentisse uma pessoa normal."

Dependendo de quem você é, quando um amigo negro diz que vai para a África, você não pergunta para qual parte. As pessoas só balançam a cabeça, falando sobre o continente como se fosse uma cidade. Chappelle foi, durante um tempo, o amigo negro de todo mundo: aquele que se mantém a uma confortável distância, mas ainda presta um serviço. A ideia de as pessoas brancas mencionarem um amigo negro quando são confrontadas com a responsabilidade por pequenos ou grandes racismos não convence por um motivo. É porque o amigo negro só existe para dar permissão e, depois, absolvição. Não que isso oferecesse absolvição, mas nunca diz respeito a delimitar o interior de um relacionamento, ou à gratidão por ter amado e sido amado por alguém, equiparada com a dor por qualquer confiança que foi demonstrada. É só nomear alguém que passou pela sua vida em algum momento do passado ou do presente.

Chapelle era único porque, por meio de algo que se parecia com um amor profundo por seu povo, ainda realizava essa fantasia específica de garantir a permissão. É algo que está além do meu controle. Eu digo que amo o meu povo e quero dizer que há uma linguagem que é só nossa, e que dentro dessa linguagem há um abrigo. Mas, se falo nessa linguagem com o mundo, eu sei o quanto o mundo está ansioso para curvá-la de acordo com os próprios desejos.

Em 2017, eu me lembrei de Chappelle, do riso das pessoas brancas e de todas as piadas sobre crioulos. No meio do filme *Três anúncios para um crime*, há uma cena, na realidade uma piada nos moldes de "Who's first?", de Abbot e Costelo. Frances McDormand interpreta Mildred Hayes, uma mãe enlutada que procura pelas autoridades em busca de respostas para o estupro e o assassinato de sua filha, que não foram solucionados. Sam Rockwell interpreta o policial Jason Dixon, um personagem apresentado inicialmente como um imbecil. A primeira coisa que ficamos sabendo sobre Dixon é que ele foi responsável pela tortura de um ou mais moradores negros da cidade durante um interrogatório. Nenhum detalhe é dado e os espectadores não veem propriamente a tortura, mas entendem que Dixon torturou pessoas negras e manteve seu cargo na polícia. A piada é mais ou menos assim: Hayes está sendo interrogada por Dixon e, no meio das perguntas, dispara "E como anda o negócio de torturar crioulos, Dixon?". Nervoso, Dixon responde algo do tipo "Você não pode mais falar torturar crioulos, tem que dizer torturar negros". Eles continuam batendo boca, Dixon cada vez mais incomodado enquanto Hayes o provoca, até que o xerife Bill Willoughby, interpretado por Woody Harrelson, entra na sala. Quando Willoughby pergunta o que está acontecendo, Dixon, exasperado, exclama: "Xerife, ela me perguntou como vai o negócio de torturar crioulos e eu disse que não se pode mais falar em torturar crioulos, você tem que falar torturar negros".

Willoughby dispensa Dixon, só um pouco irritado. Quando Dixon sai da sala, Willoughby explica a Hayes que ele tem um "bom coração" e que se todo policial com "inclinações levemente racistas" fosse demitido, não sobraria nenhum policial.

Durante a discussão sobre "torturar crioulos" entre Dixon e Hayes, quase todo mundo no cinema à minha volta riu. Não sei quantas pessoas negras estavam naquela sala comigo, só sei que as risadas estremeceram as paredes até que elas se fechassem e puxaram o teto para baixo até que eu estivesse numa sala só minha. Até hoje, poucas resenhas do filme mencionam esse diálogo, dois anos depois do lançamento. Ainda não vi nenhuma resenha que pergunte qual o propósito da piada ou a que se presta esse tipo de humor. A piada é que o policial branco que tortura pessoas negras está tentando parar de chamá-las de crioulos. Ou talvez a piada seja que a personagem de McDormand, a protagonista branca com todo direito à sua raiva, tem uma amiga negra, mas ainda acha divertido provocar uma piada com crioulos. Ou talvez a piada seja que, se nos livrarmos de todos os policiais racistas, não haveria polícia.

Naquele momento eu me perguntei quantas pessoas naquele cinema eram próximas de uma pessoa negra e quantas delas passaram algum tempo com aquela pessoa negra naquele dia e falaram sobre o filme a que assistimos. E me perguntei quantas delas omitiriam aquela parte em sua descrição do filme, porque verbalizar como elas deram risada naquele instante é uma implicação que não pegaria bem quando as luzes do cinema acendessem. Me perguntei quantas delas eram o tipo de gente que pergunta aos amigos negros sobre as minúcias da negritude no dia a dia – o que se pode dizer ou não, o que se pode escutar ou não. Eu imagino que elas raramente recebem de troco uma pergunta direta, pois conhecer a branquitude é uma tarefa sem fim.

Agora Dave Chappelle está de volta. Ele voltou a fazer comédia stand-up, o que ele sempre insistiu ser sua melhor performance. As piadas dele às vezes são tão complexas, afiadas e cheias de nuances como costumavam ser, mas em geral ele tem dificuldade para criar uma história com um assunto que efetivamente importe. Tem a tendência a agredir quem é mais discriminado do que ele, atacando pessoas queer e trans ou vítimas de violência sexual. Seu estilo de comédia continua caminhando naquele limite tênue entre o descaramento e uma mensagem subjacente palpável, mas o limite às vezes fica borrado, e ele, como outros comediantes de sua geração, acaba sendo vítima dos tempos e das demandas por evolução em relação a gênero, linguagem e sensibilidade. Chappelle não mudou muito, mas os tempos, sim. As pessoas que ansiavam pela permissão dele não mudaram também, foram só as próprias permissões que mudaram. As mesmas pessoas que sentiam falta das velhas piadas dele e riam porque era engraçado ouvir pessoas brancas falando "Niggar" são as mesmas que agora, assim como Chappelle, sentem que estão sendo censuradas por expressarem a versão mais verdadeira de quem são. Chappelle imagina estar contrariando os críticos, mas mais uma vez está autorizando aqueles que querem receber autorização. Mostrando às pessoas que qualquer um pode falar o que bem quiser, do jeito que quiser, e danem-se os privilégios.

Há muitas maneiras de desaparecer e há muitas maneiras de reaparecer em outro lugar.

Este salve vai para o truque de mágica que eu mais amo. Uma saudação para um truque de mágica para o nosso povo, um salve para Ellen Armstrong.

Em 1920, antes que *Black Girl Magic* fosse uma ideia a ser consumida e debatida, Ellen Armstrong era uma menina negra que fazia truques de mágica no show do pai. John Hartford Armstrong era uma raridade – um mágico negro capaz de atrair públicos negros no início dos anos 1900, se apresentando ao longo da Costa Leste, desde a Flórida até a Filadélfia. Era chamado o Rei dos Mágicos de Cor, um apelido que lhe foi dado por outros mágicos negros. Armstrong era muito conhecido por fazer as coisas aparecerem ou desaparecerem. Moedas se materializavam atrás das orelhas de crianças ansiosas, pombas surgiam debaixo de pedaços de pano e voavam em direção ao céu enquanto o público abria a boca de espanto. Sua mágica não era singular para a época, mas o público parecia empolgado por ver algo que soava impossível. Não só como uma fuga de suas vidas, mas, imagino, também por ver uma pessoa negra fazendo milagres. John Armstrong não precisava vender o show ou necessariamente convencer a multidão. Só precisava lhes dar algo empolgante de se ver por algum tempo, antes que voltassem para suas vidas. Por isso era ovacionado. O show lotava igrejas negras, onde ele cortejava plateias que já tinham depositado sua fé no que não viam.

Depois de quase uma década, a apresentação de John Armstrong se tornou um negócio de família quando sua filha de seis anos, Ellen, se juntou ao show como assistente do mágico. Ela conferia um tom de espetáculo que faltava a ele e, conforme o tempo passou, ela conquistou um espaço próprio dentro do show. Desfilava entre a plateia, insistindo em ler os pensamentos das pessoas que estavam ali.

A graça era que ela tocava a cabeça de uma pessoa e falava o que estava pensando acerca da pessoa sentada ao lado. O espectador gaguejava, encabulado, e então o salão caía na gargalhada.

Na adolescência, Ellen assumiu um papel maior no show, fazendo um número chamado "Chalk Talk" [Conversa com giz], que envolvia contar histórias apenas desenhando os personagens num quadro negro. O truque dessa vez era que o giz era mágico. Assim, com uns poucos traços aqui e ali, as imagens mudavam por completo, acrescentando algo à história ou levando-a para um lado totalmente inesperado.

John Hartford Armstrong morreu de súbito em 1939, quando Ellen tinha vinte e cinco anos. As pessoas acharam que o show ia acabar, porque nenhuma mulher negra jamais tinha feito turnês apresentando sua mágica como a atração principal. Ellen poderia facilmente fechar com outro mágico e continuar fazer os números dentro do pouco tempo que ele lhe disponibilizasse, mas já tinha as ferramentas de que precisava para assumir o show do pai e expandi-lo. Assim, quando fez cartazes para o próprio show em 1940, manteve o slogan paterno: UM BOM SHOW DESDE 1889. Embaixo dessa frase está o retrato de Ellen, sentada, estoica e com um sorriso acanhado. Ondas de tecido cascateiam pelos seus ombros. Seus dedos longos estão espalhados numa mesa diante dela. Ela parece nervosa e determinada na mesma medida.

Ellen Armstrong dirigiu e apresentou seu próprio show por mais trinta e um anos, a maioria de suas performances em igrejas negras e escolas do norte ao sul da Costa Leste, na maioria das vezes para públicos totalmente negros que ainda estavam procurando por algo breve e impossível no qual pudessem repousar os olhos. Continuou fazendo seu truque com o giz mágico e acrescentou à sua rotina ilusões usando molduras com areia, nas quais produzia milagrosamente fotografias com os grãos de areia. Os retratos geralmente eram de ícones negros, como o lutador de boxe Joe Louis. Dependendo do seu humor, ela ainda caminhava em meio a plateia e fingia ler pensamentos de vez em quando.

Também recorria aos truques do pai, principalmente os que envolviam moedas. Aperfeiçoou o Sonho de um Avarento, truque em que o mágico faz moedas aparecerem de repente, do nada, e então as moedas caem num balde de metal. De todos os truques de Ellen, é nesse que mais penso. Antes, penso em fazer dinheiro aparecer do nada. Um truque que minha mãe e minha avó, duas mulheres negras, diriam que era impossível quando eu apontava algo que eu queria em alguma loja numa semana que não fosse a do pagamento, embora aquela coisa que eu queria pudesse aparecer no meu quarto no dia seguinte ou uns dias depois. Penso no som que uma moeda faz quando atinge um balde de metal, especialmente se essa moeda não existia segundos antes. Ellen Armstrong estava se apresentando para o seu povo. Pessoas negras que trabalhavam duro e acreditavam em milagres o suficiente para confiar que uma mágica faria algumas moedas aparecerem. A magia disso tudo. A magia literal, que existe para criar a suspensão da descrença. Aquela que existe para levar embora o que conhecemos de um mundo miserável e substituí-lo por um outro. Que aparece onde antes não havia nada. A quais milagres estamos propensos por amor ao nosso povo?

No fim, Ellen Armstrong se aposentou na Carolina do Sul e o show saiu de cartaz junto com ela. Seu nome não costuma ser mencionado na história dos mágicos inovadores, mas acho que ela pensava em seu trabalho dessa forma. Nos anos em que mágicos negros estavam assumindo os palcos diante de plateias que não eram mais segregadas e fazendo apresentações maiores, ela mesmo assim decidiu levar adiante a missão do show de seu pai, que se apresentava para o público negro porque era obrigado, mas ainda assim se orgulhava de fazer isso. Ellen Armstrong seguiu se apresentando em salões menores, para pessoas com pouco dinheiro ou capital social. A ideia, me parece, era oferecer uma sensação de maravilhamento para aqueles que não teriam acesso a essa sensação de outra maneira. Tornar algo pequeno espetacular. A mágica está no que o espectador está disposto a ver, e o que o espectador se dispõe a ver está no que o mundo permite que ele testemunhe. Ellen Armstrong se apresentava para pessoas que tinham visto demais e não tinham visto o suficiente. Ela construiu uma vida a partir disso. Desenhando pessoas e contando os segredos delas e às vezes libertando alguns pássaros brancos para a liberdade de uma noite escura salpicada de estrelas.

Tenho pensado sobre invisibilidade, hoje e sempre.

Mais que tudo, eu queria que cada problema se encolhesse e emudecesse na presença de vocês, ou talvez na presença de uma versão passada de vocês, meus mais mágicos solucionadores de problemas. No verão da minha depressão mais profunda, eu desejava me afogar em aplausos e piadas e quaisquer jogos de cartas na primeira esquina eufórica que eu pudesse encontrar para me manter vivo por mais algum tempo. Sei que isso não é o mesmo que uma indústria ou uma instituição ou um lugar-comum de filme ou um autor branco em busca de ser absolvido ou atrair alguma atenção com a breve aparição de um sábio preto velho que resolve o problema e segue o seu caminho. Mas estou simplesmente dizendo que conheço o desejo de ser resolvido e absolvido. Sei que, naquele momento, pode não parecer que você fez de alguém uma ferramenta que te permite respirar e viver toda uma vida fora da sua perigosa agonia.

De acordo com as regras do Grande Truque, a mágica não funciona se o que desapareceu nunca reaparecer. Se no lugar de uma desaparição houver mais desaparição. Digo a um amigo que estou cansado de escrever poemas sobre pessoas negras sendo assassinadas e ele me pergunta se isso vai fazer com que elas parem de morrer. Numa feira no subúrbio, um vendedor de frutas branco ignora uma mulher negra na fila e pergunta à cliente branca atrás dela no que estaria interessada. Passo por uma vitrine na calçada enquanto volto aonde estacionei o carro e a loja está vendendo camisetas com o lema BLACK GIRL MAGIC em letras floreadas, embora nenhuma pessoa que trabalhe na loja seja negra. Se há algum tipo de brecha nas regras da mágica, pode ser essa: uma pessoa pode ser invisível até eles a desejarem. Onde há um eco de não existência até que elas possam preencher uma necessidade, ou ser um fio no tecido do grandioso design de outro alguém. A mágica imperfeita de desejar um corpo mais do que uma pessoa de verdade. Os negros mágicos são tão substituíveis que nada do que resta deles desperta nosso lamento.

Então, um salve sobretudo a você. Você que pode ler isto ou ouvir isto ou encontrar isto por acidente e ter a esperança de encontrar alguma resposta ou alguma absolvição. Um salve a todas as coisas que eu espero que te assombrem além daquilo que você procura. Um salve para todas as respostas que eu não tenho para você, nem para mim, e um salve aos pecados dos quais não consigo me livrar para ser capaz de perdoar os pecados nos quais você pode estar soterrado. Um salve para todas as melhores histórias que eu nunca contei. As que vou guardar até que possa passá-las adiante para outra pessoa que possa passá-las adiante. Não tenho nenhuma mágica de verdade que possa prometer a qualquer um de vocês. Rezo por uma saída das mais singelas.

Dezesseis formas de olhar o *blackface*

1

TALVEZ PRIMEIRO pelos olhos de Charles Dickens, que pegou a estrada em janeiro de 1842 para escrever um relato de viagens que se voltou um olhar crítico para a sociedade estadunidense. No livro *American Notes for General Circulation*, Dickens escreveu como observador, reportando notícias de onde quer que estivesse para públicos imaginários que estivessem em outro lugar. Começou em Boston e desceu para o sul até Richmond e para oeste até St. Louis. Fez a maioria de suas viagens de barco a vapor, mas eventualmente pegava o trem ou uma carruagem. Na época, Dickens visitou prisões e instituições psiquiátricas para ter noção do que seria uma antessala do sofrimento humano e como aquilo mudava de acordo com a geografia. Escreveu, talvez um pouco demais, sobre as condições sanitárias, fazendo um registro poético de sua afeição por Boston, por exemplo, devido à limpeza da cidade. Lá para o fim do livro, Dickens escreve sobre a escravidão e a violência como as duas principais falhas no tecido da sociedade estadunidense, insistindo que a escravidão corrompia os brancos e os negros e que os estados que não tinham leis escravagistas eram, por inação, alegres cúmplices do sistema. Segundo ele, a tranquilidade dos EUA perante a escravidão e a violência é responsável, em parte, por uma desconfiança universal em relação a qualquer outra coisa que não o individualismo como caminho para a sobrevivência no país. O caminho do sucesso para o estadunidense, observava, envolvia um desejo saudável de se separar dos ideais dos outros.

Como Dickens era muito popular na época em que realizou esse projeto, ele teve dificuldade para encontrar a paz que lhe permitisse trabalhar. Era comum que as pessoas se aglomerassem ao redor dele na rua ou que os fãs o seguissem. Isso o levou a frequentar espetáculos tarde da noite nas cidades maiores, em lugares onde poderia não ser notado. Um exemplo foi a visita que fez ao Almack's, uma casa noturna na região de Five Points, em Manhattan. Lá se deparou com William Henry Lane – então conhecido como Mestre Juba – que vinha se apresentando em shows de menestréis pelo menos desde 1838, mas que não teve o trabalho documentado por ninguém antes que Dickens pusesse os olhos nele.

William Henry Lane nasceu livre em Rhode Island em 1825 e passou a dançar em troca de moedas no início da adolescência, em salões rústicos e casas noturnas onde a maioria dos jovens dançarinos tinha medo de colocar os pés. Uma forma de se tornar conhecido é conquistar os lugares que os rivais têm medo demais para ocupar, especialmente se aqueles lugares não são particularmente avessos à sua presença. Lane tocava pandeiro e violino e tinha a capacidade de imitar facilmente todos os passos dos melhores dançarinos da época e aprimorá-los. Na parte de *American Notes* dedicada a Manhattan, Dickens relata:

O violinista negro corpulento e seu amigo que toca o pandeiro batiam os pés vigorosamente no palco que a pequena orquestra ocupava e tocavam uma partitura animada. Cinco ou seis casais foram para o salão, comandados por um negro entusiasmado, que é a alma da festa, o maior dançarino já visto...

...*Shuffle* simples, *shuffle* duplo, *cut* e *cross-cut*; estalando os dedos, revirando os olhos, balançando os joelhos, torcendo as pernas de um jeito que podemos ver suas panturrilhas embora ele esteja de frente, girando nas pontas dos pés e nos saltos como se fosse os dedos do homem que bate o pandeiro; dançando com as duas pernas direitas, duas pernas esquerdas, duas pernas de madeira, duas pernas de fio, duas pernas de mola –

pernas de todo tipo e perna nenhuma – o que era isso para ele? Em qual caminho da vida, ou dança da vida, um homem consegue um aplauso tão estimulante quanto esses que o ovacionam, quando, tendo dançado com sua parceira até que os pés dela não aguentassem mais, nem os dele, ele encerra a apresentação dando um salto glorioso no balcão do bar e pedindo algo para beber, com a imitação de uma risada de um milhão de Jim Crows, num som inimitável!

2

Desde as eleições, pessoas brancas têm fingido ser negras na internet. Para ser totalmente justo, suponho que também havia pessoas brancas fingindo ser negras na internet antes da eleição, mas agora as pessoas falam sobre isso. As pessoas estão falando sobre isso, em parte, porque as pessoas brancas que estão fingindo ser negras na internet são muito ruins nisso. Meu amigo se pergunta o que isso diz a respeito das pessoas negras, pois nós podemos reconhecer facilmente uma gíria que não saiu dos nossos lábios, mas eu insisto que o problema são as fotos que eles usam. As fotos óbvias de banco de imagem de homens negros com calvície usando terno, ou mulheres negras com uma sobrancelha levantada e um sorriso rígido e forçado no rosto, voltado para todo mundo e para ninguém e ao mesmo tempo. É verdade que eu também identifico a farsa no uso de gírias antigas e na natureza recalcada da linguagem casual e dos arranjos de tweets e legendas. Qualquer um que fala uma língua dentro de uma língua consegue perceber quando um dialeto representa um desafio para alguém que talvez precise dar um Google para achar a palavra correta e onde colocá-la. Ou quando a gíria vem de alguém que assistiu a um filme com uma pessoa negra uma vez e nunca mais viu uma pessoa negra outra vez. Seria engraçado ou fascinante se não fosse tão sufocante. Eu estaria rindo se não estivesse sendo asfixiado pela violência da imaginação.

3

Eu gostaria que houvesse uma alma viva que pudesse vir até aqui, neste espaço, e contasse de qualquer uma das vezes em que Juba limpou o chão com aquele tolo do John Diamond, o dançarino de tamancos de origem irlandesa que animavas as chatas plateias brancas em shows de menestréis por todos os estados do Norte porque combinava elementos de dança irlandesa com elementos roubados da dança africana de dançarinos de taverna e de rua, e porque aquele outro tolo, P. T. Barnum, o colocou num maldito circo. Diamond era conhecido por mover os pés com rapidez, o que exigia pouco movimento da cintura para cima, e – apesar de ele ter dezessete anos – Barnum dizia ao público que ele tinha doze, um pequeno garoto branco com a cara pintada de preto, dançando de um jeito que as pessoas nunca tinham visto. E fora essa coisa de existir show de menestrel branco, o que era tudo mentira, ou seja, só mais uma entre várias.

Depois de um curto período, Barnum se cansou da insolência de Diamond e de seu comportamento imprevisível fora do palco, então o expulsou de sua turnê com o circo e o substituiu por um dançarino mais jovem em 1840 ou 1841 – William Henry Lane. Foi lá que Juba recebeu o nome artístico e ganhou a reputação de que conseguia facilmente transformar os movimentos de outros dançarinos para complementar seu número. Os passos de Diamond eram os últimos a aparecerem na apresentação de Juba, uma vez que ele fechava o show imitando os passos do dançarino de tamancos e então misturava esse movimento ao seu repertório.

Diamond, de saco cheio e apegado à sua antiga importância, começou a desafiar dançarinos para duelos. O material de divulgação do desafio anunciava:

Mestre Diamond, que delineia o caráter etíope melhor que qualquer outro branco, desafia qualquer pessoa no mundo a um duelo de habilidades na dança dos negros, em todas as suas variedades, numa aposta que varia de US$ 200 a US$ 1.000.

E ele conseguiu, é claro, passar por todos os rivais brancos, mas então veio Juba. Juba, que tinha dominado os passos de Diamond tão bem que tinha superado Diamond na própria especialidade dele muito antes de Diamond ter a menor chance.

Ninguém viveu tempo o suficiente para contar as nuances daquele momento. Como o público talvez tenha perdido o fôlego quando o dançarino negro desmontou o dançarino branco com as armas criadas pelo próprio dançarino branco. Como, quando o mundo lá fora determina o seu valor, talvez seja vital para os marginalizados encontrar uma arena que possam dominar sem a menor sombra de dúvida. Como era de esperar, Diamond pediu uma revanche atrás da outra. As batalhas duraram até meados da década de 1840, com Juba eclipsando Diamond em todos os desafios – exceto por um, no Boylston Gardens, em Boston. No entanto, no confronto mais famoso, Juba superou Diamond em Nova York em 1844 e ganhou US$ 500, então riu por último quando voltou para Boston como o "Rei de Todos os Dançarinos". Logo depois aconteceu uma temporada de duas semanas na qual Mestre Juba enfrentou outro menestrel branco dançarino da época, Frank Diamond (nenhum parentesco com John).

Juba estava lá no tempo e no lugar certos, mas eu gostaria de propor a ideia de que qualquer dançarino negro que fosse bom no ofício teria feito aquele besta do John

Diamond de bobo. E como deveria ser esse sujeito, John Diamond. Ter usado cara pintada de preto por tanto tempo na frente de plateias brancas a ponto de se imaginar melhor no que ele chamava de "danças dos negros" do que o próprio povo que eles chamavam de "negros".

4

Tem aquela cena no fim de 8 *Mile – Rua das ilusões* que todo mundo adora, na qual o personagem do Eminem está num desafio de rap para acabar com todos os desafios de rap contra Papa Doc, seu inimigo de longa data. Nessa cena, Eminem começa desafio e usa todos os insultos previsíveis que ele acredita que Papa Doc tinha guardado, pronto para soltar em cima dele. Quando acaba, ele joga o microfone para o Papa Doc, que gagueja antes de ser soterrado por ondas de aplausos que celebram o triunfo de alguém que deixou o oponente imóvel.

5

Há muitas coisas que as pessoas brancas não entendem em relação ao *blackface*, mas uma na qual eu penso é a forma desleixada como espalham a maquiagem no rosto, como se nunca tivessem visto uma pessoa negra antes, geralmente um preto retinto e totalmente desigual, manchando a pele ao acaso, sem prestar atenção aos detalhes. Tenho pensado em como isso me parece um insulto adicional que vem se somar a um outro bem óbvio. Como nem sequer uma tentativa de imitar pode ser feita com o mínimo de cuidado com a pele dos imitados.

Como não posso me despir da minha pele, peço aos meus companheiros de apartamento por dicas de cuidados com a minha e a conversa do grupo se estende com nomes de produtos e links para comprá-los. Zanzo pelo supermercado Whole Foods e pergunto a Safia exatamente qual luva esfoliante de bucha vegetal eu deveria comprar, mandando fotos dos meus achados no grupo. Tudo o que sei é que tive a boa sorte de ter uma pele muito boa durante três décadas, sem ter trabalho nenhum, e agora estou tentando ver até onde vai o potencial máximo de imortalidade da minha pele. Afinal de contas, sou descendente de um povo que não aparenta a idade. Na maioria dos eventos com pessoas negras nos quais estive presente, alguém me puxa de lado, aponta para alguém considerado velho, me pede para chutar quantos anos a pessoa tem. Quando estimo que a pessoa seja muito mais nova, eles me falam uma idade que beira o absurdo e parece ainda mais sem noção no momento em que a luz do sol se reflete numa ausência de rugas, numa dança vigorosa ou uma risada vibrante enchendo o ar. O que mais amo na mitologia dos negros que não envelhecem é como você realmente não aparenta a idade que tem a menos que se entregue ao serviço de algum mal. Como todos nós fomos abençoados, mas podemos nos vender para o diabo, quem realmente quiser fazer isso, como consequência, começa a lidar com a aceleração do processo de envelhecimento. Stacey Dash não parecia ter um dia a mais do que vinte e cinco anos quando corria em câmera lenta pelo aeroporto de Chicago seguida por Kanye West num videoclipe. Mas depois de um ano trabalhando na Fox News, as pessoas dizem que ela aparenta cada minuto de sua idade e a década que ela manteve sob controle finalmente ficou evidente, meu Deus, ele veio cobrar. Tudo o que sei é que estarei do lado errado dos trinta em breve e estou tentando manter a minha pele e meu espírito limpos.

E então tenho gastado dinheiro até demais em produtos até demais que nunca tinha visto e não entendo. Eu aplico minha máscara facial, espalhando o creme branco de um jeito desigual, agressivo, na testa e nas bochechas, mas suavemente ao redor dos olhos, minhas mãos guiadas por uma ansiedade um pouco maior que a de costume. Com as pálpebras cobertas de produto, rolo a linha do tempo de uma ou outra rede social. Pessoas negras na internet estão chateadas por causa de uma festa em alguma escola. O tema era "a quebrada", ou algum arremedo do que as pessoas brancas pensam que é a quebrada. Nenhum dos participantes era negro, mas a maioria tomou providências para ficar preto. A escuridão foi obtida por todo o tipo de medida: graxa de sapato, maquiagem, canetinhas, rostos coloridos de forma descuidada. Os convidados da festa usavam grandes correntes douradas falsas, enormes camisetas brancas que iam até os joelhos. Cruzavam os dedos em homenagem a gangues saídas de suas imaginações mais selvagens. Óculos de sol e olhares de desprezo enfeitavam essas caras brancas, escondidas porcamente atrás de borrões marrons. E que situação desagradável a minha, vendo aquilo com a cara coberta de uma substância branca, que promete preservar a juventude da minha pele. E garotos, bem mais jovens do que eu naquele momento, jogando qualquer coisa disponível em sua pele jovem para torná-la mais escura.

Apesar de sua história, do mal que causou, dos muitos ecos de violência que evoca, o que mais me doía em relação ao *blackface* me ocorreu naquele instante, olhando para aquela cena de peles brancas enfeitadas com desleixo enquanto eu tentava delicadamente cuidar da minha pele negra para ajudá-la a preservar o frescor.

É assim que eles pensam que nós somos.

6

Críticos e pesquisadores lutam com o paradoxo de Dickens: como ele parecia muito alinhado com várias causas liberais, mas ainda conseguia ser racista, nacionalista e imperialista em sua obra. Como era solidário com a situação deplorável dos africanos escravizados, mas ainda assim apoiava publicamente os estados do Sul, por não estar convencido de que o Norte tinha um interesse genuíno na abolição da escravidão.

Em *Oliver Twist*, o personagem Fagin é mencionado somente por suas origens raciais e religiosas cerca de duzentas e cinquenta vezes nos primeiros trinta e oito capítulos. Fagin é judeu, um vilão arquetípico, que é rico, mas também esconde o dinheiro e mantém crianças por perto para que elas possam lhe prestar serviços – geralmente bater carteiras. Fagin, apesar de sua riqueza, não tem muito carinho pelas crianças que envia para cumprir tarefas, nem cuida delas. Para alguns, o personagem é o exemplo mais terrível de antissemitismo presente na obra e nas ideias de Charles Dickens.

Há historiadores que afirmam que Fagin era baseado em Henry Murphy, um negro londrino livre conhecido nos tempos de Dickens como Henry, o Ladrão de Crianças. Murphy, assim como Fagin, mantinha crianças presas em um esconderijo e as enviava em grupos para as ruas, obrigando-as a pedir esmola, roubar e então entregar os lucros para ele. Há historiadores que alegam que Henry Murphy era o Fagin da vida real, mas que Dickens, movido por seja lá qual simpatia que ele sentia pelo povo negro, decidiu transformar Fagin, de *Oliver Twist*, em um vilão judeu.

E ninguém realmente sabe como entender isso. O que fazer quando alguém se compromete com a simpatia, mas não com a misericórdia?

7

Quando digo que artistas negros costumavam usar *blackface* quando se apresentavam em show de menestréis, não darei a vocês o que vocês querem. Não darei a vocês a metáfora que vincula tudo isso à facilidade com que o ser negro se transforma em todas as coisas que os EUA imaginam, mas não querem. Não vou falar de corvos ou melros ou penas ou asas. Não tenho uma imagem do céu noturno e uma fileira de dentes brancos. Vocês têm metáforas suficientes e eu tenho uma suspeita sorrateira de como nós chegamos aqui. O "nós" sendo eu e você, leitor, ou o "nós" sendo eu e vocês, os Estados Unidos.

Quando se apresentavam nas cidades do Sul em 1860 e 1870, todas as trupes de menestréis negros eram obrigadas a continuar representando seu papel mesmo fora do palco, vestidas em trapos de escravizados e sorrindo de orelha a orelha enquanto o público branco que os queria fora da cidade os expulsava a bala. Mas esse era o único jeito de as pessoas brancas assimilarem o que eles vieram a conhecer como a verdadeira dança de inspiração africana, e não as imitações com as quais entraram em contato, apresentadas pelos dançarinos brancos. Consuma o que você nunca poderá se tornar, então mate-os antes que eles continuem a te lembrar disso.

Então, nenhum de nós merece uma metáfora aqui, a não ser dizer que os artistas negros usavam *blackface* quando se apresentavam para plateias brancas para que nada além dos movimentos dos pés estivesse presente no salão. Todo o resto era preto demais para ser visível.

8

Tive um sonho em que segurava Al Jolson com o rosto coberto por uma grossa camada de *blackface* embaixo d'água numa banheira antiga. Não sei como cheguei a essa cena, mas chego com as mãos nos ombros dele, empurrando-o para o fundo, embaixo d'água, que do meu ponto de vista parece infinita. No sonho, ele usa o terno marrom que costumava vestir para se apresentar no piano em *The Jazz Singer*. Aquele filme era preto e branco, assim como esse sonho, mas eu sei que o terno é marrom. Sei que o terno é marrom porque, enquanto estou acordado, encaro o cartaz do filme que foi pintado colorido. Sei que o terno é marrom por causa do cartaz, o rosto de Jolson não é marrom. O terno é a única interrupção do branco em seu corpo inteiro. No sonho, Jolson não luta quando seguro a cabeça dele embaixo d'água. Os olhos ficam abertos. Esfrego o rosto dele até que o movimento se transforme em arranhões, tentando remover a camada endurecida de pele negra, para falar diretamente com o homem debaixo dela. Eu não sei o que diria a Al Jolson se pudesse retirar a máscara da cara dele, mas continuo descascando, e Al Jolson não luta, mesmo quando passo os dedos nos olhos dele. Olhos que, cobertos pela escuridão de sua maquiagem, reluzem debaixo d'água. Quando o empurro o suficiente até o fundo, o rosto dele desaparece inteiramente, ou pelo menos tenho essa impressão. Num sonho, nada é tangível, mesmo num sonho que se torna recorrente. Só os pequenos detalhes permanecem: sei que a banheira é antiga – é daquelas com imensos pés de garras. Ao fundo, provavelmente toca uma versão de "Blue Skies", mas nesse sonho me convenci de que não é uma versão de Jolson, porque está sendo interpretada por uma mulher. O que significa que digo a mim mesmo que é Ella Fitzgerald. Quem, eu imagino, também gostaria que eu esfregasse a cara de um homem branco até tirar a maquiagem preta. No sonho, penso que seguro Al Jolson lá no fundo porque, se não posso separá-lo da pele que parece com a minha pele, quero ao menos que os olhos dele parem de brilhar embaixo d'água. Mas conforme empurro o rosto dele mais para as profundezas da banheira, sou deixado sozinho, procurando meu reflexo na água, que me parece escuro, bem mais escuro do que já fui. Tão escuro que a escuridão se espalha pela superfície da água como os membros dançantes de uma sombra. E então, conforme me inclino para mais perto da água, sinto o terno de Al Jolson se mexer vazio e não estou mais segurando um corpo. E então acordo, e, na escuridão do meu quarto na vida real, mal consigo ver minhas próprias mãos.

9

A maioria das pessoas negras sabia que aquela mulher era branca no momento em que a ouvimos, gaguejando e hesitando ao longo daquela entrevista. Não se pode dizer muito a respeito do que os olhos sabem. Há muitas maneiras de parecer negro e de ser negro, então não posso afirmar o que é. No entanto, algumas pessoas do meu povo conseguiram dizer o que os fez perceber. Alguns deles – os que vieram dos lugares onde há pouco sol – insistiram que eram capazes de identificar um bronzeado ruim. As mulheres negras que conheço disseram que sabiam desde o começo, porque, se ela *fosse* negra, ninguém a deixaria sair de casa com o cabelo bagunçado daquele jeito. Mas, peraí, ela era a presidente da NAACP (Associação Nacional para o Progresso de Pessoas de Cor), e da última vez que eu conferi "pessoas de cor" era uma forma de se referir a pessoas negras! Além disso, era a NAACP de Spokane, Washington! Eu estive em Spokane, Washington, uma vez. As pessoas negras eram tão invisíveis que todo mundo tentava passar direto por nós, sem se desviar. Então é difícil dizer, realmente. Mas ainda que se dê o benefício da dúvida em relação à estética, eu soube que a mulher que afirmava ser negra não era negra quando a entrevistadora lhe perguntou: Você é realmente afro-americana?

Eu não...eu... Eu não entendi a pergunta.

10

A história nem sempre é gentil com ideias do que é, ou não é, vergonhoso. Conforme o tempo passa, a compreensão social de quais foram os pecados passados vai ficando mais clara e mais fixa, estabelecida como um parâmetro do que não deve ser repetido – até que alguns desses pecados sejam repetidos. Agora é vergonhoso imaginar que um dançarino negro em algum momento pintou o rosto de mais preto e se apresentou para plateias brancas. Contudo, eu gostaria de fazer um breve elogio para o Mestre Juba que, na sua época, roubou o palco de homens brancos que só podiam fingir vir de onde ele era e saber o que ele sabia. Mestre Juba, que passou metade de uma década constrangendo o mesmo dançarino branco várias vezes simplesmente porque o dançarino branco tinha a audácia de se considerar um descendente de um povo capaz de dançar *de verdade*. Juba nasceu um homem livre, mas é claro que ter nascido negro na época em que ele nasceu significava que nem todas as liberdades dele estavam ao seu alcance. Era liberdade quando contrastada com a opção das correntes, sim. Mas não era uma liberdade como a de todas as outras pessoas. Então, eu entendo. Os ecos dos shows de menestréis impactaram o panorama do entretenimento estadunidense muito depois de Juba e muitos outros menestréis negros estarem mortos e enterrados. Não sei dizer se eles mudariam os rumos de suas vidas se soubessem o quanto suas performances ressoariam no futuro. De qualquer modo, isso não dependia deles. A culpa é do país onde eles dançavam e do povo que não conseguia parar de assistir. Os dançarinos eram apenas dançarinos e teriam se apresentado em algum lugar, para alguém. Os EUA fizeram da dança uma arma. Tudo o que estou dizendo é que, em algum ponto do caminho, Juba conseguiu tomar algo de volta dos dançarinos brancos que se arrogavam ser o que não eram. E mesmo que as ferramentas tenham sido vergonhosas, uma pequena parte de uma mitologia roubada foi desmontada.

11

É Mês da História Negra e todo mundo decidiu agora que é uma boa época para admitir que eles também usaram *blackface* uma vez na faculdade. Numa festa. Tentando se vestir feito um rapper, ou uma estrela do pop, ou algum ator de *sitcom*. Afinal de contas, eram os anos 1980. Exceto quando eram os anos 1990, ou os anos 2000, ou o mês passado. Algumas pessoas na internet sabem que *blackface* é ruim, mas não parecem ter muita certeza de por quê. É só uma daquelas coisas que a gente branca não deveria fazer. Eu me pergunto sobre os ganhos e as falhas disso: o quão longe o país chegou estabelecendo uma moldura do que se pode ou não fazer socialmente, mas sem confrontar a sua história. Se é possível sustentar uma verdadeira mudança comportamental sem atacar as raízes do *blackface*. O fato de que sempre haverá um público aguardando por uma cara preta, mas não necessariamente uma pessoa negra. O problema de abordar a história nos EUA é que muita gente mede as coisas pela distância e não pelo impacto. *Quando eu morrer, serei esquecido*, disse Al Jolson.

Mas digo para mim mesmo que, ainda assim, pelo menos as pessoas entendem. Exceto quando não entendem. Alguém diz que não vê um grande problema no uso de *blackface*. De que outra forma se pode prestar uma homenagem, algo do tipo? Em resposta, outra pessoa diz:

> Se você gosta tanto de *blackface*, por que não usa então quando for trabalhar amanhã?

No palco, numa coletiva de imprensa, acompanhado pela esposa, o político que usou *blackface* para se vestir como

Michael Jackson nos anos 1980 responde a uma série de perguntas, uma dela é se ele sabe fazer um *moonwalk* ou não. Ele insiste que sabe e então se volta para esposa, que lhe diz que agora não é o melhor momento para trazer de volta uma dança antiga. Apesar do absurdo, percebo que gostaria de ver ele fazer isso.

12

Não há muitos desenhos populares de Mestre Juba, com exceção de três:

1. Da noite em Manhattan quando Dickens o viu pela primeira vez, no qual Mestre Juba está cercado de brancos farristas. No desenho, pode-se ver um retrato de Dickens no fundo, desenhado sem muita precisão, de um jeito que ele parece exibir um meio sorriso. No centro de um círculo, os pés do dançarino estão levemente erguidos do chão. Os braços flutuam no ar nas laterais do corpo e sua cabeça está jogada para trás, como se ele fosse consumido pela canção. Ao lado dele, uma mulher branca observa. No desenho, os olhos dela parecem estar brilhando.

2. Na caricatura, Juba é praticamente só lábios. Do jeito como a imagem foi feita, é difícil enxergar a pessoa real para além dos lábios. Mas, um pouco atrás deles, há um relance atrevido do branco do olho, que se destaca contra a escuridão incomensurável da pele. O dançarino usa um

terno e mais uma vez os pés estão ligeiramente acima do piso de madeira, mas é difícil assimilar todos os pequenos detalhes desse retrato além da forma como os lábios saltam do rosto de Juba e de seu corpo pequeno. O trabalho do artista tinha a intenção de registrar o performer como algo de outro mundo. Negro e desfigurado, de modo que, mesmo quando estivesse apresentando seus passos mais espetaculares, um espectador pudesse imaginar estar vendo alguém que não é humano.

3. Se você for na página de Mestre Juba na Wikipedia, vai ver a imagem. Um retrato simples do dançarino, sem que ele esteja em movimento. Juba com uma jaqueta e o que parece ser uma camisa branca. Uma echarpe está amarrada em torno do pescoço, o cabelo está repartido no lado direito da cabeça. Ele parece estoico e de certa forma sério demais. O retrato não está datado, mas é reconfortante ver o humano e não a ideia superexagerada do humano, ou o humano que a plateia viu. Traz um pouco de alegria imaginar que pelas lentes de um outro artista, Juba era íntegro, merecedor de um retrato bastante honesto.

13

A caminho da reunião familiar de minha amiga em Birmingham (para a qual fui convidado só pelo acaso de estar na cidade com algum tempo livre), ela me conta que percebe que ela e sua família dançam de um jeito diferente quando não há pessoas brancas por perto ou quando realmente não ligam se as pessoas brancas as estão observando ou como as veem. Ela faz uma piada sobre uma outra amiga que namorou um cara branco e teve que ensinar a ele como fazer um *eletric slide* num casamento no verão passado, e nós rimos da cena: ela em cima dele como se fosse uma treinadora preparando-o para uma partida importante, fazendo os passos para mostrar-lhe enquanto ele olhava os próprios pés e tentava ligar os pontos.

Há uma diferença entre não saber dançar e a capacidade de fingir saber dançar bem o suficiente para as pessoas não repararem. Eu me enquadro com mais ênfase na segunda categoria, e é por isso que as danças tradicionais são perfeitas para mim. Do tipo em que toda a estrutura da música determina as instruções de o que fazer com os pés. Me dou bem em qualquer pista de dança, mas é que gosto mais quando o salão inteiro dança em uníssono. É quase impossível para qualquer um com a menor afinidade com o ritmo cometer um erro se simplesmente se mexer na direção em que a pista já está lhe conduzindo, e suponho que isso é algo próximo do amor, ou da confiança.

Na reunião de família, acontece um momento assim. Tias e tios, netos e outros parentes e tudo o mais encheram um quintal quente depois de terminadas a comida e a celebração, com direito a uma versão tão longa de "Cupid

Shuffle" que tenho certeza de que repetiram a faixa. E mais uma vez, em pouquíssimo tempo, lá estava todo mundo sincronizado na batida até parecer que formavam um único corpo em movimento.

Eu assisti de longe e não me meti. Mesmo dentro dos confortos de nossa negritude compartilhada, há confortos profundos que não dividimos, que requerem testemunho e não participação. Diga isso ao mundo. Há uns movimentos preciosos demais, valiosos demais, para serem interrompidos.

14

Dizem por aí que Al Jolson realmente amava as pessoas negras. Que ele queria, de várias maneiras, forjar uma proximidade com as pessoas negras em todos os elementos que foram nele influenciados por elas: na música, na linguagem, na dança. É verdade que ele abriu espaço para pessoas negras se apresentarem, ainda que elas tivessem que se juntar a ele no palco enquanto sua cara pintada era mais preta do que o rosto de qualquer uma delas. No enterro dele, artistas negros se enfileiraram para prestar suas homenagens. Sapateadores e coristas e compositores de jazz. Pode-se dizer que a própria presença de uma pessoa branca no mundo do jazz estimulava um tipo de proximidade com as pessoas e vidas negras naquela época, quando a dependência e a troca artística eram um jogo de apostas muito mais altas do que é hoje.

O que me vejo explicando com mais ênfase para as pessoas hoje em dia é que consumo e amor não são partes iguais do mesmo mecanismo. Consumir não é amar, e o ideal é que o amor não esteja enraizado somente no consumo.

Eu nunca vi Al Jolson chorar enquanto cantava a canção "Mammy", mas o compositor de jazz Noble Sissle, que é negro, diz que não há uma visão que se compare. O que Jolson tinha era uma presença física e palpável da paixão. Bem antes de "ser legal" ser o que vende. Noble Sissle disse que Al Jolson chorava enquanto cantava "Mammy" e que essa era uma das coisas mais bonitas que ele já vira. Uma única lágrima rolando lentamente pelo rosto de Jolson enquanto ele cantava uma letra antiga sobre a servidão negra, uma mulher que abandona sua própria família para cuidar de outra. Uma lágrima rolando pelo rosto de Jolson maquiado de preto, criando um limite claro. Quem Al Jolson era e quem ele sonhava ser.

E já que estamos tratando de estética, gostaria que vocês falassem mais de como tudo isso é assustador. Por "vocês" refiro-me a todo mundo, acho, mas vamos supor que me refira a você, leitor ou historiador não negro. Gostaria que nós pudéssemos chegar ao fundo disso tudo e falar de como o *blackface*, além de tudo, é uma aparência horripilante. Quando é feito com uma precisão cuidadosa, como era feito antigamente, nos filmes preto e branco. Os filmes em preto e branco me interessam muito quando penso em como a escuridão é uma moeda.

Dizem que preto não é uma cor, mas a ausência de cor. Entretanto, num filme sem cor, aquela ausência é o meio de se saber que há potencial para uma sombra. Quando os artistas brancos cobriam o rosto com tinta preta nos filmes em preto e branco, quando usavam perucas crespas grosseiras, por trás da tela, tudo o que o espectador consegue ver é o branco dos olhos, o brilho dos lábios, se retraindo ocasionalmente e revelando uma fileira de dentes brancos. Esse é o tipo de visão que guardei comigo quando criança, assistindo do corredor e espiando para dentro do quarto da minha avó, que adormecia com a TV ligada em algum canal de filmes clássicos. Aquelas pessoas pretas eram diferentes de todas as que eu conhecia, todas integrantes de um coro de sombras, mas com pequenos relances de branco escapando da boca ou dos olhos abertos. Eu me olhava no espelho com as luzes apagadas na manhã seguinte para ver se eu desapareceria. Sorria e arregalava os olhos o máximo que podia, e, no entanto, eu ainda estava ali.

15

Um pouco antes que a epidemia de crack atingisse o auge durante o governo de Ronald Reagan, o homem teve um evento de posse. Em 19 de janeiro de 1981, no Capital Centre, nos arredores de Washington D.C. Uma longa lista de artistas fez o melhor para dar boas-vindas ao novo presidente. Ethel Merman cantou alguns de seus sucessos, Ray Charles se balançou como um metrônomo acelerado durante sua apresentação de "America the Beautiful" e por aí vai. A decoração desses momentos nunca muda, só as pessoas no poder.

Entretanto, lá estava Ben Vereen, que ainda estava colhendo os frutos de sua performance como Chicken George na série *Raízes*, uns três anos antes. Ele já tinha recebido um Prêmio Tony naquela época, e sua atuação em *Raízes* lhe rendeu uma indicação ao Emmy. Quando Vereen foi convidado a contribuir com o evento da posse, ele decidiu fazer uma performance em homenagem a Bert Williams, o icônico artista negro de vaudeville. Williams ficou famoso com sua apresentação solo no início dos anos 1900 depois de ter passado os últimos anos do século anterior fazendo dupla com seu colega, o artista negro George Walker. No show solo, Williams pintou a cara de preto para conseguir uma apresentação no Ziegfeld's Follies, na Broadway. Seu rosto ficava tão escuro quanto o smoking e a cartola. As canções e coreografias dele faziam sucesso e suas apresentações de mímica paralisavam a plateia. Autores brancos da época escreveram sobre como Williams transcendia a raça – como, em cima do palco, ele estava quase totalmente desconectado de sua raça. Depois de sua última aparição no Follies, em 1919, Williams passou por tempos difíceis em sua carreira. Desmaiou no palco durante uma apresentação em Detroit. O público pensou que era parte do roteiro. Foi levado até o camarim, onde sorriu e disse: *Esse seria um jeito bom de morrer. Eles estavam rindo quando fiz minha última saída.* Williams morreu cinco dias depois.

E lá estava Ben Vereen em 1981, vestido como Bert Williams com um smoking de cauda longa e cartola, o rosto escuro pintado de preto, ainda mais escuro do que quando o sol queimava sua pele em "Raízes", quando ele era mais tolo e mais garboso. Os lábios de Vereen estavam pintados de branco e marcados muito além do contorno no rosto. Ele cantou "Waiting for the Robert E. Lee", uma canção que o bom Al Jolson trouxe de volta à vida em 1947. A canção é sobre um barco a vapor que chega para transportar o algodão. Mas antes que ele começasse a cantar, as câmeras captaram a sua entrada. Vereen caminhando pelo palco em passos largos enquanto a plateia sustenta um silêncio nervoso. Ao chegar no microfone, Vereen localiza a câmera. Faz uma pausa e olha bem para ela, com os olhos arregalados, o rosto numa encruzilhada entre a tristeza e o horror. Depois de longos segundos de silêncio, a câmera se desloca e enquadra Ronald Reagan dando risada.

Depois da canção e dos aplausos entusiasmados da plateia, veio a reviravolta: Vereen ainda no personagem, como

Williams, finge ter uma interação com um bartender imaginário, se oferecendo para comprar bebidas para a plateia, em sua maioria branca e republicana, como um agradecimento. Então se volta para o público e deixa claro que ele não poderia lhes oferecer os drinks – é claro que não. Ele gostaria, é claro, mas o bartender se recusa a servi-lo, com aquela pele e tudo mais.

Para encerrar a performance, Vereen saca um espelho e interpreta a canção de assinatura de Bert Williams, "Nobody", uma música sobre o isolamento decorrente de ser ignorado. Limpa a maquiagem do rosto lentamente enquanto canta:

I ain't never done nothin' to nobody, no time
So until I get something from somebody, sometime
I'll never do nothin' for nobody, no time[1]

E então, com uma toalha coberta de tinta preta nas mãos, a canção acaba e a performance de Vereen termina. Os cinco minutos finais são a parte importante. Aquele espelho de maquiagem e aquela canção específica e a recusa do serviço. Era aquilo que ele queria dizer. Uma demanda, mais uma vez, para perguntar à plateia branca que porra é tão engraçada. O que, exatamente, eles acham que estão aplaudindo?

----

[1] Nunca fiz nada para ninguém em momento nenhum/ Então, até eu conseguir algo de alguém em algum momento/ Nunca farei nada por ninguém em momento nenhum.

Antes de subir no palco, prometeram a Vereen que a apresentação inteira seria transmitida pela TV. Era crucial para a performance que todas as suas partes fossem assistidas. Mas o evento foi televisionado pela ABC, que usava delay de fita. Eles cortaram metade da apresentação de Vereen, então tudo o que as pessoas viram em casa foi a primeira parte – Vereen caminhando e cantando para um público branco satisfeito.

Embora eu entenda os esforços e objetivos de Vereen, não sou exatamente um fã da ideia de tentar usar o *blackface* como uma ferramenta subversiva, por uma série de razões – mas particularmente porque exige a confiança em que um determinado público entenda que eles é que estão sendo feridos, e não sendo convocados a zombar dos feridos. Bert Williams desmaiou à beira da morte em cima do palco e um público branco riu. Ben Vereen tentou honrar Williams e acusar as instituições e o racismo estrutural que assolaram a vida dele, e a uma plateia branca deu suas risadas e então cortou as câmeras. Se uma piada não é ouvida, ela flutua, flutua e então é esquecida.

16

É claro que ninguém sabe como Juba morreu. Viveu como um mito, morreu como um mito. As histórias são muitas e cheias de nuances. A maioria delas diz que ele morreu na

Europa, mas os anos e as épocas e os lugares todos se tornaram um novelo. Os historiadores afirmam que os últimos documentos que se referem a ele cobrem uma janela de três anos. Alguns dizem que sua última apresentação foi na City Tavern, em Dublin, em 1851, e ele teria morrido duas semanas depois. Outros dizem que ele morreu em 1852 em Londres. Há histórias sobre o esqueleto dele ter sido exibido em 1852 no Surrey Music Hall, em Sheffield.

No entanto, a data mais aceita, a que é apoiada pelo *Oxford Dictionary of National Biography*, é 3 de fevereiro de 1854. Dizem que Juba morreu na ala de febre da enfermaria Brownlow Hill, em Liverpool. Foi enterrado na parte livre do cemitério anexo à igreja de St. Martin, que mais tarde foi bombardeada durante a Segunda Guerra Mundial. A causa da morte dele não foi nada espetacular; geralmente é atribuída à forma como sua agenda de shows deteriorou sua saúde. Ele se apresentou noite e dia por quase onze anos sem parar, às vezes trabalhando por sobras de comida em tavernas, e dormia muito pouco. Morreu aos trinta anos.

É menos romântico ouvir histórias sobre alguém que trabalhou até a morte prematura. Eu aprecio as muitas versões de desfechos que esse tipo de vida pode oferecer numa época em que havia pouca ou nenhuma documentação sobre um dançarino negro itinerante. Um final para cada versão de você que as pessoas consumiram com empolgação. Ambos azarados e abençoados.

Sobre movimentos precisos e imprecisos
dos membros

NINGUÉM SABIA exatamente o que era *falar feito branco* nos lugares onde cresci e seus arredores. Era um som que podia ser identificado, mas os parâmetros mudavam dependendo de que lado da cidade você estava ou da escola que você frequentava. Muitos da minha turma agora podem não admitir, mas quando éramos crianças – dependendo de onde a pessoa cresceu – dizer que um não branco se veste como branco, fala feito branco ou age como branco soava como um dos insultos mais viscerais. Parte disso é porque a designação poderia significar muitas coisas, e todas elas provavelmente apontavam para algo do qual um negro jamais desejaria ser o alvo.

Não é que alguém da minha galera soubesse o que era mudar de registro quando passeávamos pela vizinhança com nossas bicicletas em meados dos anos 1990. Nossos pais sabiam, ainda que eles não tivessem um termo para designar isso. Nossos pais que trabalhavam como funcionários públicos, ou atendiam o público nos mercadinhos do subúrbio. Meu pai, que voltava do trabalho para casa e ficava sentado na garagem com os vidros da velha van fechados, deixando o jazz preencher o interior do carro antes de entrar em casa. Era como uma ponte que o trazia de volta a uma identidade mais familiar.

Mas nos pequenos territórios do mundo que eu e minha turma frequentávamos, não havia necessidade de mudar de registro nem sequer de entender o conceito. A maioria dos vizinhos era negra. A maioria dos alunos da nossa escola era negra e boa parte das crianças não negras tinham crescido perto de crianças pretas. Todo mundo na lojinha da esquina era negro. Os policiais nos nossos bairros eram negros e às vezes um deles conhecia o irmão mais velho de alguém e sabia olhar para o outro lado quando uma barra de Snickers era subtraída da seção de doces.

Nos tempos de sucesso do programa *The Cosby Show*, nossos mais velhos podiam nos orientar a *falar direito*, mas ninguém, nem mesmo eles, tinham uma ideia clara do que isso significava. Não falar palavrão, é lógico. Mas também uma sugestão de que enunciássemos com clareza o que queríamos dizer, ou talvez não suprimir a última letra no fim das nossas palavras. Isso podia virar uma brincadeira em casa, com alguém que você ama fingindo não te ouvir se você não pronunciasse uma palavra com a entonação que eles queriam escutar. É claro que é fácil retratar essas atitudes como vergonhosas agora, assim como era fácil ficar irritado com elas naquela época, é só mais um movimento numa sequência de movimentos que parecia ter como foco a segurança. Em retrospecto, tenho simpatia por essa preocupação quando ela vinha de pessoas mais velhas que, eu sabia, tinham essas crenças por causa das violências que testemunharam ou das quais foram vítimas. Coisas às quais tiveram o acesso negado. A ideia de que só se eles soassem de uma determinada maneira, ou se vestissem de um determinado jeito, as coisas poderiam ser diferentes. Se as famílias deles pudessem ser identificadas com uma família de *sitcom* negra, talvez o truque funcionasse. Uma das formas como o trauma pode nos impactar é como ele nos faz pensar em uma proximidade gentil com a violência e a opressão como um conforto.

    E assim, como revolta, nossa gíria comum inundava os corredores da escola. Nós xingávamos impunemente nas quadras de basquete, esticando os palavrões no ar em alto e bom som depois de errarmos um arremesso, de uma cesta, de uma falta ou de um passe que escapasse dos limites da quadra. Qualquer motivo de frustração ou de celebração eram pontuados por uma linguagem que faria nossas avós arrancar aquelas palavras da nossa língua aos tapas. E é claro, quando alguém era zoado sem piedade por *falar feito branco*, mesmo quando isso era feito com afeto e não por maldade (o que acontecia com frequência), nós ríamos, ou ficávamos quietos. Uma rebelião boba, mas ainda assim uma rebelião. Nossas escolas, aconchegadas dentro das regiões urbanas, podiam ocasionalmente receber um aluno transferido dos subúrbios. Alguém com pais cuja sorte virara noutra direção, forçados a tirar a criança da escola particular ou a se mudar para uma casa menor. Um estudante que, acostumado às regras do uniforme, vinha para escola com a camisa para dentro da calça ou usando gravata. Alguém colocava o aluno novo debaixo de sua asa e dentro de uma semana as camisas com todos os botões fechados se transformavam em camisetas monocromáticas, as calças de tecido viravam jeans e os mocassins davam lugar ao Nike branco.

Tenho pensado com frequência nesses dois atos contrastantes de cuidado, ambos realizados na esperança de que alguém possa se adaptar a um ambiente em segurança e com conforto: nossos pais e avós nos cutucando gentilmente em direção à respeitabilidade que eles acreditavam que poderia nos salvar num mundo fora dos limites de nossa vizinhança, e as crianças negras mais bacanas no segundo segmento ou ensino médio, colocando o braço em torno de alguém novo e nada descolado, mostrando a eles o caminho. Dando-lhes música para ouvir, dizendo-lhes em qual shopping a galera se encontrava no final de semana. Tudo isso feito com amor (às vezes meio sem jeito). Um amor que diz às pessoas que quem elas são não é o bastante, mas que elas podem ao menos se comportar de um jeito que faça os outros acreditarem que elas são o suficiente até que um ecossistema as abrace completamente. Vejo essa tensão como um jogo de puxa e empurra entre gerações e histórias e geografias. Entre aqueles que tentavam nos convencer de uma espécie de sobrevivência e aqueles que passaram muito tempo da adolescência tentando se desligar desses ensinamentos, levando o máximo de pessoas que pudessem conosco no processo.

Todo mundo colocando máscaras diferentes para mundos diferentes e chamando isso de liberdade.

Amigos, venho até vocês sob o manto da noite, atrás da superfície de uma mesa de madeira que se habituou ao coro de palmas abertas batendo no seu tampo depois das risadas ou acompanhando alguma melodia repetida em uma única caixa de som. Posso vir até vocês nos momentos depois da festa, mas antes do sono. Falo desse momento e você vai saber a que eu me refiro, a hora exata em que os drinks que já estiveram gelados estão pela metade, em que as pessoas procuram por algum calor nos bolsos, a hora exata em que as pessoas com certeza devem ir para casa para que seus amigos possam descansar, mas também não querem que a noite termine. Eu virei até vocês nessa hora quando o sono caminha pela sala como um cachorro ansioso, desafiando alguém a fazer um primeiro movimento. Nessa hora em que o que é dito talvez seja interpretado como um sinal de cansaço e seja esquecido pela manhã. A primeira vez que eu disse "eu te amo" para uma garota, estávamos num sofá exatamente às 3h45 da madrugada, os olhos dela estavam pesados e ela sorriu. E antes de cair no sono me disse "temos que acordar cedo de manhã", e nunca falamos de amor outra vez.

Conto isso para dizer que posso vir até vocês num momento em que estarão ansiosos para que a noite apague a memória de uma conversa, amigos. E contarei a vocês o que eu sei, e o que eu sei é que Whitney Houston não sabia dançar. Fiz as pazes com isso e imploro que façam o mesmo. Você pode não saber que Whitney Houston não sabia dançar, mas estou lhes dizendo que ela não sabia dançar, nem que precisasse fazê-lo para salvar a própria vida.

Eu soube disso pela primeira vez no Grammy de 1988, no qual os organizadores pediram a Whitney para abrir a cerimônia com uma performance elaborada de "I Wanna Dance with Somebody" e percebi que não tinha como abrir um show com aquela canção e ter Whitney parada atrás de um microfone, como ela tinha feito um ano antes quando cantou "The Greatest Love of All" no Grammy de 1987, mal se mexendo a não ser por uma leve levantada de um braço por uma questão de estilo quando a canção começou a subir. Não: em 1988, Whitney Houston teria que cantar "I Wanna Dance with Somebody" e teria que achar o gingado em algum lugar. Até aquele ponto, Whitney Houston tinha sido sobretudo uma estrela pop parada. Em seu segundo álbum, de 1987, *Whitney*, o panorama do pop tinha mudado ligeiramente. O primeiro álbum de Whitney Houston, cujo título era o nome da cantora, lançado dois anos antes, era inundado de baladas, exibindo sua escala singular e seu controle vocal. A capa do álbum é cheia de tons de mogno e Houston está sentada dentro de um quadrado, com um brilho marrom impossível emanando de sua pele, beijada gentilmente pelo que imagino que só pode ser a luz natural do sol. O cabelo esticado para trás num rabo de cavalo apertado. Uma única fieira de pérolas repousa calmamente no pescoço. Ela parece estoica e majestosa, bem mais velha do que os vinte e um anos que tinha quando o álbum foi lançado. De certa forma, isso era o que se exigia para a trajetória de carreira que ela escolheu. Ela não entrou no jogo para competir com as estrelas pop; entrou para competir com cantoras tradicionais com vozeirões que eram bem mais velhas do que ela.

Na capa de *Whitney*, o cabelo de Houston está imenso, armado para cima e aparentemente infinito. Infinito também é o jeito como se pode descrever o sorriso que se alonga pelo rosto dela. Ela usa uma regata branca e parece estar no meio de um passo de dança. O título do álbum, *Whitney*, está rabiscado no canto esquerdo superior da capa numa fonte que pode muito bem ser descrita como Miami Vice Cursiva. Se pararmos para pensar, é incrível nomear seus dois primeiros discos com o seu nome. É como entrar na mesma sala duas vezes usando uma roupa diferente de cada vez, se apresentando outra vez para todo mundo como se eles nunca tivessem te visto.

"I Wanna Dance with Somebody" é a primeira canção de Whitney, que declara uma escolha: "Ok, aquela outra merda já deu, agora descobri como meus pés ecoam numa pista de dança." A música é essencialmente uma versão mais dançável do single "How Will I Know" do disco de estreia – mais limpa, mais direta no que pede. Whitney Houston não dança tanto quanto cria a ilusão de que dança. Como o vídeo é cheio de dançarinos experientes, Houston se safa fazendo gestos grandes e ritmados em cortes breves de câmera. Um movimento brusco de cabeça ou um balançar amplo dos braços. O tipo de coisa que quase toda pessoa negra imersa em música a vida inteira não estragaria. No entanto, aqueles que talvez sejam um pouco mais atentos percebem o primeiro sinal: você nunca vê os pés de Whitney durante as partes do videoclipe em que ela está dançando, e eu sei o suficiente para saber que dançar bem é uma atividade que envolve o corpo inteiro. Dançar não é uma das coisas que parecem boas só da cintura para cima, e eu sei disso porque tenho enganado muita gente fazendo com que meus braços se debatendo pareçam românticos em mais de uma ocasião.

É possível que as pessoas no Grammy não pensassem muito nisso, ou é possível que Whitney Houston realmente acreditasse que era uma boa dançarina, porque essa é uma daquelas mentiras fáceis de contar a nós mesmos, porque não pensamos que um desastre acontecerá conosco. Uma mentira que muitas vezes não percebemos, como *Todas as minhas piadas arrasam em todos os lugares* ou qualquer outra coisa que não fará com que as pessoas tenham compaixão de nós e nos avisem de que estamos fazendo besteira.

Na premiação do Grammy de 1988, a performance dela foi tão elaborada que criou distrações para todas as falhas de Whitney como dançarina. O palco era grande e os produtores decidiram enchê-lo com quantos bailarinos fosse possível, cada um participando em coreografias separadas e sincronizadas livremente. A ideia era que, se algo estivesse acontecendo em cada canto do palco, Houston não seria o foco central. Eles também decidiram que a performance seria imponente, uma das mais longas da noite, dividida em duas partes. Whitney apareceria e cantaria a primeira parte da música, então iria para os bastidores durante o refrão para que o mestre de cerimônias do Grammy desse as boas-vindas ao público e listasse os apresentadores e artistas que apareceriam na tela da TV enquanto a banda e os dançarinos permaneceriam no palco, dançando ao som do instrumental. Retiraram Whitney do espaço e criaram a coreografia memorável sem ela durante dois minutos inteiros, na esperança de que isso fizesse o público esquecer a primeira parte se ela não conseguisse acompanhar os complexos números de dança. Na primeira parte da performance, que tinha os passos mais complexos, Houston vestia calças de cintura alta com uma fivela de borboleta enorme na cintura. É uma aparência quase cômica – anos 1980 o bastante para deixarmos passar, mas tão grande que, quando Houston está em foco na câmera, a fivela é quase tudo em que se consegue focar. Ela usava saltos altos e finos o suficiente para tornar complicada a caminhada pelo palco escorregadio. Estava tensa e hesitante. Uma coisa é parecer livre e divertida num videoclipe, outra é ser uma das maiores estrelas pop do mundo em cima de um palco diante de todos os seus amigos e heróis, realizando um truque de mágica com qual você não tem intimidade.

Não ajudou o fato de que a coreografia da primeira parte era rígida, confusa, bagunçada. Um estranho passeio com dois sujeitos levando sintetizadores a tiracolo e que definitivamente não estavam tocando seus instrumentos.

Bailarinos girando em torno de Whitney num círculo de movimentos elaborados enquanto ela meio que balançava os ombros e quadris e olhava ao redor para eles num misto de preocupação e confusão. Um momento extremamente confuso quando Whitney e seus dançarinos colocam brevemente óculos de sol e fazem alguns body rolls e tiram os óculos, mas não há um lugar onde deixar os óculos. Então, Whitney dispara ansiosa em direção aos bastidores.

Realmente não existe pessoa ou coisa que saia de um espaço com um traje e retorne outra vez num visual totalmente diferente tão bem quanto a borboleta, que primeiro rasteja lânguida pela paisagem e depois tece para si mesma uma cama na qual pode se transformar em algo lindo. Uma criatura alada, inclusive. Que maravilha deve ser, ser capaz de dormir e durante o sono alcançar a beleza e a capacidade de voar. Um mundo que conhecia você e depois não conhecia mais. Um espaço no qual você entra numa sala e torna as antigas versões de você esquecíveis. Encaro espelhos a cada manhã e tudo o que tenho a mostrar para mim mesmo é mesma cara com que nasci e que tenho carregado por esse mundo desde então; acho que ela poderia ser pior, sempre pode. Não preciso carregar a beleza por aí, pelo menos não na minha pessoa. Em vez disso, quero encher minhas mãos com toda a beleza que posso roubar dos melhores momentos de vocês. Todas as coisas que podemos assistir juntos num amor compartilhado. Como o momento em que Whitney Houston saiu dos bastidores do Grammy, em 1988, com o cabelo volumoso como na capa do disco. O momento em que Whitney Houston deixou a sala como Whitney Houston e ressurgiu como Whitney, deslizando com facilidade em meio a um desfile de bailarinos, meio no ritmo, meio fora do ritmo, mas sem dúvida sem dar a mínima pra isso. Quando ela chega no topo do palco, surge um dançarino negro alto, de terno, aparentemente do nada. Ele estende a mão para ela e eles giram e chutam, ele a rodopia e a envolve nos braços, e ela prende o microfone na cintura e balança os braços energicamente e balança os ombros ao abraço dele. O momento dura uns vinte e cinco segundos no máximo, mas é a performance inteira, tudo o que a canção estava pedindo.

A letra de "I Wanna Dance with Somebody" é mais sobre perdão do que qualquer outra coisa. Se nós redefinirmos o conceito de amor, o que nós pedimos às pessoas que amamos e às pessoas que nos amam, isso fica claro. O que Whitney Houston está dizendo é que sair de casa e sair procurando por uma pista de dança não é algo que se faz necessariamente por amor, mas a pessoa que você encontra disposta a ocupar seu espaço durante uma canção ou duas é a sua pessoa naquele momento. Vocês dois estão ligados mutuamente por uma decisão de, se nada der errado, se fazerem parecer aceitáveis na frente de outros corpos se balançando. Imagine o que é querer sentir calor de uma forma que não é sexual, mas talvez nascida de rituais num espaço compartilhado. O jeito como as pessoas negras dançavam em porões de bares porque aqueles eram os únicos espaços considerados seguros. Imagine o que é fugir de algo em chamas e convocar um tipo diferente de fogo. Mas considere principalmente o refrão: Quero dançar com alguém que me ame. Quero dançar com alguém que possa me perdoar pelas minhas falhas. Quero dançar com alguém que sabe, como eu sei, que há músicas que convocam movimentos até daqueles que não sabem dançar, e quero dançar com alguém que me ame o suficiente para mentir para mim, até que o disco acabe.

Em 1988, o ouvido nu mal podia ouvir as vaias nascendo do público no *Soul Train Music Awards*. Mas elas estavam lá, espalhadas sob o sistema de som do Santa Monica Civic Auditorium tocando "I Wanna Dance With Somebody" de Whitney Houston, enquanto uma edição curta do videoclipe da canção, mostrando Houston sorridente e balançando os cabelos, enchia a tela atrás do palco. Em 1988, alguém poderia ter dificuldade para ouvir as vaias, lutando por seu lugar em uníssono com aplausos vigorosos.

No ano seguinte, em 1989, as vaias foram mais proeminentes, abafando o anúncio da indicação de *Where Do*

Broken Hearts Go, de Whitney Houston, na categoria Melhor Single de R&B/Urban Contemporâneo. Se havia alguma dúvida sobre o desgosto da plateia em 1988, o ano seguinte não deixou dúvidas.

Don Cornelius criou o *Soul Train Music Awards* em 1987. "Os negros tendem a ser subestimados", disse Cornelius ao Chicago Tribune naquele ano, às vésperas da primeira edição. "Costumam nos ignorar como um grupo de pessoas criativas. A música negra é grande demais e poderosa demais para não ter sua própria premiação. Já era hora." E assim foi. A cerimônia aconteceu em Santa Monica nos dois primeiros anos e depois foi transferida para o Los Angeles' Shrine Auditorium de 1989 até 2001. Para apresentar, Cornelius escolheu lendas do soul: Dionne Warwick fez as honras nos primeiros cinco anos, acompanhada de Patti LaBelle e Luther Vandross, exceto em 1988, quando assumiu a tarefa sozinha. O prêmio foi criado à imagem e semelhança do *Soul Train*, o que significava que eles estavam oferecendo um tipo muito específico de Black Music: músicas arraigadas no soul, no jazz, no funk e no R&B. As categorias não usavam palavras como "pop"; em vez disso elas eram rotuladas com um vocabulário como "Urban Contemporâneo". Isso não significa que as categorias não perdoassem a música pop, é claro. Michael Jackson recebeu vários prêmios em 1988 e 89, os anos em que Whitney Houston foi vaiada. Isso também não significa que a premiação era explicitamente para artistas negros, particularmente nos primeiros anos da categoria jazz. Em 1988, o grupo multirracial Hiroshima levou a categoria Melhor Álbum de Jazz em Grupo ou Dupla. Em 1989, quando o Melhor Álbum de Jazz foi condensado em uma única categoria (acabando com as distinções entre solo/ em grupo ou dupla), Kenny G ganhou de Najee, Sade e Bobby McFerrin. Ou seja, o *Soul Train Music Awards* não era inflexível, mas precisava definir sua flexibilidade em seus próprios termos. O show da cerimônia era vendido para fãs entusiasmados e empolgados como uma celebração da música negra – um tipo de democratização das premiações que possibilitava priorizar fãs de música que tinham, até então, sido amplamente negligenciados pela indústria de prêmios. De certa forma, isso fez com que os fãs se sentissem como empolgados guardiões do que deixariam ou não entrar na utopia.

Whitney Houston se tornou um objeto de atenção ainda mais pesado para os fãs de música negra no verão de 1987, com o lançamento do segundo álbum. Parte disso se deve ao fato de o disco ter feito um movimento mais agressivo em direção às fórmulas do pop. Muitas críticas foram de ambivalentes a negativas; os críticos (na maioria brancos) lamentavam como o disco soava comedido e seguro. Houston teria vendido a baixo preço a promessa do primeiro álbum e de sua grande voz ao se comprometer com canções muito produzidas, claramente voltadas para a parada de sucessos. Uma montanha-russa sem emoção, com todos os supostos altos e baixos da excitação, mas sem correr nenhum risco de verdade. O que despertou mais frustração e ceticismo foi o fato de o álbum ter funcionado como se esperava. Os primeiros quatro singles ficaram no topo do *Billboard Hot 100*, o que nunca tinha acontecido. O disco ficou no topo da lista de discos mais vendidos da *Billboard* por onze semanas consecutivas. A máquina desenvolveu um álbum brilhante, um disco de ouro com sua falta de ousadia.

A edição de julho de 1987 da revista *Time* apresentava um perfil de Houston intitulado "The Prom Queen of Soul" [A Rainha da Formatura do Soul]. O texto começa analisando a aparência de Houston. O subtítulo do artigo dizia: *Whitney Houston é elegante, sexy, bem-sucedida – e, para nossa surpresa, sabe cantar*. O primeiro parágrafo se refere a ela como "uma *Cosby kid* criada no céu". Em vários pontos ao longo da reportagem, o autor expressa sua surpresa com a beleza dela e com sua capacidade de cantar "apesar" de sua aparência. Houston ocupa as duas primeiras páginas do artigo usando um vestido vermelho; a primeira página contém apenas seus sapatos dourados e suas pernas. Há fotos dela no estúdio cantando, usando um blazer muito grande para ela e segurando um ursinho de pelúcia. O perfil faz o que esse tipo de texto se propõe a fazer: mergulha na história da família, menciona o relacionamento de Houston com Robyn Crawford. Faz um esforço para separar Houston de uma série de estrelas do R&B da época que se curvavam para a música pop. O argumento central da matéria, em suas próprias palavras, é que Houston representava "uma antiga reivindicação de uma instituição estadunidense esquecida: a classe média negra".

Essa foi uma das muitas tentativas de posicionar Houston como uma pessoa negra excepcional, que transcendeu a sua raça. Tentativa que, ao ser feita, precisava distanciar Houston de qualquer uma das muitas dificuldades que ela enfrentou em sua vida antes de se tornar uma estrela do pop com um segundo disco no topo das paradas de sucesso. Michael Jackson, imenso como era no fim dos anos 1980, ainda podia ser visto pelos fãs de música negra como alguém que tinha sofrido. O que se sabia sobre os demônios dele na época podia ser atribuído ao fato de muitos dos ouvintes de música negra já terem, então, vivido o bastante para terem visto Michael criança, transformando uma infância torturada em entretenimento. Se não tinham crescido junto com ele, talvez conhecessem alguém que o acompanhava desde pequeno. Viram fotos ou vídeos dele ainda menino, vestido imaculadamente e deslizando pela pista. Estavam familiarizados com a invenção de Michael Jackson e tinham se apegado tanto a isso que, por volta do fim dos anos 1980, já não conseguiam deixar de admirá-lo.

Houston não teve essa vantagem, e, para piorar, ela tinha sido, de certa forma, preparada para um sucesso que ultrapassava o público de música negra. Entre 1981 e 1985, só três artistas negros ocuparam o primeiro lugar nas listas de álbuns mais vendidos (Michael Jackson, Prince e Lionel Richie), e nenhum deles era mulher. As paradas ainda eram muito segregadas e inundadas de rock. Na Arista Records, Clive Davis decidiu moldar a diva pop negra ideal. Em abril de 1983, uma ingênua Whitney Houston, aos dezenove anos, assinou seu contrato com a Arista; ao lado de Davis, ela usava jeans, camiseta Levi's e um afro cacheado. Davis passou os dois anos seguintes desfazendo essa imagem, criando uma entrada para ela no mundo da música que colocaria uma mulher negra no topo das paradas de música popular americana durante muitos anos. Ele buscou compositores, produtores e músicos. Kenneth Reynolds, que trabalhou na Arista, recordou uma vez que Davis rejeitava tudo o que "soava preto demais". Tudo era calculado, e, ao contrário de Jackson, Houston não teve um período que poderia ter amenizado o ceticismo que acompanhou sua chegada.

A conversa sobre arte negra e públicos negros geralmente é simplificada em excesso, em parte porque é difícil para um povo pôr em palavras o que ele sabe que sabe. Um povo que com certeza não é um monolito, mas que também não é formado por bobos. Sim, a negritude é vasta e variada e não há uma experiência negra que seja a mesma para todos. Mas certamente há pessoas negras que sabem quando uma campanha de marketing é feita por quem se parece com elas, mas não as tem como público. Há pessoas negras que, mesmo gostando das canções de um artista, conseguem ver os objetivos que ele (às vezes injustamente) é pressionado a alcançar. É mais difícil falar sobre os defeitos intermináveis da indústria e de que lado desses defeitos o nosso povo acaba ficando. Há artistas negros que não são apenas embalados e vendidos para pessoas brancas e – principalmente – para a imaginação branca, mas há os limites do povo negro em si. Sem dúvidas, Houston precisava ter uma aparência específica e soar de certa forma, mas isso também exigia que escrevessem sobre ela de determinada maneira. Para que ela tomasse conta do mundo pop como nenhuma mulher negra de sua época tinha feito antes, era preciso que escrevessem sobre ela de um jeito que a situassem acima e do lado de fora das narrativas de outros músicos negros. Os consumidores sabem quando não são parte de uma conversa predeterminada, e optam por participar ou cair fora dependendo desse conhecimento.

Então, no cruzamento de tudo isso, lá estavam as vaias que ressoaram em dois anos seguidos do *Soul Train Music Awards*. Houston foi indicada a duas categorias no ano de estreia da premiação, mas o público – provavelmente empolgado demais e aproveitando a novidade do show – não reagiu muito ao ouvir o nome dela ser chamado na ocasião. Mas nos dois anos seguintes, embora ela tenha recebido um dos três prêmios aos quais foi indicada (*Whitney* ganhou Melhor Álbum de R&B do Ano), a plateia do *Soul Train Music Awards* queria demonstrar a sua frustração. Àquela altura, algumas estações de rádio negras tinham decidido tocar apenas as músicas dela que não fossem os hits onipresentes, alegando que Houston não era "negra o suficiente" para os ouvintes. A percepção era de que, se o *establishment* estava escolhendo situar Houston fora do círculo, ela poderia ficar fora círculo.

Quando pessoas negras contam histórias sobre como escutar música "alternativa" na juventude despertava a ira de outras pessoas negras no seu entorno, isso em geral me fascina. O fascinante nisso é que a narrativa muitas vezes parece se esforçar para pôr em foco a singularidade da negritude de quem conta a história, às custas de todas as outras pessoas negras que cresceram junto desse contador de histórias. Fascinante, também, porque essa experiência me parece tão distante da minha infância. Meu bairro era negro e as escolas que frequentei eram majoritariamente negras, então os ônibus escolares que eu pegava eram cheios de crianças negras com fones de ouvido, e embaixo das estruturas de metal nos playgrounds da escola e da vizinhança havia crianças negras sentadas com as pernas cruzadas, balançando-se ao som do que tocava nos fones, e nos parques havia crianças negras pedalando com caixas de som presas de qualquer jeito em suas bicicletas, e no meu lar negro havia diferentes aparelhos de som estéreo que funcionavam quando nada mais parecia funcionar.

E eu admito que ter crescido nos anos 1990 com irmãos mais velhos pode ter ajudado. No começo da década seguinte, a maioria dos negros mais velhos que eu conhecia e que era ligada em música gostava de fazer explorações. Muitos ainda estavam apegados ao hip hop, ao R&B e às vezes ao jazz. Mas o descontentamento que sustentava um interesse pelo hip hop anti-*establishment* e o descontentamento que fluía internamente em muitos bairros que eu tanto amava também eram os descontentamentos presentes nos ruídos frenéticos do grunge, na trepidação grave do metal. Estavam presentes até na indiferença apática do indie rock dos anos 1990. No inverno de 1992, "Creep" do Radiohead vibrava nas caixas de som, fazendo pesar ainda mais o porta-malas dos sedans. As fitas cassetes do Nirvana esgotaram nas lojas de discos no dia do lançamento. Não havia pessoas negras tirando onda comigo ou com os meus amigos por ouvirmos a tal música "alternativa", porque as pessoas que nos apresentaram a essas canções também eram negras. É claro que havia os devotos do hip hop, assim como uma garotada que era fiel até demais ao punk ou os metaleiros que não tinham muito interesse em escutar outros gêneros musicais. Mas esse grupo não era maldoso – só era necessário respeitar o território. Manter um amplo repertório de K7s na mochila: assim, se o seu destino fosse sentar no ônibus escolar ao lado de um dos devotos do rap, você teria algo para passar adiante e vocês poderiam balançar a cabeça coletivamente. E se estivesse ao lado de um gótico negro, você podia puxar do bolso de trás uma fita regravada com uma seleção de músicas do The Cure. Foi entre os movimentos musicais do meu povo que eu aprendi a mudar de registro, e por ter feito isso entre o meu povo, desse jeito, nunca me pareceu um fardo vergonhoso. Parecia generosidade – uma celebração dos muitos moldes nos quais todos nós podíamos nos encaixar.

Penso nessa parte específica da minha adolescência quando ouço outra pessoa negra mencionar o que cresceu escutando ou assistindo numa tentativa de se distanciar do povo negro ou de mostrar que sua própria experiência foi excepcional ou única. Acho que uma conversa melhor e mais interessante de se ter é sobre como todos nós estamos fora das fronteiras do que é a negritude nas ideias de outras pessoas. Para algum outro negro, eu sou demais em algum aspecto ou não sou o suficiente em outra coisa. Quando confrontado com os fatos, o impulso parece ser afirmar a negritude que você reivindica e conhece bem, ou punir ou zombar daqueles que têm a ousadia de questionar a sua identidade.

Mas se a negritude e suas variadas performances devem ser abraçadas, a fluidez imperfeita de ambas também precisa ser. Isso porque a performance às vezes é regional, às vezes é ancestral, em geral parcialmente forjada pela necessidade de sobreviver a algum lugar, ou a alguma história, ou a outras pessoas que não queriam o seu bem ou da sua família. Também, em alguns casos, forjada por uma ambição de agradar a imaginação limitada da branquitude. O problema é que não há um jeito de se provar negro o bastante para cada tipo de identidade negra nos Estados Unidos, o que dirá no mundo. Nem sempre se pode provar (e provavelmente não há formas de rastrear) o como e o porquê de sua performance pessoal, até que ela se torne calculada. E ao tentar fazer isso, figuras públicas geralmente caem numa espiral de serem cada vez mais postas à prova por quem duvida delas. Penso com frequência em como é crucial amar as pessoas negras mesmo quando nos sentimos acusados por elas. Mesmo quando essa condenação não vem do amor (é claro que em alguns momentos vem sim), mas de alguns deles lhe medindo por algum parâmetro do qual você não é capaz de estar à altura. Eu não tenho nenhuma solução para esse problema, mas frequentemente me parece que até cumprimentar balançando a cabeça e seguir seu caminho é gesto de amor quando comparado com a alternativa de debater publicamente as pequenas ou grandes nuances dos modos específicos de negritude. E, por outro lado, com a alternativa de não se tornar vítima das pessoas negras só para receber a simpatia de um público branco.

Isso não significa que Whitney Houston não podia se sentir ferida pelo seu próprio povo, que a vaiou numa cerimônia de premiação dois anos seguidos. Numa entrevista à revista *Ebony* em 1991, Houston afirmou: "Meu sucesso aconteceu tão rápido que, quando apareci pela primeira vez, o povo negro sentiu 'ela é nossa, mas de repente veio aquele tremendo sucesso e eles sentiram que eu não pertencia mais a eles, que não estava mais ao seu alcance. A sensação era que eu estava me fazendo mais acessível para as pessoas brancas, mas eu não estava".

Isso é acima de tudo a compreensão de que o sucesso massivo, global – naquela época e agora – não vem sem pessoas não negras consumindo a produção de um artista. E do fato de não haver uma matemática perfeita do que faz a balança pesar para o povo negro quando um artista fica famoso. Às vezes é o público do artista junto com aquele para o qual o artista parece estar se apresentando numa tentativa de ascender a um patamar maior. Desnecessário dizer que o povo negro não é bobo. Mas, mesmo sabendo disso, não vale a pena jogar o jogo da autenticidade. As vaias não vieram do nada em 1988. Elas vieram logo atrás de Whitney sorrindo, dançando e mirando num segundo álbum que dominaria os rankings de sucessos.

Whitney, com todo o direito de se sentir magoada, foi o alvo humano de uma frustração maior. Uma frustração que estava, pelo menos um pouco, enraizada nas esperanças e sonhos de pessoas negras que a tinham apoiado em sua entrada na música pop. Quando ela foi submetida à linha de assepsia da Arista Records em seus dois primeiros discos – mas principalmente no segundo – o povo negro sentiu a sua empolgação murchar. Não vale a pena discutir se a frustração, no momento da cerimônia de premiação, foi bem ou mal canalizada. É melhor entender a frustração como algo maior do que o momento em si. Uma frustração de décadas, de fãs da música negra vendo artistas parecidos com eles sendo repaginados e redirecionados para um público que não se parecia com eles. Whitney Houston foi apenas o receptáculo da frustração naquele momento.

Há um episódio de *Um maluco no pedaço* a que muitos do meu povo assistiram: Carlton é chamado de vendido na festa de uma fraternidade universitária para qual ele e o primo Will pretendem se candidatar. A piada é que nós, o público da série em casa, sabemos que Carlton Não é Como os Outros Negros. Mesmo entre os outros filhos da abastada família Banks, Carlton se destaca com suas gravatas borboleta, seus suéteres amarrados sobre os ombros, seu amor por Tom Jones e sua inclinação política conservadora. Carlton dança fora do ritmo, evita gírias e tem a ambição inegável de estudar numa universidade da Ivy League. Ele se torna ainda mais engraçado na forma como é justaposto ao superdescolado Will, que consegue ser aceito facilmente na fraternidade, mas ouve do presidente da Phi Beta Gamma que Carlton não será admitido. *Ele não é como eu e você*, diz o presidente a Will. Carlton não é negro como eles são. Depois de uma breve defesa de Carlton, Will vai buscá-lo na pista de dança onde Carlton está balançando os braços ao ritmo de uma canção que não é a que está tocando na festa. Na saída da festa, Carlton é informado dos motivos pelos quais não será aceito na fraternidade. O presidente diz a ele que um vendido de Bel-Air não será acolhido pelo grupo. Carlton baixa a voz e fala num tom e num ritmo que o personagem não se permitiu usar até aquele ponto. "Eu estou na mesma corrida que você. Por que você está me fazendo tropeçar?", ele questiona o presidente da fraternidade, dirigindo-lhe um olhar feroz. E termina com um floreio: "Quer saber? O vendido aqui é *você*", ele conclui antes de encarar os dreads, o colar de miçangas e o dashiki estampado do presidente e sair da sala sob os aplausos fervorosos da plateia no estúdio. É a mensagem mais pesada da televisão dos anos 1990. Uma pessoa considerada "negra" por sua estética e outra considerada "não negra" pelo mesmo critério, frente a frente naquele cruel campo de provas.

O episódio termina de forma bem conhecida, com a família Banks reunida na sala de estar enquanto Carlton conta os acontecimentos da noite. As palavras finais vêm do Tio Phil, que coloca a mão no sofá e pergunta, solene: "Quando vamos parar de fazer isso uns com os outros?" E os créditos em forma de grafite aparecem na tela.

O trecho de Carlton na festa circula na internet de tempos em tempos, geralmente com elogios sobre como o programa lidou com um tema difícil, mesmo quando nada é realmente resolvido. Além da nostalgia, eu me vejo celebrando aquele clipe ou sentindo vergonha de vê-lo, dependendo do dia em que é compartilhado. A complicação, me parece, é ter que admitir que eu já fui o Carlton, deslocado de um ambiente específico de negritude, mas ainda tentando me sentir triunfante. A parte mais difícil para mim, e para muitas pessoas negras que conheço, é admitir que nós também já fomos o presidente da fraternidade.

E por falar na forma como a voz pode mudar dependendo da decoração da sala, ou de quem está desafiando o dono das cordas vocais ou da época da vida pela qual a pessoa está passando, deve-se dizer que Whitney Houston soava diferente em 1994. A evolução de Whitney pode, em parte, ser mapeada pela voz dela. Em suas primeiras entrevistas, ela tentava usar o charme e uma elegância paciente. No ciclo de divulgação de seu primeiro disco para a imprensa, ela tinha a fala mansa e ancorava cada palavra num sorriso e numa pausa gentil. Mesmo em 1987, quando foi entrevistada pelas revistas *Ebony/Jet Showcase*, ela recorreu àquele charme, embora sua voz fosse um pouco mais assertiva e ela suprimisse uma consoante final de vez em quando. Nos anos 1980, ela geralmente falava como se estivesse buscando uma afetação da realeza misturada com o encanto da mulher comum. A ideia era que Houston poderia ser sua amiga, ou sua vizinha, mesmo se você fosse alguém que não tem nenhuma pessoa negra morando por perto.

Em 1994, Whitney Houston pisou no palco do Shrine Auditorium. Ela estava de volta ao *Soul Train Music Awards*, aceitando o prêmio Sammy Davis Jr. de Artista do Ano. Parecia que eras tinham se passado desde 1989, quando Houston surgiu em meio a uma tempestade de vaias com a intenção de redirecionar sua carreira e sua imagem. Em novembro de 1990 foi lançado o terceiro disco dela, *I'm Your Baby Tonight*. Na capa em preto e branco, Houston está sentada em uma motocicleta. Na placa da moto está escrito NIPPY, o apelido pelo qual ela era chamada carinhosamente em East Orange, Nova Jersey, para onde sua família se mudou quatro anos antes de ela nascer, quando os protestos raciais eclodiram em sua cidade natal, Newark. A capa era uma nova chegada e um lembrete.

Houston gravou com uma equipe de produção que incluía Babyface e L. A. Reid, com a assistência de Luther Vandross. As canções continuaram fiéis ao interesse crescente de Whitney pelo pop dançante, mas se agarravam ao funk e ao swingbeat como uma coluna vertebral sonora inconfundível. As baladas estavam cheias da mágica que Houston aprendeu em sua criação no gospel. O disco trazia um dueto com Stevie Wonder, "We Didn't Know", que os dois interpretaram abraçados no *The Arsenio Hall Show*. Uma característica de Whitney é que desde o começo ela era uma espécie de folha em branco, mais do que capaz de absorver diferentes conjuntos de ideias no resultado de seu processo criativo. E lá estava ela, no início dos anos 1990, depois de ter conseguido credibilidade suficiente no pop, se virando um pouquinho em direção ao seu povo.

E é verdade que, na noite do *Soul Train Awards* de 1989, Bobby Brown andava de nariz empinado pelo palco com um robe branco maior que seu tamanho, cantando "My Prerrogative", escapando suavemente fora do traje no meio da canção e, como quem não quer nada, dançando de vez em quando no mesmo ritmo que suas bailarinas ao fundo. Brown, que conhecia o palco como uma extensão de seu corpo, manipulava a superfície com facilidade. Ele e Whitney se conheceram naquela noite e se apaixonaram logo depois. Brown, uma estrela pop que cultivava a imagem de uma atitude ousada e insolente e que conseguia emplacar hits massivos e ainda assim continuar engajado com os públicos negros. Ele e Houston destravaram algo um no outro. Para o país que imaginava Houston como uma princesa do pop, destinada a estar com um homem com uma estatura real igual à dela, o fato de ela se ligar a um *bad boy* da música estremeceu as estruturas do que o público branco tinha imaginado a seu respeito. Os dois se casaram em julho de 1992, poucos meses antes de Houston estrelar *O guarda-costas*, um filme no qual ela se apaixona pelo galã branco hollywoodiano Kevin Costner. A ilusão precisa ser mantida de qualquer jeito.

No palco do Shrine em 1994, Houston usa um turbante azul com um broche de diamantes no centro, no alto da testa. Quando ela subiu para aceitar o prêmio Sammy Davis Jr. de Artista do Ano, a multidão aplaudiu em pé e entusiasmada, enquanto uma versão no saxofone de "I Will Always Love You" soava nas caixas de som do auditório. Houston se virou para a apresentadora Terry McMillan e, com uma voz que evoluiu muito desde os anos 1980, declarou: "Terry, foi uma verdadeira surpresa, gostaria que você soubesse disso, amiga". Então Houston se volta para o público, com alguns integrantes que ainda gritam "A gente te ama, Whitney!" entre o barulho dos últimos aplausos. Houston ergue uma mão enluvada, exibe o sorriso costumeiro e grita: "Me deem um minuto, gente, tenho uma coisa para falar… deixa – humm – preciso dizer uma coisa, deixa eu falar". Era Whitney à vontade, o mais confortável possível, diante do seu povo. Ela fez um discurso sobre Sammy Davis Jr., sobre como ele se apresentou em clubes para pessoas brancas e teve que entrar pelas portas dos fundos para fazer isso. Whitney, àquela altura uma atriz experiente, sabia como usar as pausas. Não havia mais a tentativa de encantar o público com seus silêncios. Agora, quando ela dizia algo forte, algo com que o povo negro na plateia podia se identificar, ela sabia disso, ela apertava os olhos e balançava a cabeça com uma raiva fingida, ou revirava os olhos dramaticamente como uma tia irritada. Durante o discurso, ela mencionou como Davis teve de suportar não somente a humilhação da discriminação, mas também os insultos de seu próprio povo – e meu Deus, sim, quando Whitney disse *seu/ próprio/ povo* ela não resistiu e levantou uma sobrancelha, e o movimento rápido de seus olhos analisando a plateia fez com que eles soubessem que ela estava grata, mas não tinha esquecido. O discurso durou apenas três minutos, mas é brilhante, repleto de ferocidade. O auge é quando Houston desenrola uma longa tapeçaria de agradecimentos por tudo o que Sammy Davis tinha tornado possível para ela. Perto do fim, ela faz uma mudança abrupta na longa lista de agradecimentos. Quando ela começa *Mamãe e Papai, muito obrigada. Por me ajudarem...* e aí sua voz falha por um instante, ela baixa a cabeça rapidamente e então a ergue novamente, se recompondo para ter certeza de que esse público em particular não a veja chorando em cima desse palco específico. E então ela conclui: ... *por me ajudarem a conhecer as alegrias de ser afro-americana... e também por tentarem me proteger de algumas dores*.

Eu não quero mais falar das drogas. Não quero imortalizar o quarto de hotel ou o casamento, ou todas as coisas das quais Whitney não pôde ser salva. Quero falar sobre Whitney em 1988, encontrando seu caminho nos braços de um bailarino negro no palco do Grammy. Quero falar de Whitney ter sido vaiada uma vez, duas vezes e então ser aplaudida. Principalmente quero falar de quando Whitney não se permitiu chorar no momento em que atingiu a compreensão de que não importa o quanto as pessoas nos amem, elas não podem nos proteger de toda a dor que é parte da vida. Quero me lembrar de Whitney segurando um prêmio que tinha o nome de Sammy Davis Jr. gravado nele. Sammy Davis Jr., que era talentoso além da imaginação, mas era um artista negro/branco também porque se sabia que ele não lutava contra isso. Porque o relacionamento dele com o Rat Pack era sustentado pelo fato de seus amigos brancos serem capazes de fazerem graça com ele sem que ele saísse no braço. Dean e Frank fazerem piada com a negritude dele era um jeito de o público branco nos bares desejar poder fazer o mesmo, um lembrete permanente de que ele só estava ali porque os outros dois deixavam. No show no Sands, em 1963, Frank diz a Sammy que ele tem que continuar sorrindo porque ele é um homem negro usando um terno escuro numa casa de show escura, e ao menos os dentes dele eram brancos. Sammy abriu seu caminho sorrindo numa era perigosa.

Quero me lembrar da Whitney Houston que, do outro lado de sua polidez, conseguiu exaltar a memória de Sammy. Whitney que talvez estivesse de saco cheio dos limites que tanto a imaginação branca quanto a negra tinham criado e que ela própria moldara para ser uma estrela singular, por breve tempo, além do alcance de qualquer som que saísse de qualquer boca.

Nove considerações sobre pessoas negras no espaço

1

PARA SER honesto, não posso dizer que amo a lua tanto quanto meus amigos, ancestrais ou companheiros de ofício. Talvez eu não ame a lua tanto quanto outros poetas, que parecem amar a lua pelo que ela é capaz de fazer com as águas, ou por como ela é capaz de evidenciar o melhor ou o pior de um signo astrológico. Não entendo muito de astrologia, mas gosto da ideia da astrologia pelo que ela destaca em meus amigos mais criativos e interessados em magia. Elissa, apoiada numa mesa me perguntando ansiosa se eu sei exatamente a hora e os minutos do meu nascimento, para que enfim possamos fazer meu mapa astral e ir a fundo na questão do que está acontecendo e toda a minha trepidação emocional relacionada a isso. Madison, rolando a tela do celular com fúria durante um jantar para ver em qual fase a lua está, ou quais planetas estão girando de um jeito ainda mais maníaco e fora de controle, para que ela possa me explicar por que toda a mobília nos cantos mais preciosos do meu coração foi virada de ponta-cabeça. Ainda assim, não posso dizer que estou muito interessado no que tudo isso significa, só sei que isso significa alguma coisa. Que todos nós nascemos sob uma lua e um signo diferentes. E eu acredito nisso, ao menos um pouco. Eu já me vi acenando desdenhosamente para uma amiga dizendo "isso que você disse é muito virginiano", mesmo quando não tenho toda a certeza do que estou falando. E ninguém me corrigiu até hoje, então ou estou certo ou me cerquei de pessoas muito gentis, o que é algo que provavelmente um escorpiano diria.

E além disso, Robert Hayden amava a lua, e que tolo eu seria de não amar o que Robert Hayden amava – não beber do que suas mãos me oferecessem. Robert Hayden amava tanto a lua que decidiu despi-la totalmente de sua magia, então ela era apenas um pedaço de pedra reluzente cheio de crateras com a missão de contrastar a escuridão. Hayden escreveu:

Alguns dos mortos que eu amo
eram observadores da lua e conheciam suas lendas;
plantavam sementes, cortavam os cabelos,

*furavam as orelhas para usar argolas de ouro
quando ela crescia ou minguava.
Essa noite ela brilha sobre os túmulos deles.*

*E cintilou no jardim do Getsêmani,
Sua luz tornando-se sagrada pelas lágrimas ofuscantes
Com as quais se misturou.*

Eu também gosto mais da lua nos momentos em que a questão envolve as suas propriedades. Por exemplo, como da vez que me posicionei embaixo dela em algum beco ou numa noite sem nuvens para ver melhor o rosto de um irmão querido, ou para ler um número de telefone rabiscado num guardanapo depois de sair de um bar. Eu gostaria de ver a lua como Hayden via a lua, um objeto cujo propósito está arraigado principalmente na forma como ela brilha, e pouco além disso.

Mas eu sei que as pessoas negras neste país há muito tempo foram obrigadas a nutrir um amor pela lua, especialmente os escravizados que tinham que atravessar a escuridão em busca da liberdade, alinhando as direções de acordo com a posição em que a lua se punha e seguindo os arranjos das estrelas. Então, ainda que às vezes ela seja um pouco exibida – ficando cheia demais de vez em quando, ou mostrando um rubor avermelhado – entendo o afeto por aquela coisa. Mesmo quando ela me atrai para fora de casa; interrompendo uma noite de filme romântico que vai tendendo para um potencial de romance maior ainda, para podermos todos sair para vê-la. Mas, mais uma vez, quem sou eu para julgar? Vasculho meu guarda-roupa e escolho entre veludo molhado ou vermelho vivo num dia em que me arrumo para o casamento de alguém. Apareço em reuniões da turma do ensino médio usando tênis que custam mais do que recebo por uma semana de trabalho vendendo livros, então suponho que às vezes todos nós somos lunáticos, dependendo da ocasião.

No entanto, enquanto estamos aqui, tenho que dizer que também não sei nada sobre as estrelas, mas menti em relação a isso muitas vezes. Uma vez, na TV, um garoto traçou uma constelação nas sardas de uma garota e então apontou as estrelas no céu e ela suspirou com alegria. Na minha vida real, durante uma caminhada de mãos dadas com alguém por aí, eu apontei para as estrelas lá no alto e fingi conhecer as constelações e disse algo sobre olhos e promessas de futuro e a pessoa com quem eu estava deu risada. Então tudo certo, eu creio que não conheço as estrelas bem o suficiente para mentir sobre elas com normalidade, mas já tive um telescópio, despontando da janela do último andar, na época em que morava numa cidade menos embotada pela neblina fumacenta durante as horas noturnas. E eu o usava de vez em quando, procurando os traçados que as outras pessoas viam. Mas não tive sorte. Ao redor de uma fogueira, minha amiga Kyryn disse *É fácil. A Ursa Maior está bem em cima de nós*. Então ela traçou o formato da constelação com o dedo, mas tudo o que vi foi uma série de pequenas explosões que nunca desapareceram.

Eu tenho que ter alguma simpatia pela lua em razão de tantas bobagens que projetei nela aqui e pelo quanto ela faz ao nos ajudar a entender a inexplicável condição humana. Mas eu também penso em como deve ser solitário lá em cima na escuridão. Zora Neale Hurston, a mais sincera dos meus ancestrais e a única a derramar luz sobre os meus caminhos mal iluminados, disse *eu me sinto mais preta quando sou colocada diante de um fundo muito branco*, o que às vezes é a realidade no trem e de vez em quando é verdade em festas de aniversário e tem dias em que é fato numa reunião de trabalho. Mas então o que se pode dizer sobre o fundo muito preto que sustenta a brancura que cresce e mingua, e todo o seu trabalho. O que eu sinto não é simpatia, é claro. Uma reflexão curiosa e grata, mas ainda assim, distante.

2

Eu e meus amigos nos recusávamos a acreditar que era Michael quem não tinha resistido, ainda que as câmeras espalhadas pelo céu mostrassem o gramado da mansão salpicado de sirenes vermelhas & debaixo das minhas cobertas eu imaginasse que ele estivesse dormindo do jeito que eu dormia, com a luz vermelha entrando pela janela do meu quarto no verão de 1997, enquanto os paramédicos decidiram que a garganta da minha mãe tinha fechado & trancaram todas as portas & a aconchegaram embaixo de um lençol branco & morrer durante o sono deve ser o desdobrar de um sonho que nunca para de se desdobrar & então é difícil dizer onde o sonho acaba e a morte começa & o quão perto do limite cada noite leva as vidas modestas que ela detém na palma de uma mão trêmula & tinha âncoras de telejornais na televisão dizendo Michael Jackson morreu hoje & estou atrasado para o trabalho porque é 2009 & eu dormi demais outra vez & eu consigo dormir a ponto de perder um pagamento & a tal ponto que chego a passar fome & nas noites em que sonho com a minha mãe, a mulher que descansa o corpo ao meu lado me diz que paro de respirar durante o sono & a herança é o presente de alguém que espalha a notícia numa manhã na qual você não abriu os olhos &

é um verão quente e eu transpiro nos lençóis que não troco & as pessoas ainda não começaram a filmar pessoas negras morrendo & então acredito apenas no que o caixão me diz & mesmo assim eu espero ver alguém saindo da cova & quando era criança eu perdi um dente tentando me inclinar para frente como Michael no clipe de "Smooth Criminal" & ele rolou pelos azulejos da cozinha & minha mãe, ainda viva, o recolheu numa toalha branca como um bebê recém-nascido & aqui aprendi a honrar todo herói com uma ausência: um estômago vazio ou um sorriso desigual como as teclas quebradas de um piano & eu não podia ser realmente Michael mesmo depois que todas as fotos das versões mais jovens dele piscaram na tela *in memoriam* & estou despedaçado pela perda & não estou aqui para medir as palavras & o *moonwalk* não tem porra nenhuma a ver com a lua & como ela pende preguiçosa & se divide em raios brancos sobre uma quebrada onde os postes piscam até apagar & nunca mais se acendem

o *moonwalk* tem a ver com tentar fugir do passado quando as mãos dele vivem tentando te agarrar e te arrastar de volta & eu dormi até encontrar saídas & ainda estou desperto para contar cada uma delas & os carros do lado de fora da minha janela começam a nênia com os sucessos de *Thriller* com suas portas abertas & as crianças jovens demais para conhecer qualquer coisa, mas o chamado do ritmo as faz correr para as ruas & chutar poças espalhando gotículas de água com suas danças & suponho que também acredito na morte para as pessoas que ela chama para dançar & que estão dispostas a suar e ensopar uma camiseta fazendo isso & que estão dispostas a ficar lá fora além da escuridão para isso apesar dos amores, o pai, ou filhos à sua espera & que estão dispostas a correr pelos campos gritando um refrão que elas conhecem sem esperar que alguém responda & que estão dispostas a estragar uma festa em casa ou só uma casa com algumas mãos desocupadas lá dentro & eu me lembro agora que em 1991 foi minha mãe quem encarou um homem na TV que deveria ser Michael Jackson, mas ele tinha a pele pálida & bochechas chupadas & ouro suficiente para ser enterrado naquela riqueza & ela sussurrou *Meu deus ele parece um fantasma*

3

Contudo, meus amigos, Michael não foi o primeiro a deslizar de ré por um chão escorregadio nas pontas dos pés. O primeiro homem negro a flutuar numa imaginária superfície com crateras foi Bill Bailey, que provavelmente inventou a dança nos anos 1920, mas ninguém viu um filme disso até 1943. *Uma cabana no céu* foi um dos primeiros filmes a ter um elenco majoritariamente negro. Um filme que tentava se afastar dos muitos estereótipos e clichês narrativos que assolavam atores negros da época. Uma adaptação da peça musical com o mesmo título, estrelada por Lena Horne, Louis Armstrong e a Duke Ellington Orchestra. Apesar de suas melhores intenções, o filme foi recebido com críticas boas e más, e críticos negros alegavam que o roteiro ainda dependia muito do folclore sulista, o que significava que caminhava perto demais do racismo que tentava evitar.

No entanto, o que se destacou foi um breve interlúdio com dança, apresentado por Bill Bailey, que tinha cultivado forte reputação como um sapateador que roubava a cena. Bailey tinha aperfeiçoado ambos, o estilo impecável de sapatear de Bill Robinson e o estilo descontraído de King Rastus Brown. No cruzamento desses movimentos, Bailey inventou algo que chamou de *backslide*, um passo que ele usava como forma de sair do palco. Quando sua apresentação de sapateado terminava, ele deslizava suavemente nas solas dos pés e desaparecia devagar atrás de uma cortina. Quando fez isso em *Uma cabana no céu*, foi a primeira vez que o passo foi capturado em filme. Acontece rápido, mas é impossível não notar. Como Michael, quando ele o mostrou no especial da Motown 25 em 1983, todo o truque de fazer o *moonwalk* é passar todas as outras partes da coreografia treinando a plateia para olhar para os seus pés. Antes que eles possam se perguntar o que está acontecendo, o movimento já acabou.

Bill Bailey fez o passo no palco durante anos, sempre no fim da apresentação. Na visão dele, o passo era irretocável. Nada poderia superá-lo, então tinha que ser uma saída. Parece que é aqui que ele e Jackson se diferenciam, uma vez que Michael às vezes fazia o movimento no meio da coreografia, para levar as pessoas ao frenesi antes de se jogar em outra coisa. Mas eu gosto mais da ideia de Bailey. Oferecer um relance de algo inacreditável e deixar isso tilintar nos corações e mentes das pessoas trêmulas e embasbacadas.

4

É verdade que minha amada mãe não foi longeva o suficiente para ir ao espaço, e mesmo que tivesse a oportunidade, provavelmente não faria essa viagem. Mas ela tinha um afro. E nos dias em que voltava para casa do trabalho e tirava o hijab, às vezes ela o desembaraçava e o deixava bem alto durante a noite inteira, e de longe ele parecia um planeta negro. E às vezes ela se balançava na cozinha e cantava Ms. Patti LaBelle, mas nunca era realmente a Patti das antigas. A Patti das antigas que no início dos anos 1960 arrasava no Apollo Theater com Nona Hendryx e Sarah Dash, num grupo que viria a se chamar Labelle, quando as gravadoras conseguiram contratá-las.

As Labelle sabiam cantar, mas isso era apenas metade, a outra metade tinha a ver com o *visual*, o que elas nem sempre tiveram. Logo no começo, elas tateavam em meio a uma série de perucas que nem sempre combinavam com suas cabeças e às vezes caíam durante suas performances mais enérgicas. No começo dos anos 1970, elas puseram um pezinho no Reino Unido e começaram a usar jeans justos e afros imensos enquanto lucravam com uma soul music das mais políticas da época. Mas em 1973 o grupo foi descoberto pelo designer Larry LeGaspi.

Não sei quando ou onde assisti a um vídeo das Labelle naqueles trajes especiais prateados. Gostaria de dizer que o primeiro clipe que vi foi delas cantando "Lady Marmalade" no *Soul Train*, mas pode ter sido o clipe delas cantando essa canção no *Midnight Special* de Burt Sugarman. As duas performances aconteceram uns anos antes de eu nascer, mas me lembro de assisti-las numa fita VHS velha, que rangia, com uma etiqueta que tinha sido escrita, rabiscada e então escrita outra vez. No início dos anos 1970, Larry LeGaspi tinha se convencido de que a moda ficaria obcecada por visuais futuristas, de viagens espaciais, e que a cultura popular acompanharia essa tendência. Para ficar à frente de tudo isso, ele começou a desenhar trajes *space-déco* para apresentações musicais, os primeiros dos quais foram para o Kiss e para Labelle. No final dos anos 1970, a era da música disco tinha absorvido algumas das influências de LeGaspi e o país tinha se descoberto novamente apaixonado pelo cosmos, imerso em filmes como *Guerra nas Estrelas* em 1977 e o primeiro filme de *Jornada nas Estrelas* em 1979, que capitalizou a loucura pela era espacial depois que a série de TV original fracassou depois de três temporadas nos anos 1960. Parece que LeGaspi sempre teve razão.

Sob o olhar de LeGaspi no início dos anos 1970, cada integrante das Labelle tinha um visual espacial único: Sarah Dash tinha um top *cropped* prateado com ombros largos e arredondados, um short prateado, e tudo isso acompanhado de um par de botas com salto alto plataforma.

Nona Hendryx tinha um traje prateado com um desenho de diamante que descia das ombreiras e se alongava até as calças. Patti usava uma jaqueta prateada com um colar prateado imenso, chamativo, e botas de plataforma que se alongavam quase até a cintura dela. Esses não eram os únicos visuais, mas eram os mais memoráveis. Nas noites que elas não subiam no palco vestindo trajes espaciais, elas apareciam imersas em plumas imensas brotando de todos os ângulos – do topo de suas cabeças ou irrompendo de suas costas. Em algumas noites, elas misturavam as duas estéticas, acentuando o tema espacial com uma plumagem imensa e brilhante.

Na foto mais impressionante de que me lembro, o trio foi fotografado em preto e branco. Patti no centro, com Hendryx à sua esquerda e Dash à direita. A imagem foi feita em algum momento em meados dos anos 1970, depois que as Labelle atingiram o topo das paradas de sucesso com "Lady Marmalade" e o álbum seguinte, *Nightbirds*, se tornou um hit. Na foto, o cabelo de Patti, grosso e ondulado, está cuidadosamente enrolado ao redor de sua cabeça. A iluminação na foto faz o cabelo preto dela brilhar. O rosto de Nina está pintado com um triângulo de pequenos pontos que começam no alto da testa e dançam até os olhos, destacados por um delineador que reluz apesar da falta de cor da foto. As orelhas de Sarah estão cobertas por uma bijuteria de plumas. Todas elas exibem o meio-sorriso e o olhar meio determinado que eu já tinha visto as mulheres negras da minha vida ostentarem. Seria difícil saber se elas realmente estavam sorrindo, se não fossem pelas maçãs do rosto superabundantes de Patti e as covinhas de Sarah, que não precisavam de muito empenho para aparecer.

Uma vez, encontrei uma versão emoldurada dessa foto procurando antiguidades num lugar que poucas pessoas negras frequentavam e onde ainda menos pessoas negras moravam. Presumo isso porque eu não poderia imaginar nenhuma outra razão para a foto ter durado tanto na loja, especialmente pelo preço estipulado – meros dois dólares quando a registradora trepidante soou alto.

Eu a mantive em cima da minha mesa em três casas diferentes. Percebo que o que eu mais gosto nessa foto é como, naquele momento, elas realmente parecem astronautas. Como se talvez debaixo dos braços de cada uma houvesse um capacete. Nos vídeos de todas as apresentações delas, durante a fase dos trajes espaciais, eu fico maravilhado, até agora, com a forma como elas faziam tudo aqui parecer suave. Vestindo todo aquele prateado pesado, enfeitadas com todas aquelas penas, elas ainda se mexiam do mesmo jeito como na época em que vestiam jeans e suéteres pretos.

Acho que quando você é jovem e impressionável o suficiente, e talvez não saiba muito sobre o que está além das estrelas, imagina que qualquer um pode simplesmente ir até lá. Até você mesmo ou um grupo musical de mulheres negras que ficava muito bem nos trajes. Até alguém que você ama, que cantava as músicas de uma integrante daquele grupo de vez em quando e certamente dançava ao som daquele grupo num tempo anterior ao seu nascimento. Acho que levei você a ler sobre minha mãe mais uma vez, e como eu não sei se ela queria ir para o espaço, mas como ainda assim eu desejava isso para ela. Sobre como de tempos em tempos eu a flagrava observando as estrelas. Sobre como, é claro, eu me apeguei àquela velha foto das Labelle porque ela me lembra de um céu onde a minha mãe poderia estar agora, esticando o black power até que ele desabrochasse e florescesse, uma escuridão infinita. Ninguém que eu amo está imune a olhar para cima numa noite de céu limpo. No entanto, dentro das possibilidades vastas e abertas da escuridão, tenho cultivado a esperança de que um povo encontre um lar, ou pelo menos um sonho. As Labelle, com sorrisos largos como seus trajes espaciais, cantando músicas sobre mulheres solitárias e poderosas. Canções sobre crianças indo para o espaço.

5

No final dos anos 1980 e início dos 1990, se você passasse qualquer tempo perto de um rádio ou de uma televisão, é quase certo que você veria Billy Dee Williams ou ouviria a voz dele. Naqueles anos, ele era o magnânimo garoto-propaganda da cerveja de alto teor alcoólico Colt 45, e, embora eu fosse jovem demais para entender um pouco sobre isso naquela época, me lembro que Williams foi muito criticado por ser o rosto e a voz da marca. Parte do opróbio se concentrava no slogan da bebida "Funciona sempre", uma fala saborosamente ambígua que levou muita gente a pensar (corretamente) que a marca vendia a facilidade com que as mulheres poderiam ser embriagadas. A estética dos anúncios também não ajudava, com Williams de terno e uma mulher pendurada em pelo menos um dos ombros dele. Em um comercial, Williams simplesmente abre uma lata da cerveja e uma mulher toca a campainha dele. Ela abre a porta usando um vestido vermelho justo e pergunta se Williams está livre naquela noite. Ele se vira para a câmera, sorri, e faz uma pausa mínima antes de falar o slogan.

Outra parte da crítica tinha a ver com o quanto a Colt 45 era barata – lavagem vendida em lojas de conveniência de regiões de baixa renda. Na adolescência, eu encontrava garrafas de 1,2 litro de Colt 45 quebradas em quadras de basquete ou latas vazias empilhadas ao longo de ciclovias. Em filmes como *Os donos da rua* ou em clipes de rap filmados na Costa Oeste, Colt 45 era a bebida escolhida – embora alguns desses vídeos tenham sido lançados depois de 1991, quando Williams se afastou da marca. A Colt 45 era o que as pessoas bebiam na periferia, ou assim parecia: o que membros de gangues bebiam nos filmes, mas também o que os rappers em carros de luxo bebiam. Era um símbolo de status que jogava dos dois lados da cerca. Era legal, em parte, porque Billy Dee Williams passou cinco anos dizendo que era legal. Um homem negro com uma voz suave e mulheres negras em seus comerciais, todas querendo um pedacinho do que ele tinha.

Não há muitas pessoas negras no filme *Blade Runner 2049*. Acho que devem ser só duas, mas, para ser honesto, eu não estava fazendo contas na minha ida recente ao cinema. Se não há pessoas negras suficientes para eu notar um número significativo, não me dou mais ao trabalho de contar a cada vez que uma aparece em momentos esparsos, ou mesmo o único personagem que tem um nome. Não estou de boa com isso, mas também sinto menos raiva em relação a isso do que costumava sentir. *Blade Runner 2049* foi um filme que me entreteve, cativante, filmado lindamente. Se passa em um futuro em que há pouquíssimas pessoas negras. Eu ri disso depois, saindo do cinema e retornando ao mundo, rolando a linha do tempo entre notícias sobre Richard Spencer e seu bando de nazistas se manifestando num campus universitário. Fui lembrado de diversas geografias onde pessoas negras não existem ou não existem bem, e imagino que isso possa não mudar nas próximas décadas.

Mas este texto não é sobre 2049, e realmente não tem tanto assim a ver com cerveja de alto teor alcoólico, e *defi-*

nitivamente não é sobre nazistas. É sobre Lando Calrissian e como eu fui jovem um dia e não sabia quando *O Império contra-ataca* se passava, mas sabia que era num passado distante que de alguma forma parecia com o futuro – um futuro não muito diferente daquele em *Blade Runner* –, mas nesse universo, entre robôs e bolas de pelo gigantes com pernas e criaturas de outros mundos, lá estava Billy Dee Williams. Não apenas um homem negro no futuro, mas talvez o homem negro mais descolado do futuro.

Lando Calrissian tinha um cabelo ótimo. Quero dizer que Billy Dee Williams tinha um cabelo ótimo, e imagino quando ele chegava para os testes – se é que ele alguma vez teve que fazer um teste – o diretor e os produtores perdiam o fôlego ao contemplar como o cabelo dele se acomodava bem em sua cabeça. Ele tinha um cabelo excelente para cenas de ação: o tipo que mal se mexe quando ele se mete numa briga ou sai correndo. Vários atores negros têm cabelos excelentes para cenas de ação, é por isso que acho que muitos filmes da *blaxploitation* eram focados na estética de coisas como um afro imóvel ou costeletas grossas. Billy Dee Williams tinha os dois! E uma capa! E ele parecia legal segurando uma arma! Não rígido como Harrison Ford, que ainda era ótimo de muitas outras maneiras.

Lando Calrissian era um homem negro no futuro com um código moral. Eu não sabia disso a primeira vez que o vi na tela, em parte porque eu estava simplesmente admirado com a sua presença, em parte porque eu era jovem demais para de fato entender a trama de *O Império contra--ataca* (o que também se deve ao fato de ter assistido aos filmes de *Star Wars* numa ordem casual, começando pelo *Império*). Mas no filme, Lando, depois de um início em que sua moral é reconhecidamente instável, luta ao lado de Han Solo e dos caras legais, libertando a princesa Leia e Chewbacca. Eu imaginava Lando Calrisssian como o verdadeiro herói de *Star Wars*, e ninguém mais.

É claro que isso não é a realidade. O universo de *Star Wars* está cheio de heróis. No entanto, Lando irradiava uma elegância sem esforço, e ainda imagino um futuro em que todo mundo consegue ser tão descolado quanto Billy Dee Williams era nos anos 1980-90, ao menos uma vez. Lá estava ele em *O retorno de Jedi*, resgatando Luke e lutando ao lado de Han outra vez. Parecia quase natural. O futuro tem a ver com a imaginação. A galáxia de *Star Wars* existe num outro tempo e é muito distante, mas a ótica dispara a imaginação a pensar no futuro: na ótica do espaço, no laser, em maquinários que viajam em velocidade de dobra.

O afrofuturismo existe como gênero porque a imaginação branca estadunidense raramente pensou em incluir pessoas negras em ambientes futuristas, mesmo quando esses cenários eram enraizados no passado, como em *Guerra nas Estrelas*. Octavia Butler escreveu uma ficção científica na qual alienígenas usavam dreadlocks. Nalo Hopkinson escreve sobre um futuro distópico no qual pessoas negras estão tentando sobreviver. Imagino que essas realidades sejam totalmente possíveis, do mesmo jeito que imagino que naquela guerra civil no espaço sideral poderia de fato existir um Lando Calrissian. Uma única pessoa negra numa história mais ampla, sim. Mas uma pessoa negra que a história orbita em torno dela. Uma que não morre. Uma que, em vez disso, é quem destrói a Estrela da Morte.

Entre o fim da minha adolescência e meus vinte e poucos anos, os jovens que frequentavam festas em repúblicas universitárias no lado mais rico da cidade usavam identidades falsas para comprar 1,2 litro de Colt 45 em lojas de conveniência onde nenhum atendente dava a mínima se algum moleque de dezenove anos queria enganá-lo para conseguir uma garrafa de cerveja barata. A Colt 45 ainda era barata, ainda vinha na mesma garrafa de vidro transparente com o icônico rótulo branco, que os jovens brancos escondiam em bolsas de papel para poder beber, como os personagens daqueles filmes dos anos 1990 e os rappers naqueles clipes. Bebiam cerveja de alto teor alcoólico enquanto ouviam raps antigos e faziam gestos com as mãos, às vezes com as calças muito mais baixas do que a cintura. Era uma outra performance. De manhã, voltavam para suas casas tranquilas no subúrbio, ou seus apartamentos nos arredores do bairro mais pobre, que era um lugar pelo qual eles passavam de carro com os vidros fechados ou pegavam alguma via expressa para evitar completamente. Às vezes eu acordava num sofá, andava até o lado de fora e me deparava com a visão familiar de uma garrafa de Colt 45 esparramada como uma constelação de vidro na calçada. Penso naqueles momentos agora e considero a ideia de que Billy Dee Williams estava nos apontando o futuro o tempo inteiro. Um futuro no qual ser negro é tão descolado que todo mundo que não é negro quer experimentar ser por uma noite. Nunca por uma vida inteira.

6

E já que estamos falando nisso, voltando ao assunto: Olha, eu com certeza não sou daqueles que projetam negritude em personagens de ficção ou caricaturalmente ambíguos, e Deus sabe que não quero aborrecer as imensas massas de fãs aficionados e estridentes de *Guerra nas Estrelas*, mas devo dizer que, na minha infância, eu tinha uma leve desconfiança de que Chewbacca poderia ser negro, com todo aquele pelo marrom pendendo do corpo. Também tinha o jeito como o amigo do meu pai gritava com a TV quando passava *Star Wars*, falando de como aqueles caras brancos que tinham feito o filme tinham feito uma brincadeira de mau gosto, tornando a fera alta e muda *obviamente* negra. E eu não sei se comprei essa ideia tanto quanto compro a ideia de que muitas pessoas negras que conheço gritam sobre seus infortúnios, mas ninguém parece entender o que elas dizem.

7

Quando a internet tentou me convencer de que Trayvon Martin merecia morrer, me mostraram fotos que às vezes eram dele, às vezes não. Fotos de meninos negros, sem camisa e mostrando o dedo do meio, ou fotos de meninos negros posando com armas, ou meninos negros soprando fumaça para a câmera. A ideia era que todos eles mereciam morrer, eu acho. Se alguns deles se mesclassem uns aos outros, uma única bala resolveria.

Para combater isso, as pessoas começaram a circular uma imagem de Trayvon Martin mais novo, na Experience Aviation na Flórida, em 2009, apenas três anos antes de ele ter sido assassinado. Na foto, Martin está usando uma réplica do uniforme azul que o astronauta Michael P. Anderson vestiu em sua foto oficial da NASA. O mesmo que todos os astronautas usam. Um retângulo com o nome de Trayvon está costurado no peito, em cima do logo da NASA: a Terra com asas.

Anderson foi o nono astronauta negro a ir para o espaço, em 2003. Filho de um oficial da Força Aérea, ele era um dos quatro alunos negros na formatura de sua turma. Depois de acumular mais de três mil horas de voo na Força

Aérea, foi selecionado pela NASA para o treinamento de astronautas em 1994. Acumulou a maioria de suas horas de voo para a NASA no ônibus espacial *Endeavor*, entregando suprimentos para outros astronautas em missão. Então foi designado para uma missão no ônibus espacial *Columbia*.

O ônibus espacial *Columbia* foi lançado em 16 de março de 2003. Para impedir que gelo entrasse no tanque de combustível, o tanque principal da nave foi coberto de espuma isolante. Durante o lançamento, um pequeno pedaço de espuma se soltou, atingindo a borda da asa esquerda do ônibus espacial e deixando um pequeno buraco. Os cientistas da NASA não tinham percebido o buraco enquanto a nave avançava em direção ao espaço. O impacto do dano causado pela espuma é perceptível nos vídeos de lançamento. Quando os astronautas chegaram com segurança no espaço, pediram aos engenheiros da NASA que examinassem a asa e o possível dano que o buraco poderia causar. Os engenheiros insistiram que impactos de espuma são comuns e que os riscos provocados por eles eram minúsculos.

No relatório da NASA que detalha os últimos momentos de vida da tripulação está registrado que, durante a reentrada na atmosfera da Terra, gases superaquecidos entraram pelo buraco na asa. O módulo da tripulação perdeu pressão e o ônibus espacial entrou num giro violento antes que alguns dos astronautas pudessem colocar os trajes e capacetes. Todos os sete ficaram inconscientes quase instantaneamente. Seus corpos se debatiam violentamente. Aqueles que conseguiram colocar o capacete tiveram seus crânios esmagados pela força do capacete encolhendo ao redor de suas cabeças. O ônibus espacial se desintegrou e os corpos também. Os destroços se espalharam por vários estados norte-americanos, do Texas à Louisiana. Uma roda aqui, um pedaço de metal ali.

A grama queimada soltou fumaça durante dias depois que os destroços flamejantes caíram sobre ela. Nenhum corpo foi recuperado porque eles não estavam inteiros a ponto de serem encontrados. Agricultores no Texas informaram ter visto um borrão brilhante cruzar o céu e explodir, só para ver pedaços de corpos choverem sobre eles minutos depois. Um braço ou um pé. As histórias foram se tornando mais sensacionalistas conforme os dias passavam. Um agricultor relatou ter encontrado um coração humano, separado de qualquer vestígio de entranhas. A NASA insistiu que não havia nada que eles pudessem fazer. Às vezes os desastres começam com algo pequeno.

Michael Anderson morreu como um herói. Ninguém insistiu que ele teve o que mereceu. Nenhuma imagem de homens negros que não eram ele circulou pela internet. Toda vez que vejo a foto de Trayvon Martin na Experience Aviation, percebo que ela é tão apreciada porque oferece a ele uma associação com essa dignidade. Ela o mostra usando uma réplica do traje que os heróis usavam enquanto arriscavam suas vidas em nome da curiosidade. No aniversário de Martin, as pessoas circulam essa foto ano após ano. Há uma ideia de que, se Martin ainda estivesse vivo, ele poderia ter sido uma pessoa que observa o céu e tentaria alcançá-lo. Uma pessoa que olharia a Terra de algum lugar lá de cima e apontaria para o estado onde ele cresceu. Ou poderia não ter feito nada disso. Poderia ter ido para faculdade e depois a abandonado, ou poderia nem ter ido para a faculdade. Poderia ter fumado e jogado videogame até os vinte e poucos anos, enquanto trabalhava num emprego que detestava. Mas ele estaria vivo para fazer tudo isso, ou nada disso. A questão toda com a foto de Trayvon Martin na Experience Aviation é que o ver assim, em vez de vê-lo apenas como um menino problemático morto, era ver que talvez ele tenha sido alguém que enxergava promessas e possibilidades num mundo que o mataria e insistiria que ele merecia morrer.

A falha fundamental, claramente, é essa: provar ao público que alguém não merece morrer ou não merecia a violência que lhe foi infligida. É o pior instinto, contra o qual eu luto frequentemente quando quero limpar o nome de alguém morto e que viveu uma vida que sem dúvidas às vezes era boa, às vezes era má, no entanto, sempre foi uma vida.

No funeral de Michael Anderson em Arlington, a foto de que mais me lembro é uma da mãe dele, que quebrou o decoro natural do espaço. Lá estava, é claro, uma fotografia grande dele no palco. Ele sorrindo em seu uniforme azul diante da bandeira estadunidense. A foto estava posicionada perto de um caixão que não tinha um corpo dentro. Na foto de que me lembro, a mãe dele está com os braços esticados. Duas mãos estendidas, como se ela estivesse tentando tirar o filho daquela fotografia imóvel e trazê-lo de volta ao mundo dos vivos.

No funeral de Trayvon Martin, a mãe dele, Sybrina Fulton, secou as lágrimas dos olhos suavemente com um lenço branco. Os EUA a elogiaram por sua compostura.

8

Octavia Butler sabia quem realmente sobreviveria quando o sol se pusesse neste planeta ou em qualquer outro planeta longe daqui. Butler era filha de uma empregada doméstica e de um engraxate. O pai dela morreu quando ela tinha sete anos, o que fez com que ela fosse criada pela mãe, que a levava para o trabalho, entrando pelas portas do fundo das casas de pessoas brancas que precisavam de faxina. As trabalhadoras negras só eram vistas por aquilo que seu trabalho produzia: uma banheira reluzente ou uma cozinha impecável. Quando Butler tinha dez anos, ela implorou que a mãe lhe desse uma máquina de escrever, como forma de se isolar de seus colegas. Butler era tímida e desajeitada e tinha dificuldades com as tarefas da escola por causa de uma leve dislexia. Fugiu para os livros e os filmes, particularmente a versão televisiva de *A garota diabólica de Marte*, que foi lançada em 1954 e trazia a história de uma comandante alienígena que aterrissava em Londres com a missão de levar terráqueos para o seu planeta natal, onde os homens tinham sido dizimados por uma guerra entre homens e mulheres, fazendo com que as taxas de reprodução no planeta se reduzissem de forma significativa.

Aos doze anos, Butler imaginou que poderia escrever uma história melhor do que essa e vinte e seis anos depois publicou *Patternmaster*, seu primeiro romance. No livro, a humanidade é dividida entre os Padronizadores, dominantes física e mentalmente, os Clayarks, humanos mutantes acometidos por uma doença extraterrestre, e um grupo de humanos escravizados que não conseguiam falar.

Patternmaster – e a série *O Padronista* que dá sequência ao romance – está entre minhas obras favoritas de Butler, porque é onde ela estava mais temerária em suas tentativas de ver o que estava por trás dos personagens, das paisagens que ela estava construindo e da sua própria imaginação, sem dúvida rodopiando com pensamentos sobre a escuridão desconhecida lá fora. É um livro, como muitas de suas obras, que tenta chegar ao coração das divisões sociais e de classe, explorando a questão básica que mantém os seres humanos separados e qual é a responsabilidade daqueles que estão no poder. Essas questões estão por aqui há muito mais tempo do que o que Butler passou neste planeta, o que talvez explique porque ela teve que sonhar novos mundos em uma tentativa de encontrar uma resposta para elas.

Volto ao trabalho de Octavia Butler por causa de quem sobrevive e como eles sobrevivem. As histórias dela às vezes são duras com os humanos e com o corpo humano, seja por meio da mutação, da contaminação, da violência sexual ou de qualquer outro trauma ou acontecimento que muda o relacionamento de alguém com sua capacidade de sobreviver a um mundo ou o relacionamento de alguém com a forma como o mundo responde à sua existência. Em *Fledgling* [Principiante], a pele escura de Shori é uma modificação genética – um experimento realizado pelo povo dela numa tentativa de tornar a pele deles mais resistente à luz do sol. Ela foi criada com a pele escura por uma manipulação biológica, e a sociedade à volta dela fez o restante. Seu próprio povo, a maioria de pele branca, a discriminava. No Conselho de Julgamento, ela é comparada a um cachorro. Shori é uma combinação entre o DNA humano e o DNA dos Ina – uma espécie antiga e noturna semelhante aos vampiros.

O dado mais simples e evidente é que a hibridez de Shori é algo que a desloca de seu povo, que faz com que ela seja menosprezada. Ao mesmo tempo, no entanto, Butler mostra como a sobrevivência de Shori estava inextricavelmente ligada ao que provocou o seu exílio. Sua mutação permitia que ela ficasse acordada durante o dia, o que a tornava capaz de evitar ataques. Ela era mais adaptável do que os humanos e seu veneno era mais poderoso como resultado de sua mutação. De certa forma, o livro diz o que aqueles em posições vulneráveis e marginalizadas sempre souberam: às vezes, a sobrevivência consiste em se adaptar até que algo melhor apareça. Seja quem você precisa ser numa entrevista de emprego ou na redação para entrar na faculdade ou com os mais velhos que você ama, mas não respeita. E então, como recompensa pela sua sobrevivência, pode haver um mundinho no qual você possa prosperar.

Octavia Butler veio de um povo que conhece muito bem esse tipo de sobrevivência. Que limpou os sapatos de gente rica e entrou pelas portas dos fundos nos lares abastados. Pessoas que eram invisíveis até que fossem necessárias, o que é um outro tipo de hibridez. Eu agradeço, então, pelos mundos além deste mundo escritos por Octavia Butler. E por como, mesmo naqueles mundos, existe um sofrimento de um tipo que sou capaz de compreender. Que mesmo no espaço, ou em paisagens futuristas, ainda há mudanças de código. Há aquele sofrimento imóvel que cresce dentro de alguém até se tornar uma armadura. Agradeço a Octavia Butler, que escreveu pessoas negras como humanas mesmo quando elas eram algo ainda maior.

9

Sun Ra disse que um halo de luz apareceu em volta dele em 1936. Ou talvez tenha sido em 1937. Ele estava morando em Chicago, ou talvez não. A história não tem detalhes palpáveis que sejam sempre os mesmos. Tudo o que sabemos é que uma determinada quantidade de luz consumiu o corpo de Herman Poole Blount, que era de Birmingham, Alabama, e recebeu esse nome em homenagem a um mágico de vaudeville que a mãe dele amava, Black Herman. Black Herman morreu no palco em 1934, de ataque cardíaco, mas como um de seus principais truques era "ser enterrado vivo" ninguém na plateia acreditou que ele estivesse morto. Sua assistente, querendo lucrar com a situação, cobrou ingressos para as pessoas verem o corpo de Black Herman na funerária. O mundo nem acabou com você ainda e já está tudo acabado entre você e mundo. E Herman Poole Blount ainda não era Sun Ra em 1937, mas ele já estava de saco tão cheio do mundo que abraçou a estranha luz que o absorveu e o levou para um outro planeta, que ele identificou como Saturno. Foi-lhe concedida uma audiência com alienígenas que tinham uma antena em cima de cada olho e uma em cada orelha. Os alienígenas lhe disseram que ele deveria abandonar a faculdade. Que o mundo estava se dissolvendo no mais completo caos e eles precisavam que ele falasse através da música.

Eu não gosto de ficar pensando se isso realmente aconteceu ou não. Há aqueles que olham para a história e para a época e insistem que não é possível que tenha acontecido do jeito como Sun Ra disse que foi. Os discos voadores não se tornam parte de um discurso popular até o final dos anos 1940. Sun Ra começou a contar sua história nos anos 1950, bem antes de as histórias de abdução alienígena começarem a permear as ondas do ar no início dos anos 1960. Não me importa se essa história é verdadeira, porque eu escolhi acreditar que é verdade. Escolhi acreditar nisso porque não existe outra forma na qual eu queira imaginar a vida, às vezes miraculosa, de Sun Ra. Um sujeito que se mudou para o Norte, para Chicago, durante a segunda Grande Migração e trocou de nome legalmente em 1952 para Le Sony'r Ra. Que se livrou de um nome que ele sabia vir de uma família de ex-escravizados que ele não reconhecia como seu.

O visual dele começou a mudar no final dos anos 1950 e continuou a florescer e a se transformar ao longo das décadas seguintes. Ele usava caftãs volumosos e cheio de camadas. Adereços de cabeça adornados com ouro e correntes. Geralmente aparecia acompanhado de pessoas usando máscaras brilhantes de animais. A referência mais próxima parecia ser a dos antigos reis do Egito, mas ainda assim não era algo totalmente terráqueo. Os sapatos que Sun Ra usava tinham saltos altos de plataforma, concedendo-lhe alguns centímetros a mais em direção ao céu. Ele frequentemente parecia chocado por estar aqui na Terra entre os mortais. Como se só estivesse desempenhando a tarefa que lhe fora dada em Saturno lá em 1936, ou talvez em 1937.

Em entrevistas, particularmente à medida que sua carreira ia perdendo o fôlego, Sun Ra deixou claro que ele nunca foi deste planeta. Ele nunca discutiu suas origens em termos claros ou explícitos, mas ele tinha certeza de que não era a registrada em sua certidão de nascimento. Ele tinha se afastado de tudo aquilo e alcançado um plano mais elevado de existência. Em 1989, ele disse à revista *Spin* que veio de Saturno. Que tinha vindo como a chuva, a neve, como qualquer outra coisa que veio de um outro lugar e veio parar aqui. Não havia lugar para ele na Terra, motivo pelo qual ele não podia dar sua música inteiramente ao mundo. Apesar de estar gravando álbuns havia três décadas naquele momento, ele insistia que as pessoas estavam começando a perder o entendimento de quem ele era e do que ele foi enviado aqui para fazer. Para segurar as pontas – para manter a estabilidade até o dia do julgamento. A Terra, ele disse, é o reino da morte. Tudo é faz de conta.

Quando penso em Sun Ra hoje, penso no quanto era fascinado por ele no final dos anos 1990 e início dos anos 2000, quando devorei as entrevistas dele e qualquer vídeo das performances ao vivo que pude encontrar. Como eu esperava no Napster enquanto os downloads dos discos dele avançavam um por cento a cada meia hora. O que eu amava era que ninguém parecia tão extravagante. Não parecia uma performance particularmente aflitiva, nem pareciam frases desconexas de alguém sofrendo de dissociação mental. Tudo parecia muito calculado, calmo, realista. Sun Ra vinha de algum outro lugar e tinha visto coisas que nenhum de nós podia imaginar, e, no entanto, aqui estava ele, compartilhando conosco o que tinha para dar apesar de tudo.

No início dos anos 1940, quando Sun Ra foi levado à justiça por sua objeção de consciência a servir o exército durante a Segunda Guerra Mundial, um juiz declarou que ele estava apto a servir e que corria o risco de ser convocado pelas Forças Armadas. Ele respondeu que, se fosse obrigado a servir, usaria o treinamento militar que recebesse para matar o primeiro oficial militar ao alcance. Quando o juiz disse "nunca vi um crioulo como você antes", Sun Ra rapidamente respondeu "não, e você nunca mais vai ver".

Não estou preocupado em saber se Sun Ra foi ou não pra Saturno alguma vez, porque se você se torna bom o suficiente em convencer as pessoas de que você não é deste mundo, ou de que você é capaz de coisas do outro mundo, o próprio ato de convencer pode te aproximar um pouco de uma utopia autofabricada. Sun Ra nasceu num lugar violento e segregado, foi punido por não querer participar de uma guerra e decidiu que tinha que ser algo melhor do que isso. Eu não tenho mais linguagem para explicar a avalanche de angústia que sinto ao encarar este mundo, então, se não consigo entender este planeta, é melhor imaginar um outro.

As pessoas negras que experimentam a estética do espaço sideral, ou que deslizam para trás num piso branco até que esse piso se pareça com uma rocha cheia de crateras, ou as pessoas negras que escrevem ou cantam ou performam nossas vidas em novos e melhores planetas. Lembretes de que há algum lugar que vive na imaginação. Um lugar além daqui, uma lua ou um planeta para aqueles que sonharam como devem ser as estrelas quando vistas de perto. Digo aos meus amigos que eu sabia como caminhar na lua antes de saber o que era um astronauta, e todos eles riem, sabendo que muitos de nós enfiamos meias e flutuamos em marcha a ré num chão recém-lavado, logo após nossos pais generosamente fazerem a limpeza.

Quando esse planeta começar a se afogar e se tornar inóspito para vida, eu não estarei mais vivo. Algumas pessoas poderão ir para Marte, mas não acho que grande parte do meu povo irá para lá. Minha amiga que tem uma bandeira com os dizeres HÁ PESSOAS NEGRAS NO FUTURO pendurada sobre a cama toca o álbum mais recente de Janelle Monáe no carro dela enquanto dirigimos à noite por uma cidade que nenhum de nós conhece bem. Quando toca "Screwed" ela coloca a mão no meu ombro, arregala os olhos e me diz *é assim que o nosso passado vai soar no futuro*, e não acho que isso seja verdade, embora isso pressupõe que estaremos todos vivos e não quero alimentar muitas esperanças. No entanto, há motivo para isso. Essa busca ofegante e ansiosa por um mundo além deste mundo. Estou interessado em como deve ser a sensação de se imaginar tão grande e inalterável quanto o céu. Tenho tentado amar a lua, que não é confiável, através de suas mudanças e através das nuvens bloqueando o caminho até ela. Isso não tem funcionado para mim.

Eu não quero ir à lua, mas quero ir para um lugar onde sonhadores negros observam a lua e fazem comentários em voz alta sobre signos e estrelas num verão que parece sem fim, como aqueles verões antigos, que me arrancavam das responsabilidades insignificantes da juventude. O planeta dentro do planeta. Pessoas dançam em trajes espaciais e garotos negros lançam foguetes por cima das árvores e eles sempre caem intactos, e com certeza vamos ter uma cerveja de alto teor alcoólico para o pessoal que bebe álcool, eu acho. Pois enquanto houver um futuro, haverá pessoas negras nele, sobrevivendo, esperamos, de formas ainda mais novas e melhores do que a que vivemos agora. Círculos de luz abrindo os braços para levar rapidamente nossos corpos para algum lugar lá em cima. Vai parecer espetacular para todo mundo que não somos nós.

TERCEIRO
MOVIMENTO

SOBRE QUESTÕES DE PAÍS/ ORIGENS

Sobre os momentos em que me obriguei a dançar

NO FIM do verão de 2019, eu comia sozinho no BBQ Spot em Memphis, até que a cordialidade de um convite gritado abriu caminho até mim vindo do outro lado do salão. Uma mesa de pessoas negras mais velhas tinha um lugar vago, e eles não gostaram de me ver comer sozinho, assim me disseram. Uma mulher com alguns fios grisalhos nos cabelos sorri para mim enquanto me sento e me diz *Nós temos que cuidar uns dos outros por aqui*, e isso é verdade. Às vezes o grau de cuidado varia, dependendo de onde é "aqui", mas hoje, num restaurante que pertence a outras pessoas negras, numa região negra da cidade, cuidar só significa não deixar um óbvio turista negro comer sozinho. Quando não sou de um lugar, isso geralmente está na cara. Tiro fotos de tudo. Leio jornais locais com um olhar confuso e admirado no rosto. Às vezes esqueço de desligar o Google Maps, o que significa que meu telefone esporadicamente deixa escapulir uma instrução de trajeto falando alto do meu bolso. Hoje, foi essa última característica que chamou a atenção desse grupo generoso. Estar sentado nessa mesa traz a sensação de estar instantaneamente cercado por avós preocupados e cuidadosos. Tenho pensado muito em tentar melhorar as formas como encaro as pessoas negras mais velhas – não as limitar apenas a ancestrais ou pais. Gostaria que houvesse uma forma melhor de descrever o que sinto ao me sentar nessa mesa, mas era isso. Não éramos colegas. Havia uma clara diferença emocional e histórica entre nós, e imaginei que, em primeiro lugar, foi por esse motivo que eles acenaram para que eu viesse para essa mesa, e por isso mudei de lugar. Eles me convidaram por cuidado e eu aceitei por respeito.

Alonzo olha para o meu prato de bagre frito e macarrão com queijo gratinado e balança a cabeça lentamente, enquanto sua esposa, Emma, me diz que preciso comer alguns legumes. Começo a mentir e digo que já comi os legumes, mas parece que até essa tentativa seria um desserviço para todo mundo na mesa, inclusive eu mesmo. Margaret me conta que eles frequentam esse lugar há anos. Entre divórcios, mortes, novos empregos, novos casamentos, filhos saindo de casa, aposentadorias, tudo isso. *É bom conhecer um lugar que sempre vai te receber*, ela disse.

Alonzo está usando um boné Obama/Biden – um dos originais, da primeira campanha. Mary tem uma daquelas camisetas desbotadas de brechó que coloca o ex-presidente Obama próximo a outros líderes dos movimentos por direitos civis, Malcom X, Martin Luther King Jr., Rosa Parks. Tenho uma simpatia por essa camiseta porque ela me lembra dos camelôs do meu antigo bairro que costumavam vendê-las, oferecendo-as do lado de fora das biroscas de frango frito ou de barbearias, ou em qualquer lugar onde pudessem encontrar um cliente interessado. Do lado de fora da minha antiga barbearia, o cara que vendia camisetas só aceitava dinheiro e alegava nunca ter troco, um esquema impecável de camelô que eu admirava.

Conto para a mesa que estou ali para cobrir a apresentação de um artista de rap na cidade, e nossa conversa facilmente flui para um papo sobre a antiga soul music, os antigos *bluesmen*. Eles falam dos bons tempos em que viam bandas por ingressos baratos em pequenos clubes numa parte da cidade onde não precisavam se preocupar com a possibilidade de ouvir gritos das pessoas que passavam nos carros. Reginald acha que o mundo está indo para o inferno. Esse presidente, ele me diz. Ele está levando todos nós para o inferno porque não presta atenção à história, ele diz. Alonzo aponta para o chapéu e diz que sente falta de Obama. Obama não nos deixaria nessa confusão, divididos e brigando infinitamente.

Se essa conversa estivesse acontecendo em algum outro lugar – atrás de uma tela onde eu não pudesse ver os rostos das pessoas que estão falando – eu poderia insistir, em voz alta, que não existe um presidente bom. Que esse país vem cambaleando em direção a novos infernos a cada ano que passa, e tudo o que está acontecendo agora é uma leve aceleração. Mas aqui, nessa mesa, eu concordo com a cabeça. Digo "Com certeza" quando Reginald aponta o garfo para mim e diz que a minha geração precisa ir lá votar.

Em novembro de 2008, eu estava no mato, bem literalmente. Eu trabalhava num colégio interno com um programa de vida ao ar livre, o que significa que eu passava cinco dias da semana ao ar livre, tirando os fins de semana de folga. Dormia numa casinha feita de troncos de árvores que tive que cortar e extrair a casca. Raramente conto dessa época da minha vida para as pessoas porque ela não parece real, nem para mim. Quando conto as histórias de lá em voz alta, preciso me esforçar para não rir. A equipe não deveria ter telefones celulares consigo durante o trabalho. Deveríamos guardá-los quando chegávamos na segunda e só pegá-los de volta quando saíamos na sexta. Na semana da eleição presidencial, eu maloquei meu telefone e o levei comigo para o campo. Eu sabia que podia entrar no Facebook e ler os resultados quando chegasse a hora, e assim o fiz. Debaixo das cobertas, para que a luz do meu telefone fosse abafada de alguma maneira. Quando vi que Obama ganhou, fiz uma pequena e silenciosa comemoração. Mandei mensagem para os meus amigos em Ohio e mandei mensagens para as pessoas negras que cresceram comigo. Eu festejei *tudo o que aquilo representava*.

Em 2019, naquela mesa em Memphis, eu não consegui mais destravar aquela parte de mim, mas ainda quero honrá-la. Sou grato por estar cercado por esse otimismo vindo dessas pessoas. Pessoas que provavelmente viram coisas piores do que eu jamais vi a minha vida inteira, mas definitivamente viram mais do que eu. Convencidas de que basta uma pessoa boa para que o país se levante das profundezas e apague todos os incêndios.

O monumento a Josephine Baker nunca poderá ser
grande o suficiente

UM PAÍS é algo que te acontece. A história é uma série de roubos ou migrações ou fugas e novos corpos são adicionados à linhagem ao longo do caminho. Alguém encontra um lugar onde acha que deve estar e então para de se deslocar. Se o primeiro emprego para o qual meu pai fez entrevista no início dos anos 1980 tivesse dado certo, eu teria nascido em Providence, Rhode Island, em vez de Columbus, Ohio, onde havia mais vagas de emprego na época. Uma cidade enfeitada com o nome de um colonizador violento, a estátua dele instalada no centro da cidade, a história dele um acontecimento em si. Eu nunca pedi para estar neste país. Mas o que nos acontece nos primeiros momentos de nossas vidas pode estar além de qualquer pedido. Penso agora na história de meus amigos sentados diante de sua filha única de três anos contando a ela que em breve ela seria a irmã mais velha de uma nova criança, mais nova – a apresentação de alguém com quem ela teria que dividir as atenções. A menina ouviu essa informação, ficou sentada quieta por uns instantes e então simplesmente respondeu "não quero, obrigada".

E por falar em juventude, a maioria das vezes em que me disseram para voltar para o lugar de onde eu vim foi nessa fase. Nem sempre isso era dito com o que, na época, me parecia um preconceito maldoso. Geralmente era algo que surgia nas sessões de provocação mútua no ônibus escolar, quando tudo mais falhava e eu tinha conseguido encadear uma sequência de insultos que funcionava. Brincar de provocar é uma arte, como tocar uma música ou escrever um poema. Muita coisa depende de conhecer o ritmo e o tom. Fazer uma piada que tem múltiplos sentidos ou acompanhada de uma descrição física. Eu não vou só te dizer com quem ou com o que você se parece, também vou encarnar o quem ou o quê, até que a galera reunida esteja rindo tão alto que pouco importa o que vai ser dito na sequência. Mas a estratégia de saída, quando as pessoas tinham ouvido o bastante das minhas besteiras, era responder com algum insulto genérico ou pouco criativo sobre eu voltar para o lugar de onde vim, às vezes indicando algum local vasto sem especificidade, geralmente a África.

Embora eu não me sentisse envergonhado ou mesmo magoado, frequentemente ficava perplexo com a eficácia dessa resposta. Ela punha fim à troca de piadas; era vista como engraçada demais para ser superada, ou exagerada demais, ou pessoal demais. Conforme fiquei mais velho e passei a brincar menos de provocar, o insulto foi usado em situações mais raras, mas com bem mais velocidade. Durante a minha breve experiência trabalhando com cobranças, eu me apresentava no início da ligação. Às vezes o telefonema ficava hostil e irracional, tão irracional quanto o trabalho de exigir dinheiro de alguém que não tem para que essa pessoa pague uma empresa que não precisa daquele dinheiro. E então me diziam para voltar para o lugar de onde vim.

Aqui, sem estar presente diante da pessoa, ainda se presumia que eu não era do país que me aconteceu. Que eu tinha que ser devolvido a algum lugar. O lugar onde meu nome recebeu seu conjunto incomum de sons e caracteres. Há muitas formas de estar em um lugar e há muitas formas de desaparecer na arquitetura e na paisagem, até que você extraia a frustração disso.

Há ruas com nomes de pessoas negras em praticamente todas as cidades dos Estados Unidos. Na maioria das vezes, essas pessoas negras estão mortas. Às vezes as ruas que carregam os nomes de pessoas de pessoas negras mortas não têm muitas pessoas negras vivas nelas. E é verdade, geralmente o nome de Martin Luther King Jr. está pintado numa placa verde numa cidade distante de onde ele viveu e longe de onde ele foi assassinado. Em St. Louis, Missouri, a avenida Martin Luther King Jr. se estende por doze quilômetros cortando a cidade. Ali pelo meio do longo trajeto da avenida MLK há uma rua lateral com alguns quarteirões de extensão: o boulevard Josephine Baker, batizado em 1989. Não é uma rua longa, mas é uma rua.

Em 6 de maio de 1906, uma mulher negra chamada Carrie McDonald foi admitida num hospital só para brancos em St. Louis e lhe informaram que estava grávida. Ela ficou no hospital por seis semanas e saiu de lá em 17 de junho com uma bebê chamada Freda Josephine McDonald, que o mundo viria a conhecer como Josephine Baker. Pouco se sabe sobre o pai de Baker, exceto que as pessoas presumiam que ele era branco, uma vez que McDonald trabalhou para uma família branca nos meses anteriores ao nascimento de Baker e a mãe pôde ficar num hospital branco durante a gravidez.

Josephine Baker nasceu numa região de St. Louis cheia de cinemas que também serviam como casa de vaudeville. Carrie McDonald tinha um número de dança que fazia com o baterista de vaudeville Eddie Carson, onde quer que eles conseguissem se apresentar. Os dois começaram a trazer Josephine para o palco quando ela tinha apenas um ano, incluindo a menina como parte do fim da apresentação. Na adolescência, Baker abandonou a escola e rompeu com a mãe, que não queria que a filha seguisse a vida de artista. Baker começou a trabalhar como garçonete por qualquer dinheiro que conseguisse e dormia em abrigos feitos de caixas de papelão, remexendo o lixo em busca de comida.

Ela também conseguia se sustentar minimamente dançando nas esquinas, o que a levou a ser recrutada para se apresentar no show de vaudeville *St. Louis Chorus*, uma trupe itinerante que fez a peregrinação para Nova York quando a Renascença do Harlem começou a se desdobrar e a cidade abriu os braços curiosos e ansiosos para o talento negro. Baker se apresentou no Plantation Club e foi convocada para algumas apresentações como corista na Broadway, nas quais era sempre a última dançarina na fila. A piada dela era agir como boba, como se não se lembrasse dos passos que deveria fazer, até que o grupo voltasse para o bis, no qual ela dançava com toda a sua habilidade, acrescentando estilo e complexidade aos movimentos. Caroline Dudley Reagan viu Baker pela primeira vez ali, chutando as pernas para o alto e balançando os quadris durante o bis de *The Chocolate Dandies*.

Dizem que toda vez que Josephine Baker estava no palco, não havia mais ninguém no palco. Todos os outros corpos se fundiam no fundo indiferenciado criado pelos seus rodopios furiosos ou pelo flerte astuto que ela mantinha com a plateia. É possível ensinar a dançar, é claro. Mas é impossível ensinar a habilidade natural de calcular as muitas formas como se pode fazer uma plateia prestar atenção em você, boquiaberta e emudecida.

———

É verdade que Josephine Baker foi embora dos EUA, mas isso se deu junto com uma série de outras partidas.

O coro dizendo às pessoas que voltem para o lugar de onde elas vieram não é algo novo, e pessoas negras querendo provar seu valor para um país que na melhor das hipóteses está incomodado com a sua presença também não são novidade. Na interseção dessas duas coisas, no início do século 20, aconteceu a guerra. Em abril de 1917, os EUA declararam guerra à Alemanha, o que levou à entrada do país na Primeira Guerra Mundial. Nos EUA, a segregação era onipresente. Até então considerados desprovidos de habilidade ou inteligência suficiente para acompanharem a imprevisibilidade e os rigores da guerra, as pessoas negras tinham sido rejeitadas rotineiramente pelo serviço militar. Com o imenso conflito da guerra mundial se alastrando, no entanto, o Congresso aprovou o Selective Service Act em maio de 1917, exigindo que todos os cidadãos do sexo masculino com idade entre vinte e um e trinta anos se alistassem para o serviço, independentemente da raça. Jovens negros se alistaram aos montes, pressupondo que, se demonstrassem disposição para lutar e morrer pelo seu país, o país poderia retribuir o seu amor.

Os EUA prestaram atenção ao entusiasmo dos homens negros para servir e então levaram isso para além da empolgação. Se alguns deles estavam dispostos a servir, ao que parecia, era natural que todos estivessem. Homens negros eram convocados em taxas bem mais altas do que os concidadãos brancos. Setores de alistamento que antes rejeitavam homens negros agora os admitiam às dúzias, tentando conseguir o máximo possível. Na Georgia, a diretoria de dispensa de um condado liberou por incapacidade física 44% dos homens brancos que se alistaram e dispensou apenas 3% dos negros com base nos mesmos critérios. Homens negros proprietários de terras e provedores de famílias eram convocados mais cedo do que trabalhadores brancos solteiros. O exército era particularmente progressista na época, permitindo que soldados negros servissem em diversas funções. Uma das muitas questões que se depreendem do esforço de guerra é a questão do respeito. Quando os soldados estão dispostos a lutar pela ideia de respeito – tanto no estrangeiro quanto em casa – isso pode ser explorado por um país que anseia por se manter poderoso.

Mais de 300 mil soldados negros serviram em alguma unidade na Primeira Guerra Mundial – mas os braços das Forças Armadas geralmente não sabiam o que fazer com aqueles corpos depois de convocá-los. Os soldados negros se tornaram um problema para os militares resolverem. Eles poderiam lutar ao lado de soldados brancos? Poderiam liderar? Eram de confiança? Os soldados negros geralmente eram separados de seus camaradas brancos em nome do que alguns chamariam de "tranquilidade racial", o que resultou em umas poucas divisões de combate formadas só por negros. No entanto, a maioria dos outros soldados negros foi simplesmente relegada a trabalhos braçais e funções que os isolavam: coveiros, cozinheiros, mecânicos. Colocados em lugares onde podiam desempenhar um papel na manutenção do andamento da guerra, mas ainda assim fora do caminho, quase invisíveis fora das paisagens trepidantes e barulhentas da guerra.

As divisões de combate formadas só por soldados negros eram a 92ª, a 93ª e a 369ª infantarias – a última se apelidou de Harlem Hellfighters. Essas divisões foram enviadas para lutar principalmente na França, junto dos soldados franceses. A ideia era que os franceses seriam mais tolerantes e abertos a lutarem ao lado de negros, em parte porque estavam desesperados por ajuda para conter os esmagadores ataques alemães nas profundezas das florestas francesas. Os soldados negros lutaram bravamente e receberam elogios e a profunda gratidão da nação francesa.

Como sugerem os filmes, às vezes uma coisinha de nada, um pequeno equívoco – como a morte de uma borboleta – altera a eternidade do mundo. Outras vezes, entretanto, há várias partes diferentes que se movimentam juntas para formar um momento. O jazz não chegou simplesmente em Paris, embora a cidade o tenha abraçado com entusiasmo, usando o som e os improvisos do jazz com classe, como se ele tivesse nascido lá. Mas o primeiro passo foi um país ávido pela guerra e sem opções em relação às pessoas que iam para a linha de frente. Então houve a convocação de qualquer um que fosse negro e bem disposto, e depois a de qualquer um que fosse negro e pronto. Enfim, com a questão do que fazer com o grupo de homens negros que pareciam realmente aptos a lutar naquela guerra, houve o posicionamento daqueles soldados num lugar que os EUA consideraram menos ofensivo para eles, com riscos baixos o suficiente para que sobrevivessem.

No auge da Primeira Guerra Mundial, em Paris, os soldados negros passavam parte do tempo de folga tocando instrumentos que levaram consigo. Principalmente violões e trompetes. Mesas se transformavam em baterias. Com o tempo, grupos casuais se formaram entre os soldados, grupos que sairiam pelas casas de shows parisienses para tocar blues, jazz e ragtime. O jazz tinha começado a alcançar grande popularidade nos EUA, mas ainda não tinha estourado em Paris. Quando os parisienses sentiram o gostinho daquela música, ela continuou tocando muito além da guerra. Mesmo depois de muitos soldados negros terem voltado para casa nos EUA, de volta a um país onde não eram heróis como eram na França. De volta a um país onde rapidamente foram lembrados de que estar disposto a derramar sangue por um país não significa que o povo daquele país vai requisitar ou desejar a sua presença fora desse contexto.

Ainda assim, o impacto da breve irrupção de criatividade negra em Paris fez soar novos acordes. Paris ficou obcecada com a cultura artística negra estadunidense, ao mesmo tempo em que a Renascença do Harlem começou a se espalhar pelos Estados Unidos. Os parisienses estavam imitando a cultura negra estadunidense, mas também, depois da Primeira Guerra Mundial, a notícia de que Paris era um lugar no qual pessoas negras eram bem tratadas circulou pelos EUA. Como os soldados negros que lutaram em Paris eram considerados heróis, a cidade também reverenciou os artistas negros visitantes. Músicos negros de jazz que não podiam tocar em todos os lugares dos EUA viajavam a Paris para fazer séries de shows. Muitos não ficaram por lá, apesar de tudo, o que significa que o que restou para Paris era simplesmente espelhar as experiências que esses artistas proporcionavam à cidade. Paris estava madura e ávida pela vinda de artistas negros que viessem e se comprometessem com o pequeno florescimento artístico. Alguém que pudesse, talvez, deixar a própria marca naquilo que a cidade tentava oferecer.

Foi então que Josephine Baker, com apenas dezenove anos, chegou de navio.

Sempre me pergunto como alguém passa a amar um país. Dependendo de quem você é, de qual é o seu contexto, de que trauma(s) você herdou, parece muito complicado desvendar. Não foi complicado para mim performar por um tempo, quando me convenci na adolescência e nos meus vinte e poucos anos que a minha performance de amor por um país se desdobraria em algum tipo de segurança para mim e para as pessoas mais próximas. Eu também sabia naquela época, como eu sei agora, que ir embora parecia imensamente impraticável. Esse é um dos maiores enganos de todos. Um lugar o sobrecarrega e, então, no momento em que você percebe que sair é uma possibilidade, as opções de saída podem parecer distantes ou insuperáveis. Eu amo Columbus, Ohio, e faço uma careta quando pronuncio seu nome em voz alta. Quando as pessoas visitam a cidade, peço desculpas pela imensa estátua de bronze que se eleva massiva em direção às nuvens, como se eu a tivesse colocado ali. Eu amo Columbus, Ohio, e digo isso compreendendo que o amor se fixaria a qualquer lugar que eu não deixei, ou onde fiquei por tempo suficiente para construir um santuário de memórias. Dessa forma, o amor parece mais uma questão de circunstância do que uma questão de política, ou ao menos é o que digo para mim.

Invejo Josephine Baker, que deixou os EUA antes que eles pudessem convencê-la a se apaixonar por eles. *La Revue Nègre* – ou a *Revista Negra* – tinha dominado Paris em meados dos anos 1920. A fascinação da cidade com o jazz e com a cultura negra tinha culminado nesse show, criado e centrado no famoso teatro Folies Bergère, no coração da cidade. O show começou em 1925, quando o diretor artístico do teatro Champs-Élysées, André Daven, começou a considerar uma rota para um show mais duradouro, com temporadas mais longas. Um que pudesse lucrar com a obsessão de Paris com a cultura negra ao trazer verdadeiros artistas negros para a cidade. Um show inteiro estrelado por pessoas negras, diferente de algumas das interpretações não genuínas feitas pelos artistas brancos dali. Daven entrou em contato com a socialite estadunidense Caroline Dudley Reagan, que foi para Nova York em busca de talentos negros e voltou a Paris com vinte artistas: doze músicos, sete cantores e uma única artista capaz de cantar, dançar e entreter. Uma cantora e dançarina com um sorriso tão amplo e magnético quanto sua personalidade.

A primeira foto de que me lembro é aquela com a saia de bananas, que encontrei em algum livro do ensino fundamental, que rapidamente foi tirado de mim por algum professor. Nos breves filmes que existem da performance original de Josephine Baker com essa saia, as tomadas tortas e granulados se abrem para uma suposta paisagem na selva. Uma árvore falsa com um tronco grosso e bifurcado é colocada em cima do palco e plantas falsas brotam do chão. Uma percussão agitada e agourenta ressoa dos alto-falantes do teatro, em sincronia com os tambores batidos por homens negros sem camisa; enquanto isso, Josephine Baker emerge do chão do teatro, os quadris enfeitados por duas fileiras de bananas.

As bananas nas saias são cravejadas, embora seja difícil dizer como e com o quê; só se pode dizer que existem pequenos círculos em cada uma, refletindo a luz. Durante a dança, mal se podem ver as bananas. Nos vídeos, a filmagem é manipulada para que a velocidade seja ligeiramente aumentada, então parece que os quadris de Baker se movem a uma velocidade ainda mais impossível do que o ritmo normal. As bananas se tornam secundárias para um corpo com a tarefa de carregá-las enquanto Baker balança os braços e arregala os olhos envesgando-os por um instante, antes de envergar as costas, se curvar e fazer alguns passos de Charleston.

Não é difícil manipular a imaginação dos homens, com tantos de nós fazendo metade do trabalho por nossa conta antes que alguém chegue com a intenção da manipulação em mente. Manipular a imaginação daqueles homens, daquela cidade, naquela época, era uma empreitada singular. Lembre-se: Paris estava saturada de ideias sobre a arte negra e as mentes negras, mas não havia muitas pessoas negras de verdade. Por mais liberal que a cidade fosse, ainda havia aqueles que pensavam que as pessoas negras eram, por natureza, seres primitivos. Assistir às primeiras performances de Josephine Baker na *La Rèvue Negre* era ver alguém pegar um estereótipo absurdo e torná-lo tão mais absurdo que ele acabava dando a volta e se transformando em desejo. Os homens riam até que se viam sufocados, pensando em tudo o que eles queriam, mas não podiam ter. As pessoas que pensam que não podem ser manipuladas são aquelas de quem os verdadeiros artistas estão atrás.

Como Josephine Baker era uma mulher, e porque era uma mulher que cativava e controlava as imaginações dos homens, e porque isso significava que ela era poderosa, muito da conversa em torno da carreira e da existência dela gira em torno de seus relacionamentos, ou de sua sexualidade, ou sobre o que seu corpo era ou não capaz de fazer. É uma tolice quando escritores, ou pessoas curiosas que detêm informações, insistem publicamente que gostariam que mais pessoas estivessem falando sobre um tema e então continuam a impedir os veículos de começar aquela conversa. E então eu trouxe você até aqui, além da história e das imagens de uma Josephine Baker rodopiante em preto e branco granulado, para falar de outra coisa. Do tempo durante a Segunda Guerra Mundial em que Josephine Baker – num período bom de sua carreira e de sua vida em Paris – atuou como espiã.

Essa parte da história dela às vezes é tratada como uma nota de rodapé, o que é quase justo. Baker teve uma grande carreira desenvolvida diante de diversos cenários. Era tão talentosa e interessante fora do palco como em cima dele. Quando atingiu uma plataforma ampla o bastante, usou-a para chamar a atenção para as melhores condições de seu novo lar e criticar as políticas dos EUA, seu antigo lar.

Muito dessa história gira em torno da guerra, o grande empreendimento de um império. Josephine Baker se viu desembarcando como uma artista em Paris, em parte, por causa de uma guerra. Então, quando conseguiu bastante reconhecimento na Europa, mais do que o suficiente, ela decidiu participar de uma outra guerra. Não tenho interesse em julgar a moralidade dessa participação de Josephine Baker, mas acho fascinante a disposição dela de se colocar em risco por um país, especialmente porque esse não era o país onde ela nasceu, o país que lhe fora atribuído sem que ela pudesse emitir sua opinião. Era, contudo, o país de seu renascimento. O país onde ela criou a versão de si mesma que lhe parecia a mais fiel ao que ela desejava ser. Eu penso que isso fala de um tipo de afeto muito direto.

Por volta de 1937, Baker tinha se casado com Jean Lion, um industrial francês. O casamento significava que Baker tinha renunciado oficialmente à sua cidadania americana, depois de mais de uma década vivendo em Paris. Seus shows ainda faziam um tremendo sucesso na cidade, mas tinham sido proibidos em diversos locais da Europa, dificultando que ela saísse em turnê. Seus trajes e sua dança eram vistos como ameaças à moralidade na maioria das repúblicas. Quando ela tentou se apresentar em Viena, por exemplo, as igrejas badalaram os sinos durante o show, um sinal para o público de que eles estavam cometendo um pecado ao assistir Baker.

Por causa de seu novo amor e de sua relutância em sair em turnê, Baker acabou ficando ainda mais ilhada em Paris. Por volta de 1939, quando a Segunda Guerra Mundial foi declarada, Paris começou a se encher de refugiados vindos da Alemanha. A cidade foi povoada rapidamente, lotada de pessoas novas, muitas delas sem ter um lugar para dormir ou onde conseguir refeições regulares. Baker saía do teatro todas as noites depois de se apresentar e ia para os abrigos de sem-teto na Rue du Chevaleret. Ela arrumava camas, banhava idosos refugiados e passava horas noite adentro consolando pessoas que deixaram suas casas para se aventurarem num lugar desconhecido que parecia mais seguro do que o conhecido.

Mais para o fim de 1939, um pouco antes dos nazistas invadirem Paris, Baker recebeu em sua casa a visita de Jacques Abtey, um capitão no Deuxième Bureau, a agência de inteligência francesa. Baker tinha se tornado umas das figuras públicas mais notáveis em Paris e tinha se oferecido para trabalhar na Resistência Francesa de qualquer maneira possível. Houve relutância em recrutar Baker como espiã, uma vez que só tinham se passado vinte e dois anos desde a execução da dançarina alemã Mata Hari, convencida a trabalhar como agente dupla para Alemanha e a França na Primeira Guerra Mundial, algo que causou a morte de pelo menos cinquenta mil soldados.

Ainda assim, na escuridão da sala de estar de seu casarão, Josephine Baker disse ao capitão Abtey que ela estava à disposição para o que ele desejasse. Com a mão no coração, disse a ele que ela tinha se tornado uma filha querida para os parisienses. Estava pronta a dar a vida pelo povo que tinha lhe dado tanto na vida.

Contam-se muitas histórias sobre os tempos de Baker na Resistência Francesa. Uma é que ela integrou um grupo de guerrilheiros chamado Maquis. Dizem que o grupo levou Baker para o subterrâneo e lhe ensinou a atirar nos esgotos de Paris, até que ela ficou tão boa atrás da mira de um rifle que conseguia apagar uma vela a vinte metros de distância. Mas o que é mais sabido e aceito é que a função de Baker como espiã era bem parecida com o seu papel no palco: ela era capaz de seduzir e manipular as mentes de homens ansiosos para serem manipulados. Ela conseguia convencer facilmente os poderosos a lhe fazer revelações, em parte porque eles não a viam como alguém inteligente o bastante para fazer nada além de entreter. Generais e diplomatas mostravam a ela informações confidenciais ou sussurravam planos nos ouvidos dela durante as festas.

Abtey, que alistou Baker como agente secreta, lhe deu tinta invisível. Ela rabiscava informações em partituras ou pedaços de papel, fingindo se preparar para a próxima apresentação. Então, prendia esses papéis em sua lingerie para levar a informação ao cruzar as fronteiras, sob o pretexto de viajar em turnê. Quando Abtey alertava, repetidas vezes, de que essas atividades estavam pondo a vida dela em risco, ela dava risada, jogava a cabeça para trás e exclamava: "Quem ousaria revistar as roupas de baixo de Josephine Baker?". E é claro que isso era verdade. Nas patrulhas de fronteira, ela recebia pedidos de autógrafos.

Quando os nazistas invadiram Paris, Baker escondeu integrantes da Resistência Francesa no porão de sua casa, um castelo no Rio Dordogne. Os nazistas apareceram para fazer uma busca na casa, mas Baker se postou diante deles, mais charmosa e coquete do que nunca. No momento em que ela tinha acabado de entretê-los, eles tinham esquecido de procurar pelo porão e saíram do castelo tropeçando sob o feitiço dela, sem descobrir nada.

Uma vez que Baker tinha se convertido ao judaísmo para se casar com Lion, ela sentiu um nível de ansiedade ainda mais alto em sua presença numa Paris dominada pelos nazistas, pois era uma negra judia. Em 1941, alegando doença, ela se mudou para as colônias francesas no Norte da África. Ela estava se recuperando de uma pneumonia, é verdade, mas também precisava estabelecer uma base mais segura para continuar ajudando a Resistência Francesa. Ela se escondeu no Marrocos, fazendo turnês pela Espanha, nas quais continuou obtendo informações e passando-as adiante para os agentes da Resistência. Quando viajava para fazer show, se apresentava para soldados britânicos, franceses e americanos. Nenhum civil era admitido nesses shows e nenhum ingresso era cobrado.

A Josephine Baker em quem eu mais penso é a que serviu a um país que nem era o seu durante uma guerra. Um país que descobriu que precisava dela por causa de uma guerra anterior, quando se apaixonou por todas as coisas negras. Nem todo mundo é capaz de se dispor a dar sua vida por um país. A menos, é claro que, esse lugar tenha tratado você de um jeito de que a sua terra natal nem sequer chegou perto.

■

Em 3 de fevereiro de 1952, Josephine Baker viajou para St. Louis para se apresentar no Kiel Auditorium. Tinha voltado para a cidade onde nasceu poucas vezes desde 1919 e não tinha se apresentado lá, pois se recusava a subir no palco diante de plateias segregadas. No entanto, ela concordou em se apresentar em St. Louis porque era por uma causa importante: um comitê local de protesto estava levantando dinheiro para combater a segregação nas escolas. Em Paris, Baker tinha se aplicado em ser útil além do que era capaz de proporcionar ao público. Mas nos EUA, ela ainda era negra e ainda era artista, e há limites para o que as pessoas se permitem suportar. Naquele momento de sua carreira, ainda que o trabalho em Paris estivesse rareando, ela ainda era poderosa o suficiente para atrair público nos EUA e exigir como seria a aparência desse público. Por isso, a multidão do Kiel Auditorium em 1952 era integrada, e assistiram à Baker apresentar canções em francês e em inglês por duas horas, mudando seus elaborados figurinos como sempre e ainda enfeitiçando uma plateia como fazia no auge de sua forma.

Muito da cobertura na época se concentrou na performance e nada mais. No fim do show, no entanto, Baker fez um longo discurso, manifestando orgulho por sua cidade natal mas, ao mesmo tempo, pedindo que as pessoas refletissem criticamente sobre sua cumplicidade com a segregação e o racismo. Ela falou do bem que fez ao coração ver pessoas negras e brancas aproveitando o show juntas, mas então rapidamente falou da necessidade de ter ido embora no passado:

É estranho, parece que foi ontem que fugi de casa, não porque vivia na pobreza ou morava na favela, pois nunca tive vergonha das condições na minha infância. Pelo contrário, sempre tive orgulho das minhas origens, porque elas me fizeram continuar humana, e dessa forma eu entendo meus irmãos companheiros no sofrimento. Amigos, por acaso nosso senhor Jesus Cristo não viveu na pobreza? Não foi assim? Então, eu acredito ser um grande privilégio ter sofrido na infância.

Eu fugi de casa. Eu fugi de St. Louis, e então fugi dos Estados Unidos, por causa do terror da discriminação, daquela besta horrível capaz de paralisar a alma e o corpo. Nesta plateia, aqueles que sentiram a discriminação sabem do que eu estou falando e aqueles que compreendem os seres humanos também sabem do que eu estou falando.

O ódio direcionado contra as pessoas de cor aqui em St. Louis sempre me provocou um sentimento de tristeza, porque desde que era uma garotinha, me lembro do horror dos ataques raciais em East St. Louis. Eu era muito pequena, mas o horror da coisa toda me impressionou de tal forma que até hoje, aos quarenta e cinco anos, eu ainda consigo me ver em pé na margem oeste do Mississipi olhando para East St. Louis e vendo o brilho dos lares negros em chamas iluminando o céu. Nós, crianças, ficamos juntas aconchegadas e perplexas, incapazes de compreender a loucura horrível da violência de grupo, mas lá estávamos nós, nos escondendo atrás das saias de adultas assustadas até a morte com os gritos das famílias negras correndo por aquela ponte com nada além do que conseguiram carregar nas costas entre os seus pertences mundanos. Amigos, para mim, durante anos, St. Louis representou uma cidade de medo... humilhação... sofrimento e terror... uma cidade onde aos olhos do homem branco o negro deveria saber o seu lugar e era melhor que ficasse nele.

Penso com frequência nessa performance em St. Louis. Aquela sobre a qual ninguém escreve porque não é tão picante quanto uma saia de bananas. Penso sobre isso porque é o melhor exemplo de como retornar a um lugar que formou você, quer você quisesse ter sido formado por esse lugar ou não. Lá estava ela, Josephine Baker, de volta à cidade à qual ela sempre estaria ligada porque era a cidade onde ela nasceu. A cidade onde alguém parou de se mexer por tempo suficiente para criar raízes. Ali estava ela, reluzindo de orgulho, mas também orgulhosa demais para deixar passar a oportunidade de colocar o povo daquela cidade em seu lugar.

Olhar um lugar familiar nos olhos e detalhar suas velhas máculas – isso também é um tipo de amor por um lugar. Um amor que não é casado com a permanência nem embrulhado na memória dos tempos do passado, como acontece com boa parte do meu amor tolo. Voltar ao lugar do mundo que lhe deu um foco e oferecer a ele novos olhos, ainda melhores.

―

Em Columbus, as mãos aparentemente infinitas do verão estão aparando os cabelos do outono, que já foram longos. O sol se mantém faminto setembro adentro, o que se tornou um acontecimento mais comum nos anos da minha vida adulta por aqui. Imagino que em breve o calor vai cair impiedoso sobre o mês de outubro também. Se não pensarmos na destruição sinalizada pela elevação das temperaturas, isso parece uma bem-vinda extensão da chamada "magia do verão" na nossa cidade – um tempo em que a cidade não está atulhada de estudantes da Ohio State. Mas, como troca, devido ao calor e à secura, as folhas só mudam de cor no fim de outubro e então caem no chão precipitadamente, quase acelerando sua morte.

Eu voltei para Columbus depois de ter ficado longe por quase três anos, morando em New Haven, Connecticut, por causa de um relacionamento. Quando o relacionamento acabou, eu realmente poderia morar em qualquer lugar. Estava trabalhando remotamente e pela primeira vez na vida eu tinha um dinheiro guardado na poupança. Ter nascido neste lugar se tornou inextricavelmente ligado à minha identidade, e então eu me forcei a amá-lo.

Conforme o calendário avançava em direção a outubro e meus dias ainda estavam encharcados de suor, os sinais começaram a aparecer nos elevados da via expressa. Grandes pedaços de tecido com mensagens pintadas com tinta preta em spray. Mensagens de longo alcance e muito abrangentes: ALGUÉM AMA VOCÊ pendurado numa passarela um pouco antes da saída que eu costumava pegar indo para a casa da minha namorada dos tempos do ensino médio nas noites em que os pais dela estavam fora da cidade. VOCÊ É O BASTANTE flutuando entre rajadas de vento intenso em outra passarela, aquela antes da saída que joga você naquela parte da zona leste que se transforma num subúrbio ilhado onde as pessoas negras do meu bairro não podiam passear confortavelmente embora morassem a apenas alguns quarteirões dali em qualquer direção. Caminho com minha cachorra na avenida perto do nosso apartamento, que separa o centro da cidade das ruas de construções de tijolos da Vila Alemã. Nós caminhamos apenas alguns passos, mas ela está com a língua de fora e arfando com força e fazendo careta por causa do sol. O cartaz preso nas cercas diz se SE VOCÊ ESTÁ PASSANDO PELO INFERNO, SIGA EM FRENTE.

Eu nunca entendi para quem eram essas faixas. Eu não me sinto como o "você" a quem elas são endereçadas, o que pode ser uma falha da minha imaginação. Em vez disso, comecei a imaginar que as mensagens são direcionadas à própria cidade. A cidade que se parte e se reconstrói muitas vezes às custas do povo pobre e marginalizado. Às custas dos lares deles, dos confortos deles, das histórias deles. VOCÊ É O BASTANTE pendurado em uma via expressa a menos de 1,5 km de onde a cidade decidiu que um estádio não era o suficiente para ser a sede de um time de futebol e decidiu que mais um deveria ser construído, em outro lugar, numa nova terra.

E é claro que é digno de nota que minha mera presença nessa cidade – mesmo nas partes que eu amo há muito tempo – é um ato de repintura. A gentrificação é sem dúvida um pecado que traz consequências muito tangíveis. Eu não amo observar a forma como a cidade muda de acordo com os caprichos dos ricos e poderosos. Mas a lojinha de conveniência da qual sinto saudade nem sempre foi uma loja. As quadras de basquete onde aprendi a arremessar foram construídas em cima de uma terra que ganhou outra aparência quando as obras terminaram. Muito da nossa vida é um ato de pintar por cima de uma existência anterior à nossa, e minha compreensão disso não ameniza a dor que sinto com a falta de familiaridade com espaços que antes frequentei.

Talvez eu inveje Josephine Baker, porque ela não teve medo de ir embora. Ela não precisava de uma cidade ou de um país. Se tornou maior e mais desejável do que qualquer lugar onde ela nasceu ou viveu. É verdade que amar um lugar é tão complicado quanto qualquer outro relacionamento, romântico ou platônico. Talvez até mais. Os defeitos de uma cidade podem ser infinitos e refletirem os defeitos infinitos do povo que a habita. Relacionar a identidade ao amor por um lugar onde você não pediu para estar, um lugar que não foi e nunca será "seu", é uma tolice, mas é algo que eu fiz. Porque ah, como eu adoro conhecer todos os cantos de um lugar. Ah, como gosto de conhecer a história de um edifício, um parque ou um estacionamento de igreja. Uma história que só um punhado de pessoas conhece. Como eu amo ouvir aquelas histórias de outras pessoas, de seus outros recantos dessa cidade exaustiva e decomposta.

Há uma faixa dos viadutos que não durou. Uma que ficava numa pista em direção ao norte. Ela dizia VIDAS NEGRAS IMPORTAM. Foi cortada e rasgada mais ou menos uma semana depois de ter sido colocada. Na maioria das reportagens sobre as faixas, isso nunca foi mencionado. Todas as pessoas queriam falar sobre as mensagens de afirmação que estavam pipocando pela cidade. Como elas revitalizaram e reenergizaram o trajeto para os moradores. Mais uma vez sou sufocado pelo amor que infligi a mim mesmo, e tenho medo de que seja tarde demais para me desapegar.

Um trecho de um quarteirão do Boulevard Josephine Baker foi demolido em 2008. Na época, a justificativa era criar mais espaço para a Universidade de St. Louis. O longo braço da gentrificação conhece pouca resistência. Pessoas brancas em Columbus caminham por áreas que antes abrigavam pessoas que foram deslocadas em favor de um passeio interminável de butiques em edifícios de tijolos. Elas lamentam o fato de que novas pessoas estão se mudando para a cidade, insistindo em que a cidade será arruinada. É fácil construir novas fronteiras quando você faz parte de uma das populações menos ameaçadas por elas, ou pelo acesso que elas recusam. Josephine Baker perdeu um quarteirão e eu sou lembrado de que, assim como existem muitas maneiras de pertencer a um lugar, existem muitas formas de ser lentamente apagado dele. De um jeito ou de outro, desligado do chão onde antes você dançava.

É certo dizer que perdi muito no jogo

EM ALGUM lugar na estrada entre Oxford, Mississippi, e Tuscaloosa, Alabama, meu mano Jerriod olha para as cartas abertas em sua mão. Para alguém que jogou *spades* muitas vezes e perdeu muitas partidas, é sabido que se deve prestar atenção ao momento logo depois que o oponente pega as cartas e as confere. Algumas pessoas se sentam com o rosto imóvel, encarando sua mão e balançando a cabeça lentamente, como se pudesse ser qualquer coisa. Outras fazem grandes gestos relacionados ao que eles não têm e como os próximos poucos minutos do jogo de cartas serão ruins. Quanto mais dramático, maior o potencial para a mentira. A pessoa que joga o braço por cima dos olhos ou que seca um suor falso da testa enquanto exclama para o parceiro: "Não sei o que vamos fazer com esta mão aqui. Vou precisar que você me carregue."

Nós estamos num grupo de doze poetas e colegas, participando de uma residência de uma semana que exige de nós um envolvimento com o Sul dos EUA. Muitos de nós têm origens aqui, mas o relacionamento é menos visceral agora, uma vez que a maioria se espalhou pelo país durante a vida adulta. Os dias da viagem envolvem longas caminhadas calorentas ao longo de caminhos margeados por galhos de árvores tombando sob o peso da própria exaustão. Nos sentamos nas varandas de casas antigas e fazemos careta para monumentos de guerra. As noites envolvem leituras de nosso trabalho para as comunidades onde paramos e participar de painéis de discussão entre nós. Em meio a isso, fazemos piadas, trocamos histórias, debatemos sobre música e, é claro, fazemos ameaças sobre como somos perigosos com uma mão cheia de cartas.

Durante esse jogo de *spades* em particular, nós estamos em uma van branca que passa em alta velocidade pelos diversos tons das paisagens secas do Sul, e meu parceiro é Nate. Nate é de Chicago e provavelmente joga *spades* melhor do que eu, embora nunca valha a pena dizer isso em voz alta. E certamente não vale a pena ser dito agora, enquanto estamos descambando em direção a uma derrota certa. Nate e eu somos jogadores com estilos muito diferentes: ele, geralmente operando no limite dos riscos que parecem improváveis de compensar até o último momento. E eu, calculado, levando em consideração cada carta e me torturando sobre o número exato de mãos a esperar antes de fazer uma aposta segura. Por causa disso, Nate e eu geralmente somos adversários neste jogo e jogamos em equipes opostas na maioria das partidas. Mas hoje, numa reviravolta, acabamos como parceiros. Numa van sem mesa, nós fizemos nossa própria superfície lisa. As cartas deslizam nos assentos de couro escorregadio e nós nos curvamos casualmente sobre os bancos para fazer nossos descartes. Estamos pairando nos espaços uns dos outros – perto demais e não perto o bastante.

Eu vejo meus amigos melhor quando consigo ver quem eles são durante uma partida de *spades*. Como, em seu jeito de jogar, eles se tornam as partes de suas personalidades que eu mais invejo. Nate, com seus instintos despreocupados sempre à mostra. Danez, jogadore que completa a partida, sentade no canto da última fileira de assentos, dispara as piadas rápidas que gosta de lançar nos momentos desinibidos. O tipo de piada que nos faz encostar nossas cartas no peito e parar para rir enquanto Danez continua levando a piada adiante.

As janelas dessa van velha mal abrem, então o suor começa a encharcar nossas roupas. Nate seca as gotículas que se acumulam em sua testa enquanto eu me viro para trás para pegar um pouco do ar denso, úmido, que entra pela pequena fresta da janela aberta. Mas o calor não significa nada quando a companhia é tão boa. Abrir essas janelas e deixar que o mundo lá fora retire uma camada de nossa glória vibrante, encharcada de riso, nos tornaria generosos demais ou tolos demais. Melhor deixá-la aqui onde nós podemos saboreá-las. Onde todas as porções dela transbordam e escorrem até os nossos pés, tanta riqueza que não sabemos o que fazer com ela. Que o algodão pelo qual passamos em alta velocidade continue sem ser colhido, se isso significa que os incumbidos da tarefa de colhê-lo possam continuar do lado de dentro, olhando para as cartas que receberam e fingindo que as mãos eram ruins.

E do que eu queria falar, antes que vocês tivessem presenciado com gosto essa efusão imprudente do meu coração, era do momento em que Jerriod, querido e quase sempre silencioso, olhou para o que tinha na mão. Uma das últimas rodadas do jogo, uma partida na qual ele não falou muito, mas se escondeu atrás de seu chapéu enterrado e sua barba sempre imaculada. Nos poucos segundos depois de analisar a minha mão e perceber que ela, mais uma vez, não tinha nada a oferecer, observei Jerriod espalhar suas cartas amplamente, o sorriso no rosto, tão largo quanto a abertura do leque de cartas. E no silêncio da van, sem dizer palavra, Jerriod pega o celular, aciona a câmera e tira uma foto das cartas diante dele. Depois de uma fração de segundo de confusão, ele dá de ombros e resmunga: "Essa mão é tão boa que se eu não tirasse uma foto, ninguém acreditaria."

E lá estávamos nós, rindo outra vez, batendo nos assentos de couro e escondendo o rosto atrás de mãos péssimas, cheias de cartas ruins, enquanto a van acelerava em direção aos braços abertos da fronteira do Alabama.

Ah, amigos – eu amo mais quem vocês são quando estão com as mãos cheias de cartas. Como o amor uns pelos outros pode ser ilimitado quando a guarda está baixa. Quando se começa a falar merda e as risadas fazem vibrar o peito dão permissão para mais, mais e mais, até que falar merda também se revela uma forma de romance. Qualquer um digno de ser vencido merece ouvir todas as formas pelas quais será derrotado. Eu lido com meus inimigos pelo silêncio e com meus amigos por meio de uma sinfonia de insultos ou piadas cujo corte é fundo o suficiente para que seja visível por um breve momento, mas não o bastante para deixar uma cicatriz. Queridos irmãos, mesmo levando uma surra ao fim do jogo, não há outro lugar onde eu prefira estar.

"Alegria" é uma palavra tão frágil para uma sensação tão boa. Em vez disso, estou falando do que pode ser conquistado em circunstâncias que de outro modo seriam desagradáveis, e pode ser reaproveitado em qualquer lugar onde se possa preparar uma superfície lisa. Eu quero um presente como esse a cada vez que entro num lugar que não conheço.

■

Como a história das pessoas negras nos EUA, o jogo de *spades* nasceu sob um conjunto de circunstâncias, mas ganhou vida em outras bem diferentes.

É difícil dizer quem foi o primeiro a apresentar o jogo ao mundo, mas, numa invenção da minha mente, gosto de pensar em pessoas que usavam chapéu enterrado e mastigavam vigorosamente algo que vinha da terra, embora isso provavelmente não seja verdade. Não há uma história real do jogo, mas ideias soltas em relação ao tempo e ao espaço. George Coffin, escritor e pesquisador de jogos de cartas, mapeou as origens de *spades* até Cincinnati, Ohio, onde teria surgido nos dormitórios de estudantes universitários no fim dos anos 1940. Esses estudantes tinham inventado o *whist*, um jogo de cartas que alcançou proeminência no século 19 e funcionava a partir de métodos e ideias simples: uma parceria com outro jogador, uma hierarquia de cartas e a capacidade de ganhar as rodadas com base nessa hierarquia. Coffin escreveu que esses universitários aperfeiçoaram algumas características menores do *whist* numa tentativa de tornar a partida mais rápida. O *whist* é um jogo rápido em teoria, mas nem sempre na prática. Há pequenos obstáculos no processo, como a regra que diz que os jogadores podem pedir para rever as cartas da última rodada para que possam se lembrar de quais cartas foram jogadas antes e quais cartas não foram. A ideia do *spades* era manter o fluxo do jogo, uma vez que os estudantes geralmente tinham tempo limitado para jogar. O sistema de aposta no *spades* é relativamente simples, embora os riscos sejam altos. A ação se desenrola com agilidade, o trabalho de prestar atenção fica inteiramente por conta dos jogadores. Se você vacilou, o vacilo está feito e há penalidades distribuídas para os vacilões.

Visto inicialmente como um jogo regional, jogado principalmente por pessoas jovens naquela época, o *spades* se tornou conhecido nacional e internacionalmente sob o guarda-chuva da guerra. Quando alguns daqueles jovens jogadores de *spades* de Ohio se tornaram soldados na Segunda Guerra Mundial, o jogo foi levado para os quartéis e campos de batalha. Muito do apelo geral do jogo tinha a ver com aquela situação: era rápido e divertido, baseado num tipo de estratégia tática que também serve a soldados em plena guerra. Mas, além disso, também era um jogo que poderia ser interrompido e retomado em um outro momento. Se algo acontecesse, os soldados podiam baixar as cartas e correr em direção ao que estavam sendo chamados, na esperança de poder voltar mais tarde para terminar a partida.

Num jogo de *spades* padrão, jogado com as 52 cartas de um baralho comum, o às de espadas é a carta mais valiosa. A que promete uma saída para você e seu parceiro. Se você tiver um às de espadas e mais nada, pode ficar confiante de que vai ganhar pelo menos uma rodada. Haverá alguma glória ao final, quaisquer que sejam as outras ervas daninhas que brotem na sua mão e por mais que inúmeros quatros e seis vermelhos floresçam do nada. Depois que as cartas são dadas numa partida de *spades*, poucos sentimentos se comparam ao de examinar um buquê de cartas comuns até que o às de espadas apareça. Assim, em algum momento da Segunda Guerra Mundial, os soldados do 506º Regimento de Infantaria de Paraquedistas da 101ª Divisão Aérea começaram a pintar a lateral de seus capacetes com o símbolo do naipe de espadas ou a prender as cartas nos capacetes para dar boa sorte. As cartas de baralho de modo geral começaram a desempenhar um papel de identificação durante a Segunda Guerra Mundial. Regimentos pintariam diferentes naipes em seus capacetes para diferenciar divisões aéreas durante o combate. Mas aqueles que se associavam ao às de espadas eram considerados sortudos. Destinados a sobreviver e ao menos conseguir voltar para a equipe que dependia deles.

Um outro lado disso foi revelado quase vinte anos depois, na Guerra do Vietnã. As tropas americanas acreditaram que os vietnamitas temiam o simbolismo das Espadas, que eles associavam o naipe à morte e ao azar. Então, o exército contratou a United States Playing Card Company para enviar-lhe caixas só de ases de espadas e nada mais, para que os soldados as espalhassem pela selva e as vilas do Vietnã antes e depois dos ataques. Os corpos dos vietnamitas mortos eram cobertos de ases de espadas. Territórios inteiros – campos devastados e queimados – eram repletos da carta.

O poder, como sempre, mal utilizado nas mãos erradas.

Talvez valha a pena mencionar que, dependendo de como você joga *spades* e de onde você vem, aquele asinho de espadas pode significar porra nenhuma. Na zona leste de Columbus, Ohio, o às pode ser a carta mais valiosa, mas alguns quarteirões ao norte o pessoal pode tirar os dois vermelhos do baralho e colocar os coringas no monte. Viajando numa outra direção, alguém pode jogar coringa-coringa-dois-às e então o que você vai fazer a não ser rezar para que realmente *não* pegue o às de espadas? Mas também se pode retirar totalmente os coringas e jogar com os dois como mais valiosos, sendo o dois de espadas a carta mais alta, e então os dois de ouros, paus e copas todos passam na frente do às, de modo que você pode muito bem tacar fogo nele quando o encontrar.

Alguns dizem que há tantos jeitos de jogar *spades* quanto há pessoas negras jogando. Tenho certeza de que isso não é verdade, mas não me sento numa mesa sem antes perguntar quais são as regras da casa. Em alguns lares, uma pessoa pode não se importar de você e seu parceiro trocarem sinais de um lado a outro da mesa. Mas em outras, uma tentativa mínima de conversa fiada na mesa e você recebe uma penalidade, duas rodadas ou mais, dependendo da gravidade da ofensa. Em 2016, em Atlanta, um pessoal mais velho não gostou das minhas tentativas sutis de passar metáforas veladas a minha parceira para dar umas pistas, então eles cobraram dois pontos da primeira vez e quatro da vez seguinte, até que minha parceira finalmente ergueu os braços no meio do jogo e se irritou: *Você não vai calar a boca?* – o que, estranhamente, nos custou mais dois pontos.

O único elemento fixo nas regras da casa é que não se questionam as regras na casa do outros. É algo que, com razão, se assemelha a questionar um mais velho ou um antepassado. Alguém que provavelmente não está lá presencialmente, mas que ensinou o jogo de uma forma muito específica e exigiu que ele fosse jogado daquele jeito. Então, o jogador de *spades* deve ser versátil e estar disposto a seguir as regras apresentadas, mesmo que elas pareçam absurdas, injustas ou completamente esquisitas. Se o jogo está sendo disputado numa localidade neutra, como um quarto de hotel ou o porão de um bar, na companhia de várias pessoas, as regras da casa são definidas por quem é do lugar onde se joga ou quem tem parentes mais próximos do lugar onde se está jogando. Não há um órgão dirigente que tenha determinado que seja assim, mas existe um código de honra entre os jogadores. Uma vez, na Virginia, alguém com quem eu estava jogando tentou provar que sua família vinha de Charlottesville só para poder definir que os dois valiam mais quando ninguém mais queria desse jeito.

No entanto, o que me parece mais típico da experiência estadunidense quando se trata de *spades* é como o valor de uma carta muda. Como os dois vermelhos podem ser dispensáveis ou inestimáveis, dependendo da cidade onde se está jogando. Como o ás de espadas pode ser um símbolo do poder definitivo ou uma fonte de ansiedade dependendo de quem o segura e dentro de quais fronteiras as pessoas estão. Gosto que um povo seja tudo, menos inflexível. Um povo que é capaz de abrir seus armários e dispensas quase vazias e ainda descobrir um jeito de comer por mais uma semana, ou um povo que pode decidir não trocar de registro e ainda assim conseguir um emprego. E por causa da natureza transitória dos primórdios, faz sentido que o jogo de *spades* tenha tantas variações sem origem definida. Os soldados voltaram da guerra e ensinaram o jogo a pessoas que o ensinaram a outras pessoas. Ao longo do tempo, ajustes foram feitos, novos desafios foram incluídos e agora existe um jogo de cartas no qual o valor de uma carta na sua mão muda loucamente dependendo de onde você se senta para jogar.

Talvez também seja válido mencionar que eu tinha dinheiro mais do que o suficiente no bolso em cidades onde ainda assim consegui ser tratado como invisível. No meio do Texas, onde a recepcionista do restaurante olhou nervosamente para algumas cabines vazias antes de olhar para o meu moletom detonado da estrada e minha camiseta velha de banda e disse que não tinha uma mesa apara mim naquele momento. Tudo estava reservado e eu teria que esperar por no mínimo duas horas, provavelmente mais. Em New Haven, Connecticut, morando lá há mais de um ano, eu voltava da minha corrida e encontrei o carteiro na porta do meu apartamento enquanto ele se preparava para colocar a correspondência na caixa. Quando eu falei para ele, "eu moro nesse apartamento, posso levar", ele olhou para mim incrédulo e insistiu que eu poderia pegar depois que ele fechasse a caixa. Quando insisti, ele fechou a porta da caixa do correio com um baque e a trancou. Não fico especialmente triste ou raivoso em relação a incidentes como esse, mas tenho pensado em como uma pessoa muda de valor dependendo de quem estiver olhando ou em qual cidade está olhando.

E é claro que eu amo um jogo de cartas no qual o valor de uma carta pode mudar dependendo das regras que um antepassado sussurrou para um outro. *Spades* não é um jogo distante o bastante na história para ter tantas variações fluídas, mas, ainda assim, aqui estamos nós. O que mais gosto de pensar é que alguém recebeu uma mão ruim muitas vezes e então mudou as regras para que elas se adequassem às cartas ruins que recebia. De repente, uma mão cheia de dois é um tipo de realeza. Eu jogo com o às como a carta mais valiosa porque por acaso venho de um lugar onde as pessoas não gostam de complicar as coisas boas desde que elas continuem boas. Ou sou de um lugar em que, se as pessoas têm sorte, elas conseguem viver uma vida alegremente ignorada sem estremecer os fundamentos dos outros. Quando me perguntam por que gosto tanto de ser do Meio-Oeste, tenho que dizer: Eu conheço a arquitetura do vento. Eu conheço a violência que ele traz e leva. Gosto de sobreviver do jeito mais simples possível. É delicioso definir as próprias regras e saber que qualquer um que entra na sua casa tem que se curvar a elas.

O argumento que ouço de tempos em tempos é que *spades* não é um jogo de habilidade, mas é, em grande parte, um jogo de sorte. Que assim como o pôquer, ele não depende inteiramente do que você tem, mas do que possa levar as pessoas a acreditarem no que você tem. Eu concordo com a cabeça diante dessa afirmação, mas também sei que a maior diferença é que no pôquer existe a opção de desistir se o que você tiver na mão não estiver de acordo com o seu nível de conforto. Com isso em mente, *spades* é um jogo que fica a meio caminho entre a habilidade e o blefe – a bravata de se colocar lá em cima ainda que você saiba que seu reino vai desmoronar a cada nova rodada.

Talvez eu não esteja entre os melhores jogadores de *spades* no mundo porque eu sou o caçula de quatro, o que (no meu caso) significa que não consigo conter a minha empolgação quando se trata de ter um pouco de poder sobre um resultado. Eu não consigo esconder a alegria da antecipação que vem com querer abrir minha mão, pedir que alguém se aproxime e então mostrar-lhe algo que acredito ser milagroso.

Estou tentando evocar um tipo específico de sentimento aqui, que pode ser melhor descrito por uma comparação com o verão em que tirei minha carteira de motorista e peguei o carro no dia seguinte. O último dos quatro irmãos a fazer isso, tendo passado muitos dos meus anos de adolescência no carro com meus irmãos, as músicas deles berrando nas caixas de som enquanto eu era proibido de sugerir ou sequer insinuar uma escolha musical. Equipei meu carro com um estéreo barato logo nos primeiros dias e perguntava sem parar aos meus irmãos mais velhos, todos em casa em suas férias de verão, se podia levá-los de carro a algum lugar, por mais curto que fosse o trajeto. Às vezes eu parava meu carro atrás dos deles na garagem; assim, quando eles precisavam sair, eu dizia que podia levá-los já que teria que puxar o carro de qualquer maneira. Todas essas tentativas transparentes falharam, é claro. Mas havia essa dor constante de querer convidar meus irmãos mais velhos e mais descolados para a minha versão de um mundo no qual eles já viviam. Era eu, animadíssimo, querendo aumentar o volume em meu próprio carro com minhas próprias mãos.

E é por isso que jogo aquele às de espadas cedo demais em todos os jogos. Ou o motivo pelo qual, quando recebo muitas cartas de espadas, corto as outras cartas com frequência e cedo demais, às vezes estragando uma ótima estratégia do meu parceiro. Estou entregando todos os meus segredos aqui, escrevendo sobre um jogo no qual tudo é um segredo, então nada mais é. *Spades* nem sempre é um jogo para nós que tivemos que crescer tendo que nos provar para as pessoas mais descoladas ou mais apáticas de nossas vidas. Cada boa mão é uma oportunidade de ganhar algum terreno num momento passado em que se teve que voar desconfortavelmente sob o radar. Afogar um momento quando a sua música vibrava pelas portas abertas do carro e ninguém veio se juntar a você.

Então sim, revelei meu segredo de que não sou um grande jogador de *spades*. Sou um jogador razoável, provavelmente assim como você ou a maioria das pessoas que você conhece. Poucas vezes fui o melhor jogador na sala, mas sempre fui o jogador mais disposto a jogar. Não quero vencer tanto quanto quero participar de uma partida animada, longa, empolgada. Quero revanches pelas derrotas que suportei, sabendo que outra derrota vem aí. Mostrem-me o pessoal que só sabe jogar mais ou menos e é capaz de mentir para garantir um lugar numa mesa com os velhos amigos. Aqueles que podem ser o meu povo mais do que qualquer outro, as pessoas que tentam me animar com uma vitória improvável ao mesmo tempo em que sou alvo de piadas sem fim.

Há um tipo de amor nisso – na forma como sou apoiado por alguém que gosta tanto de mim a ponto de me permitir parecer bobo. Como, mesmo quando a van cruzava os confins do Sul, eu olhava para Jerriod e Nate e Danez e fiz eles prometerem que teríamos uma revanche mais tarde, mesmo depois de um dia longo e quente que se desdobrava numa noite longa e quente. Como eu sabia que iríamos todos nos arrastar para um bar ou direto para a cama naquela noite com a intenção de reconstruir o momento algumas horas depois, antes que ele se tornasse distante demais em nossas memórias.

———

As pessoas negras que conheço cometem alguns deslizes culturais com o nosso povo, ainda que a gente suspire ao fazer essas coisas ou balance a mão no ar enquanto ri alto o suficiente para fazer com que a risada contagie os outros ao redor da mesa. Seu primo não sabe cozinhar nada que preste, mas ele sabe provocar na brincadeira. Seu sobrinho mais novo não aprendeu a dançar até agora, mas com certeza o menino parece capaz de arremessar no basquete.

Por algum motivo, poucos desdéns são maiores que o desdém por não saber jogar *spades* embora eu não saiba exatamente o porquê. Talvez por ser algo simples de se aprender – algo que se faz, em grande parte, assistindo e prestando atenção. Ou tendo alguém que te ama para te orientar em algum momento. Por ser um jogo de cartas e tantas pessoas negras que conheço aprenderam a jogar cartas aos pés dos seus mais velhos, alguém que não sabe jogar *spades* parece lançar uma sombra sobre toda a sua linhagem. Nunca é algo tão sério assim, é claro. Mas o jeito de falar de uma pessoa que não sabe jogar *spades* mas não quer admitir está entre as minhas sutilezas favoritas do jogo: o jogador que, ao receber a primeira mão que lhe foi dada, baixa as cartas em cima da mesa, olha em volta um pouco nervoso e começa uma frase com "ok, então, só para esclarecer...".

Ou a pessoa que anuncia em voz alta há quanto tempo não joga, antes da partida começar. Não joga desde o ensino médio, ou da faculdade, e só jogou algumas vezes, mas se lembra das regras. Ou pelo menos da maioria delas. Com certeza a pessoa se lembra de boa parte das regras. Das que são importantes.

Eu fui parceiro desse tipo de pessoa em partidas de *spades* muitas vezes, e imagino que acabo com essas pessoas porque perdoo, talvez eu seja gentil demais como parceiro de *spades*. Quando meu parceiro comete um erro óbvio, insisto que vamos nos recuperar, mesmo depois que o placar vira com firmeza contra nós. Penso nisso como um tipo de clemência boba, entendendo que o tipo de erro equivocado feito no tipo errado de mesa só pode levar a um tipo de espiral de ridículo que só leva um jogador a não jogar novamente, ou o leva a questionar a estabilidade da própria identidade. Não estou dizendo que me tornei um salvador desse tipo de jogador, aceitando uma derrota atrás da outra com um sorriso no rosto para o benefício de almas voluntariosas que nunca souberam como jogar direito, ou mesmo não sabiam jogar em absoluto. Mas estou dizendo que às vezes o jogo é apenas o canal para algo maior, ou uma janela para uma comunidade ainda mais vital. Eu suponho que posso viver com mais derrotas que vitórias se isso significa que eu não viro a mesa toda vez que minha dupla no jogo comete um erro que pode sugerir que a pessoa não faz ideia do que está fazendo, mas queria estar perto de onde as risadas, os tapas na mesa e a conversa fiada estão vindo.

Foi de propósito que não me aprofundei em explicar as nuances de *spades* aqui, mas "faltar com uma promessa" é uma expressão que tem raízes universais fora do jogo. Numa partida de *spades*, "faltar com uma promessa" (*renege*) é um pecado capital, mas um pecado fácil de cometer se você é do tipo distraído, ou do tipo ansioso, ou do tipo supercuidadoso. A questão com *spades* é que existe uma ordem para fazer as coisas. O jogador não pode jogar uma carta quando lhe dá vontade, de qualquer jeito. É preciso seguir o naipe que está na mesa. Digamos, se um jogador lança uma carta de espadas quando ouros estão na mesa – se ele tiver ouros escondido em sua mão – isso vai ter um custo. Em algum momento. No momento em que essa falta for percebida. Pode ser na próxima rodada de ouros a ser jogada, ou pode ser no fim do jogo. E o quanto isso pode custar varia. Algumas pessoas confiscam quatro pontos, outros até mais que isso. É o tipo de pecado que pode levar à derrota quem estava ganhando com folga. Pode acontecer rápido, se um jogador voltar os olhos rapidamente para algo fora da partida e tornar a olhar a mesa depois de mais de duas cartas serem lançadas. Numa vida cheia de erros, esse é um que eu evito, devido à ansiedade intensa que pode ser desencadeada quando isso acontece.

Uma vez, dentro do apartamento da mãe do John, perto de um grande shopping no subúrbio, esse erro significou um vidro trincado como uma teia de aranha na tela de uma TV widescreen numa sexta-feira à noite em 2003 quando a maioria de nós rapazes estava muito entediada e dura demais para fazer qualquer coisa além de tentar ligar para algumas garotas e então embaralhar umas cartas quando elas não atenderam. A mãe de John não estava na cidade, mas isso não significava merda nenhuma para nós a não ser pelo fato de que alguns de nós podiam beber a cerveja guardada embaixo da pia e jogar *spades* como vimos os mais velhos fazerem: bêbados e gritando, xingando a cada movimento do jogo. Eu e Shawn éramos parceiros, jogando uma partida tensa contra Trevor e Josh, e percebi o momento em que Josh faltou com a promessa, porque jogou uma carta de espadas cheio de confiança para cortar meu às de copas, mas então olhou de volta para sua mão com a expressão de terror dominando o rosto. O jogo estava fechado, ele tinha ficado animado demais com a perspectiva de ganhar um de nossos pontos. No momento em que copas voltaram à mesa, Josh, derrotado, lançou um oito, e Shawn, que vinha se servindo com a cerveja quente debaixo da pia, se levantou e apontou furioso para a mesa, gritando: "Aí neguinho! Aí! Você tentou passar como se não tivesse copas umas rodadas atrás! Nada disso, neguinho, não!". Josh não tinha como contestar o que todos nós sabíamos. Os colegas que estavam apenas observando de longe se amontoaram em volta da mesa enquanto Shawn pegou um monte de pontos da pilha de Josh e Trevor, aos gritos de "De onde eu vim a gente pega seis! Conseguimos seis! Acabou o jogo!"

Não tenho certeza se foi a ameaça iminente da derrota, ou as ambições elevadas pelas latinhas de cerveja barata abertas uma atrás da outra, ou o fato de que nenhuma das garotas atendeu às nossas ligações, mas me lembro do instante em que Trevor pulou por cima da mesa para derrubar Josh no chão, numa briga em que eles tentavam trocar socos, sempre errando a mira. E lá estava o próprio John, se juntando ao tumulto na tentativa de separar a briga, que, naquela altura, lembrava um daqueles tornados de braços e pernas dos desenhos animados. Não deu para ver nada até o exato momento em que os meninos enroscados colidiram com o móvel com os eletroeletrônicos e a televisão que fica em cima dele tremeu um pouco antes de começar sua longa queda até o chão.

E nos meses seguintes todos nós juntamos dinheiro para pagar a mãe de John e mesmo depois disso tivemos que arrumar outro lugar para nos reunirmos, e do que eu mais me lembro são das risadas que ecoavam nas paredes enquanto Josh e Trevor se sentaram, sem fôlego, no chão, perto da televisão com a tela rachada. Me lembro das cartas espalhadas pelo chão e me lembro de Shawn, agindo como se nada tivesse acontecido, recolhendo as cartas lentamente e gritando "De quem é a vez?".

Daquela noite há muitos anos, quando eu e meus amigos éramos pobres demais para fazer qualquer coisa além de ficar em casa com algumas cartas e o que tinha na geladeira, eu me lembro de ter jogado *spades* até que as nuvens reluzissem com a promessa do sol raiando. Eu me lembro de alguém que eu amo caindo no sono com o rosto apoiado na mesa, entre um monte de cartas espalhadas. E me lembro que, no momento em que esse alguém acordou, havia uma única carta grudada em sua testa. Eu não olhei para saber qual era, mas disse a mim mesmo que seja lá qual fosse, tinha que ser uma carta da sorte. Regras da casa.

Do que mais gosto em Don Shirley

AQUELE FILME *Green Book: O guia* não rodou por muito tempo para mim, ou talvez tenha rodado até demais depois que eu e meu amigo saímos do cinema porque já tínhamos visto o suficiente da velha piada de como pessoas brancas e pessoas negras são diferentes. Quem diria, não é mesmo? Além disso, o personagem principal do filme não era Don Shirley, então caímos fora depois de uma hora admitindo que desperdiçamos vinte dólares cada um e deixamos a pipoca coberta de manteiga com algum jovem entrando em outra sala para ver um filme melhor. Ainda que tivéssemos ficado, não acho que o filme teria captado o que eu mais gosto em relação a Don Shirley, que não é o fato de ele um dia ter se sentado no banco de trás de um carro e ter sido levado pelo Sul dos EUA por um motorista branco. Não é o fato de ele, durante sua vida, ter suportado o racismo e seguido em frente com calma calculada.

O que mais gosto em Don Shirley é que ele abandonou a carreira de pianista no início dos anos 1950, depois de ser uma criança prodígio. Shirley fez sua primeira apresentação pública de piano aos três anos de idade e foi convidado a estudar teoria musical em Leningrado aos nove. Em meados dos anos 1940, Shirley passou a adolescência tocando suas composições com os Boston Pops e a Orquestra Filarmônica de Londres. Mas no início dos anos 1950, Shirley percebeu que havia uma falta de mobilidade ascendente para os músicos negros com um conhecimento profundo de música clássica (Disseram-lhe que ficasse no jazz), e então ele foi estudar psicologia na Universidade de Chicago e trabalhou na cidade como psicólogo.

Diversos fatores se juntaram na década de 1950. A população dos EUA começou a se expandir – lentamente no início, então aos saltos devido ao *baby boom*, que começou nos anos 1940 conforme a Segunda Guerra Mundial foi perdendo força e por fim acabou. Além disso, não houve apenas um aumento da renda para alguns americanos, mas também um aumento da tecnologia que essa renda era capaz de comprar. O rádio portátil se tornou um produto básico da década e as televisões se tornaram mais importantes nas casas. Com o aumento do acesso das pessoas a formas de entretenimento, o entretenimento em si cresceu. A imaginação da mídia se ampliou, passando a levar em conta todos os públicos ouvintes e espectadores. Com isso em mente, qualquer um com acesso a um rádio ou televisão poderia consumir todo tipo de mídia com o toque de um botão: não apenas as notícias, mas histórias fictícias de roubo e assassinato, romance e comédia. Se o rádio era a princípio um veículo para música, ele passou então a servir a múltiplos propósitos. Com essa evolução e o número imenso de jovens inundando a economia e crescendo naquela época, uma diferença geracional orgânica se espalhou. Os jovens estavam absorvendo mais informações do que jamais havia estado disponível antes, e isso influenciava seu comportamento de um jeito que a geração mais velha não conseguia compreender.

Essa rota de colisão entre as gerações foi o que levou a culpa pelo pânico em relação à delinquência juvenil, que aumentou nos anos 1950 e se tornou a base da postura de "tolerância zero ao crime" das forças da lei que reverberam até hoje. A lógica era a de que os jovens estavam vendo e ouvindo histórias que retratavam criminosos como "legais", e então eram naturalmente levados a cometer atos criminosos. Como qualquer pânico, as preocupações estavam enraizadas na ideia de que as coisas eram piores do que realmente eram, ou de que no mínimo poderiam piorar. *O que nós vamos fazer se os jovens continuarem a assistir a essas histórias e lerem esses livros? Como vamos sobreviver?*

Isso suscitou uma abordagem diferente arraigada nos estudos comportamentais: "acalmar" os jovens na esperança de prevenir o crime. Em 1954, durante os estudos de psicologia na Universidade de Chicago, Don Shirley recebeu uma bolsa para pesquisadores interessados em estudar a relação entre a música e o comportamento juvenil, em busca de uma ligação que pudesse representar uma oportunidade de cortar o problema pela raiz. Embora estivesse fora da cena musical havia alguns anos naquela época, Shirley passou a se apresentar em pequenas casas de shows, plantando adolescentes na plateia mas, no mais, simplesmente tocando piano para um público que não tinha consciência do experimento que ele realizava.

Durante suas apresentações, Shirley brincava com os sons, medindo as respostas dos jovens às diferentes combinações e composições que ele montava. Alheio à ciência envolvida na performance, o público se admirava do ouvido original de Shirley, a forma como ele ligava os sons como se cada nota enchesse o ar em busca de uma companheira sonora à qual dar a mão. O objetivo de Shirley era provar que, quando a música era composta com arranjos específicos, havia composições tonais que impactavam o comportamento dos jovens. As respostas visuais da plateia eram observadas quando certas sequências musicais eram tocadas. Pesquisadores à paisana observavam discretamente os olhos e os corpos dos adolescentes, tomando notas sobre o que parecia acalmá-los: qual música fazia um punho fechado se abrir, ou as pálpebras ficarem mais caídas, ou o que fazia um pé batendo com firmeza no chão se transformar num balançar suave do corpo. É claro que o experimento e a vigilância tinham ambos uma natureza um tanto perversa. O objetivo era descobrir qual tipo de música deveria povoar as ondas de rádio para acalmar os impulsos dos jovens. Uma experiência de má-fé nascida do pânico. Mas o interesse de Shirley era alcançar as pessoas e ver como a música – a música dele – realmente poderia ter um impacto no público, depois de anos ouvindo que o seu trabalho não alcançava ninguém.

Então, num período de pânico nacional em relação aos jovens ouvirem e assistirem as coisas erradas, Don Shirley foi lá conferir se ele poderia frear a onda de crimes tocando o instrumento que ele sabia tocar numa sala pequena para uma plateia de jovens. E foi assim que Shirley se apaixonou pela música outra vez. Em 1955, lançou seu primeiro disco, *Tonal Expressions*, pelo selo Cadence. O disco foi recebido com resenhas muito favoráveis, embora não tenha transformado Shirley na estrela internacional que talvez ele merecesse ser.

Essa história não é boa para um filme, porque não há conclusão nenhuma em seu fim. O experimento de Shirley "falhou". Crimes continuaram acontecendo. Jovens continuaram se rebelando. Mas a simples ideia do projeto se apoiava num tipo especial de músico. Um músico que estivesse disposto a tentar o desconhecido e não se incomodasse se o problema continuasse sem solução. É por isso que eu amo esse pedacinho da vida de Don Shirley. Num país ainda obcecado pela ideia de que as pessoas negras devem resolver problemas que elas não criaram, Don Shirley deu as costas a essa exigência, respondendo apenas a si mesmo e a suas curiosidades musicais.

―

Os estadunidenses adoram dizer que certas coisas caracteristicamente estadunidenses não são estadunidenses de jeito nenhum. Você talvez entenda o que quero dizer; se não entende, espere até a próxima vez que alguém cometer um crime de ódio ou gritar algo racista ou discriminatório durante uma entrevista na TV ou numa conferência com a imprensa para divulgar um disco ou um filme. Em meio aos ciclos de frustração ou pura e simples fúria ou alívio cômico, uma pessoa inevitavelmente aparece para repudiar o pecado original com um texto padronizado sobre a união e escolher o amor em vez do ódio. Geralmente essas mensagens são pontuadas por alguma versão do mesmo sentimento: isso ou essas pessoas não representam os EUA de verdade. Enquanto escrevo isso, é quase período eleitoral nos Estados Unidos outra vez e o políticos estão cantando a mesma velha canção: os EUA são melhores do que qualquer coisa que seus inimigos políticos fizerem. Separar crianças de suas famílias, as ondas de ataques realizados por drones, a própria violência manifestada pela presença de fronteiras, qualquer morte que seja um resultado lógico do desejo incansável de expandir um império. Os EUA são melhores que tudo isso, eles nos dizem.

É claro que os EUA não são melhores do que isso. Quando a arquitetura inteira da terra está construída sobre um coro de violências, é preciso uma quantidade descomunal de trabalho para desfazer toda a linhagem de agressão e honrar as partes agredidas com algo que se assemelhe à igualdade. É quase certo que alguns dos primeiros passos nessa direção estarão embasados numa análise honesta não apenas da história, mas das formas como a história tem um impacto geracional.

Insistir que a violência ou qualquer forma de intolerância não são estadunidenses é continuar alimentando o maquinário de falsidades e adaptações que mantém esse país em movimento e cometendo os mesmos erros no momento de confrontar as formas como o passado sobrecarrega o presente e o futuro. Há pessoas que falam de Martin Luther King Jr. como se ele tivesse vivido uma vida longa e próspera e então escolhido morrer em paz quando chegou sua hora. Há aqueles que tratam a paisagem política como se tivesse apenas ramificações locais e não globais, e assim tem sido durante a maior parte da minha vida. O próprio conceito de "escolher o amor" é um privilégio baseado na capacidade de ter a ideia de que só há duas opções: amor e ódio, como nos socos ingleses de ouro de Radio Raheem em *Faça a coisa certa*, de Spike. No entanto, o conceito central de *Faça a coisa certa* é de que nem todos os amores foram criados iguais. O amor que eu tenho para dar é maleável, mas tem seus limites. Todo o nosso amor tem seus limites, e assim deve ser. Eu escolho amar o meu povo e o povo deles. E às vezes também posso escolher o amor em relação ao seu povo. Em outros momentos, no entanto, escolho o que me mantém em segurança, e isso não é necessariamente o ódio, mas pode ser, se for o ódio o que me mantiver a uma distância confortável o suficiente.

E uma vez que estamos falando de filmes, no fim das contas: a questão toda em torno da qual estou dando voltas aqui é como o cinema tem empreendido uma jornada incansável para higienizar as relações raciais nos EUA de modo que isso quase se tornou sinônimo da sétima arte. Geralmente filmes de época. Alguma história sobre uma época em que o racismo violento permeava todos os cantos de uma comunidade, exceto onde uma pessoa negra e uma pessoa branca aprenderam a se dar bem, superando as improbabilidades e enxergando a humanidade compartilhada entre elas depois de serem obrigadas a compartilhar a proximidade no trabalho ou no amor ou num acidente. Esses filmes não trabalham de verdade para desconstruir o modelo da superioridade racial ou de como o país chegou ao ponto em que está. São filmes que começam a alguns centímetros de distância de uma suposta linha de chegada e passam duas horas se arrastando lentamente para cruzá-la, jogando as mãos para o alto enquanto os aplausos chovem dos céus.

Eu não saí no meio de *Histórias cruzadas*, mas poderia ter feito isso se não fosse pelo fato de estar num primeiro encontro muito desejado com alguém que queria muito assistir a esse filme, então fingi que também queria ver. Quando finalmente acabou, ao caminharmos de volta para interior barulhento do shopping, a moça com quem saí confessou que ela se distraiu e não acompanhou metade do filme e nós demos risada juntos. *Histórias cruzadas* foi o primeiro livro escrito por Kathryn Stockett, sobre trabalhadoras domésticas negras que trabalhavam em lares brancos em Jackson, Mississipi, nos anos 1960. Stockett escreveu o livro porque ele espelhava sua vida: quando ela, adolescente em Jackson, cresceu próxima das mulheres que trabalharam em sua casa. *Histórias cruzadas* era um *bestseller* mesmo antes dos direitos para o cinema serem comprados, e, nos meses após o filme, recebeu elogios da crítica – especialmente pelas performances de Viola Davis e Octavia Spencer, que interpretaram as trabalhadoras domésticas no filme. *Histórias cruzadas* é um tipo de *A origem* da salvadora branca, uma vez que é uma história escrita por uma mulher branca sobre trabalhadoras negras contando suas histórias para uma escritora branca, que vende o livro contendo as histórias e alcança um grande sucesso. O filme recebeu muitos prêmios e elogios da crítica, exceto da maioria das pessoas negras que conheço e com quem conversei.

Eu era jovem demais para analisar *Crash: No limite* em 2005, mas sei que o filme fez um monte de gente chorar, porque eu me lembro de andar pelos cinemas para assistir a outras coisas na primavera e no verão daquele ano e ver as pessoas saírem aos prantos das salas onde *Crash* estava passando, e todos eles tinham lágrimas escorrendo pelo rosto porque todos os racistas do filme foram curados ou morreram no fim, ou receberam epifanias do alto, ou seu senso de dever superou o senso de racismo. *Crash* venceu todos os prêmios importantes e eu assisti a esse filme numa sala onde todo mundo chorou e então nada no mundo mudou.

Há também os filmes de esportes baseados em histórias reais, ou não. *Duelo de titãs* ou *Estrada para a glória* – filmes que jogam com a ideia de que um obstáculo é o grande unificador. Se existe um jogo a ser vencido, ou um adversário em comum a ser derrotado, o conceito de diferença racial pode ser dissolvido. Os filmes de esportes geralmente têm um momento crescente de clara unidade, quando a hostilidade racial cede e, por meio da edição, a fraternidade é alcançada. Como em *Duelo de titãs*, no qual o zagueiro negro Julius Campbell e o lateral branco Gary Bertier alternam gritos de "Lado esquerdo!" e "Lado forte!" no ar noturno durante um treino em campo enquanto um naipe de cordas toca notas padronizadas de inspiração. E então, no auge na empolgação, os dois batem os capacetes juntos. E, num passe de mágica, os crioulos não são mais tão ruins: pode-se jogar futebol americano com eles, afinal.

E eu admito que me emocionei com aquela cena, por mais que eu soubesse que é boba. Admito mesmo agora, tendo olhado para aquela cena mais de uma vez enquanto escrevo isso, e então volto ao início para assisti-la novamente. É o grande truque: a revelação da resolução de uma emoção intensa. O filme não mostra a vida interior dos jogadores negros que ainda moravam numa cidade que ainda fervia com o racismo. Não mostra a distância entre as vidas inteiras dos jogadores brancos, dos jogadores negros e dos técnicos brancos e dos técnicos negros. Ou o que acontece entre as paredes de uma escola que só há pouco tempo passou a receber alunos de ambas as raças. Eu sei de tudo isso, e, ainda assim, por um instante, o truque funciona comigo. A grandiosa solução para o racismo, apresentada ao som de uma canção de Marvin Gaye bem escolhida.

Green Book também ganhou muitos prêmios. E, como o mecanismo de um relógio, as pessoas escreveram sobre como o filme ter sido premiado era um sinal do que seria possível se os EUA pudessem construir algum tipo de ponte para unir suas divisões complicadas e persistentes. Sempre que esses filmes triunfam, a fraude que está sendo vendida é a de que o país triunfa. Não é que os EUA gostem de filmes como esse porque pensam que esses filmes vão resolver o racismo. Em vez disso, parece que há um amor por esses filmes porque eles fazem os estadunidenses acreditarem que o racismo ser consertado é algo que pode acontecer por meio de algum reconto idílico da história. Que tudo é uma questão de proximidade, ou da necessidade comum de resolver algum problema na periferia do racismo. Filmes como esse nunca abordam a ideia mais simples e mais honesta: a de que o racismo está relacionado ao poder, e que resolvê-lo depende – em parte – de as pessoas estarem dispostas a renunciar ao poder. Mas isso não é tão interessante para um filme quanto uma pessoa branca fazendo uma piada sobre frango com uma pessoa negra.

E geralmente há atores negros no centro desses filmes, muitos deles cheios de indicações e prêmios, assim como os filmes. Imagino que haja aqui uma negociação complicada. O reconhecimento que os atores negros recebem do público depois dessas performances colabora muito para validar não apenas os atores, mas também o filme. Mesmo quando as performances são excepcionais, colocá-las como vanguarda prioriza um ciclo que dá valor aos papéis que pessoas negras desempenham quando fazem parte de uma obra que reorganiza e reapresenta o racismo em favor do conforto dos brancos. Os prêmios, a notoriedade, tudo isso tem o objetivo de suavizar a aterrissagem. A história é ao mesmo tempo o braço que segura um corpo se afogando embaixo d'água e a voz que declara que a água é benta.

O *Guia Green Book* para motoristas negros foi publicado e atualizado por um período de trinta anos, de 1936 a 1966, durante a era das leis Jim Crow. Foi criado inicialmente por Victor Hugo Green, um carteiro que viajava com frequência e viu surgir uma oportunidade à medida que mais e mais pessoas negras tiveram acesso a automóveis e quiseram explorar a vastidão do país, perseguindo sua própria versão do sonho americano. O problema do sonho americano – sempre, mas especialmente naquele momento – é que ele se manifesta em tempos e locais e formas diferentes para pessoas diferentes, dependendo dos mais diversos fatores identitários. Para muitas pessoas negras durante a era Jim Crow, isso significava a possibilidade de ter serviços recusados enquanto viajava na estrada. Muitas pessoas negras eram novatas em viagens de longa distância, pois conheciam bem o interior dos lugares onde viviam e mais frequentavam, mas não tinham orientações de como o restante do país poderia tratá-las. Na melhor das hipóteses, poderiam acontecer interações constrangedoras em restaurantes ou postos de gasolina, mas, na pior, poderiam acontecer reações violentas à presença delas.

O *Guia Green Book* começou como um livro de bolso de capa verde, que foi crescendo conforme os anos passaram. Era um guia de viagens que listava todos os lugares onde leitores e viajantes negros poderiam se sentir seguros: lanchonetes, pousadas, museus, hotéis, mercados. O livro cobria trezentas cidades nos Estados Unidos, Canadá, Bermudas e Índias Ocidentais, entre outros. O livro se baseava em informações enviadas pelos leitores sobre as condições encontradas em suas viagens. Era uma base de dados criada pelos usuários, que circulou silenciosamente entre os lares negros durante todo o tempo de publicação. Essa publicação se deu num período em que não havia sistemas de vias expressas estabelecidos no país, e então os motoristas dependiam de estradas longas e sinuosas para chegar ao destino. O *Green Book* era essencial para alertar os viajantes sobre as cidades e vilarejos que poderiam acolher sua presença e em quais lugares eles deveriam ser mais cuidadosos.

Entre as muitas coisas pelas quais os EUA gostam de se vangloriar está a obsessão por exploração, ou o desejo de conhecer lugares além dos lugares de onde você veio e onde já esteve. É uma das muitas partes dessa imensa colagem da liberdade estadunidense que dizem ao povo que ele lutou para conseguir e venceu. O *Green Book* é uma relíquia fascinante e não muito distante porque vai de encontro a essa ideia caracteristicamente estadunidense. Para quem a exploração é perigosa? Quando a ideia de se aventurar no vasto desconhecido pode ser boa ou não, e qual o retorno desse investimento na curiosidade?

Eu amo uma viagem de carro, e como já peguei a estrada várias vezes de forma imprudente e sem direção, numa ocasião achei uma velha cópia do *Green Book* numa loja de antiguidades ao norte do estado de Nova York. Eu estava lá porque sabia que estava prestes a ser demitido de um emprego que eu odiava, e tinha dinheiro suficiente no banco para me perder num fim de semana. O *Green Book* estava enfiado numa prateleira, perto de caricaturas antigas de trabalhadoras domésticas negras e revistas antigas com anúncios de pasta de dente com pessoas usando *blackface*. Aquela parecia a seção de "história negra" do antiquário. A versão que encontrei era de 1952, e naquela época o guia já se parecia mais com uma revista. Tinha anúncios de produtos como loção de barbear e cera de carro. Tinha publicidade de passeios a serem feitos quando você estava na estrada. Parecia feito para atender a um tipo bem específico de pessoa negra estadunidense, que talvez tivesse experimentado alguma liberdade financeira com o *boom* econômico do pós-guerra e as tecnologias que se popularizaram. Pessoas negras que talvez acreditassem que, se trabalhassem duro o bastante, conseguiriam o país que acreditavam merecer.

É claro que isso fez com que o ato de folhear o guia fosse ainda mais agridoce. Esse livro cheio de anúncios, prometendo uma chance de investir nos EUA como qualquer outra pessoa. Fotografias de viajantes negros sorrindo com entusiasmo e a empolgação da possibilidade. Mas mesmo com tudo isso, não se pode escapar da função literal do guia, ainda presente em muitas de suas páginas: oferecer rotas de viagem seguras para pessoas negras num país que ainda poderia engoli-las num momento imprevisível.

O filme *Green Book* não é sobre o *Guia Green Book* para motoristas negros de jeito nenhum, a menos que alguém imagine o motorista branco de Don Shirley, Tony Lip, como um tipo particular de *Green Book*, conduzindo o músico negro pelo Sul, brigando por ele quando necessário e servindo de barreira entre Shirley e o racismo do mundo onde ele vivia. Essa parece ser a ideia geral que o filme tenta vender. Que qualquer um que se coloca entre uma pessoa negra e o perigo representa o que o *Green Book* foi, mas não é bem assim. O *Green Book* estava ligado a uma transmissão comunitária de informações para conduzir as pessoas em segurança por meio da autonomia – nada a ver com uma pessoa branca cuidando de uma pessoa negra num papel de salvador branco. O *Green Book* foi compilado às vezes com uma esperança vazia, mas com a compreensão de que ninguém poderia salvar os leitores negros do mundo lá fora.

Mesmo com todo o brilho e verniz adicionados ao *Green Book* em seus últimos anos, ele ainda era um guia que servia a essa única função. Acho que as pessoas negras têm criado meios para fazer com que outras pessoas negras cheguem a algum lugar em segurança desde que há pessoas negras nos Estados Unidos e desde que elas correm perigo. Paro num posto de gasolina em uma das últimas cidades a caminho de uma cidade pequena em Ohio e o cara negro atrás da caixa registradora me pergunta para onde eu vou e quanto tempo leva para chegar lá. Ele balança a cabeça e me diz quais as melhores rotas e onde não devo parar, mesmo que pareça que eu tenha de parar lá. Penso nisso com frequência enquanto dirijo por partes desconhecidas do país. Em como eu posso confiar na gentileza de pessoas negras que conhecem o terreno e que, talvez, tenham sofrido naquele terreno durante anos antes de encontrar comigo. Penso especialmente em como às vezes o aviso é um olhar significativo, compartilhado enquanto saio de um banheiro e tem alguém entrando, ou enquanto cruzamos nossos olhares diante da prateleira de batata frita na loja de conveniência. Parecia que o exemplar físico, impresso, do *Green Book* se tornou menos urgente e necessário conforme as leis de direitos civis entraram em vigor e os sistemas de rodovias expressas começaram a se desenvolver. Mas as necessidades reais, vivas, do *Green Book* nunca desapareceram, uma vez que ainda há alguns lugares nos EUA onde pessoas negras estão menos seguras. O trabalho do *Green Book* agora é o trabalho de seres humanos que conhecem e entendem os lugares de onde vieram e o que esses lugares são ou não são capazes de aceitar. Algumas cidadezinhas que dependem de pessoas negras para fazer a maior parte do trabalho de atendimento ao público: caixas, atendentes e vendedores de todo tipo. A nova ideia do *Green Book* ecoa a ideia original: uma rede de conversas que ecoa de uma pessoa para a próxima, até que uma estrada segura seja aberta.

E pode ser que a necessidade desse tipo de rede nunca mude. É engraçado ver um filme que leva o nome de um icônico texto negro que ajudou pessoas negras a realizarem seus sonhos de viajar em segurança e explorar o país. É mais engraçado ainda que esse filme exista numa época em que as pessoas negras ainda estão descobrindo meios para criar rotas seguras pelas partes remotas do país. *Green Book* é o tipo de filme que permite que as pessoas pensem sobre as formas gentis com que o racismo pode ser afastado, e é por isso que o filme é adorado. Don Shirley morreu em 2013, mas a família dele se manifestou contra o lançamento do filme e a aclamação crítica. Eles discordaram da história e da representação do relacionamento entre Don Shirley e Tony Lip, afirmando que Shirley via Lip como um empregado – uma pessoa que tinha a tarefa de dirigir para ele, e nada além disso. A resistência da família ao filme não impediu que ele fosse elogiado e adorado. Os parentes negros de Don Shirley valiam menos que a coroação dos criadores brancos do filme, um deles Nick Vallelonga, o filho de Tony Lip.

É assim que as coisas são, eu acho. O papel fácil de interpretar se sai bem. As pessoas que amaram *Green Book* conseguiram se sentir bem em relação ao seu país por um instante. Com uma quantidade suficiente de sentimentos desse tipo, bem amarrados entre si, pode ser fácil esquecer que já houve um incêndio ou que o fogo ainda pode queimar.

No filme sobre Don Shirley que eu gostaria de fazer, quero uma sala com quatro pianos pretos, um em cada canto. Quero que as teclas dos pianos sejam das cores favoritas de Don Shirley, e, se ele não tinha uma cor favorita, quero que as teclas sejam das cores que ele via quando fechava os olhos e ouvia suas próprias composições. No filme, não quero que Don Shirley tenha que ser conduzido pelo Sul dos EUA, mas gostaria que, das janelas dessa sala, Don Shiley visse o que ele mais amava no Sul desse país. Longe o bastante para ser adorado, nunca perto o suficiente para ser perigoso.

Quero duas horas de Don Shirley numa sala onde ninguém pode chamá-lo de crioulo e ninguém pode lhe dizer onde ele pode ou não beber água. Onde ninguém pode se surpreender com o fato de como ele fala bem, ou o quão talentoso ele é, ou como ele pode inventar novas linguagens ao acariciar as teclas de um instrumento.

Quero Don Shirley num filme e nesse filme quero as canções dele tocando em rádios portáteis carregados pelas crianças e quero que as pessoas mais velhas que ficam tão nervosas por causa da criminalidade se acalmem ao menos uma vez, e quero que ninguém vá para a cadeia. Quero que as pessoas se reúnam na porta da sala onde Don Shirley toca e cada um, na sua vez, encoste o ouvido na porta para escutar o que está acontecendo lá dentro.

Quero um filme no qual Don Shirley é conduzido, mas não sente necessidade de falar com o motorista branco. Um filme no qual nós nem sabemos o nome do motorista, mas sabemos quais são as flores favoritas de Don Shirley pelo jeito como ele baixa o vidro da janela e curva o pescoço em direção ao campo quando o carro passa. Eu assistiria a paisagem se transformar junto com ele, em nosso silêncio em comum, murmurando de vez quando ao vermos algo familiar.

Mais do que tudo, quero um filme sobre Don Shirley que permita que ele seja visto por olhos dignos. Um filme que não manipule a história dele para servir à fome que os estadunidenses têm por uma resolução fácil. Quem dera todos os filmes sobre pessoas negras lutando contra o maquinário desse país fossem, em vez disso, filmes sobre pessoas negras vivendo. Quero um filme no qual Don Shirley durma um pouquinho. Quero um filme no qual Don Shirley vá a uma loja, pegue uma revista e folheie algumas páginas antes de suspirar e colocá-la de volta na prateleira. Quero um filme no qual Don Shirley vá ao cinema e assista a um filme no qual nenhuma pessoa negra sofre por um bem maior imaginário. Quero um filme no qual Don Shirley visite a sepultura de alguém que ele amou intensamente e coloque um punhado de flores arrumado casualmente sobre a lápide antes de ir para casa sem falar com ninguém. Quero um filme sobre Don Shirley que não tenha a missão de resolver nenhum problema que não foi inventado por ele.

A coisa que eu mais gosto em relação a Don Shirley não é que ele foi um gênio que em alguns momentos viveu uma vida espetacular. É que, nos momentos entre uma coisa e outra, ele provavelmente levou uma vida bem normal. E isso também é espetacular.

Eu quero um filme cujas estrelas sejam somente gênios negros nada espetaculares, mas que mesmo assim viveram e, por simples generosidade, me mostraram um caminho. Talvez cenas deles com as roupas que usam depois de tirar as roupas de domingo. Quero que eles sejam absolvidos, mas ninguém mais. Não pode haver solução sem reconhecimento, e por isso não quero que ninguém assista a esse filme e se considere limpo. Todo mundo tem que fazer por merecer isso.

Eu gostaria de dar rosas a Merry Clayton

JÁ QUE estamos falando de desejo.

E eu gostaria de fazer isso agora, enquanto a cantora ainda está conosco e não está idosa demais para receber em mãos as flores que lhe forem oferecidas. Eu gostaria de dar rosas a Merry Clayton agora, enquanto ainda posso ouvi-la assombrar os cantos das minhas memórias sonoras ou ainda posso olhar para as fotos de uma visão mais jovem dela e não sentir tristeza. As fotos antigas dela com os braços abertos, o cabelo num afro perfeitamente armado, um casaco de peles enfeitando os ombros. Eu gostaria de fazer isso neste momento, enquanto seus álbuns solo ainda estão nas pilhas de saldão de alguma loja de discos e enquanto as lojas de discos por aí vendem cópias de *Let It Bleed* para jovens fãs de rock 'n' roll e falam dos Stones, os Stones, ah, os Stones. Quando eu crescia e ansiava por algum rock 'n'roll verdadeiro, do tipo que eu lia a respeito, mas não o que eu escutava, todos os caras das lojas de discos queriam me falar dos Stones e então eu gostava de Mick e Keith e os rapazes. Eu gostava que em todas as fotos dos anos 1960 e 1970 eles pareciam exatamente tão velhos quanto pareciam nos anos 1990. Como se tivessem sido preservados em algum tipo de mecanismo do rock. Eu adorava que, em todos os vídeos antigos de apresentações, Mick parecia inteiramente possuído no meio de uma fúria controlada. Eu dizia que gostava mais de Mick Taylor do que de Brian Jones e então os caras mais velhos me recomendavam *Let It Bleed*, uma vez que era o álbum em que Jones fez sua despedida nada cerimoniosa antes de acabar no fundo da piscina.

A primeira faixa de *Let It Bleed* é "Gimme Shelter", que abre o disco com uma lentidão suave e uma guitarra pop floreada antes de começar a batida da bateria desenfreada e ofegante e as vozes passando uma por cima da outra em busca de dominância entre a cacofonia. "Gimme Shelter" é o tipo de canção usada em filmes e programas de TV quando alguma coisa séria está prestes a acontecer, ou numa montagem caótica e frenética de violência e geografia, como na cena de abertura de *Os infiltrados*, no qual o personagem de Jack Nicholson, Frank Costello, lamenta a nova Boston e fantasia sobre a antiga Boston, enquanto imagens de tumultos e fotografias aéreas da cidade caótica surgem na tela. A canção entra enquanto Costello diverga sobre poder e respeito. "É isso que os pretos não entendem", ele diz.

"Se eu tenho uma coisa contra os pretos é isso: Nada é de graça. Tudo tem que ser merecido." Então começa a bateria.

"Gimme Shelter" é uma daquelas canções que agitam e animam, convidam a entrar nela e depois sacodem você. É um ponto de entrada perfeito para um disco, porque é um ponto de entrada ameaçador. Uma canção que deixa você saber que algo ruim talvez esteja a caminho, está vindo buscar você ou alguém que você ama. São as cenas em que jovens são enviados para guerras nas quais eles não queriam lutar e, chegando ali, veem seus melhores amigos serem mortos. O maior erro que as pessoas cometem em relação às canções que abrem discos é imaginar que essas músicas deveriam ser acolhedoras e suaves. Definir um tom de conforto antes de abalar os fundamentos. A faixa de abertura de um álbum deveria ser um trecho de loucura em som alto e arrebatado. Algo que arrasta o ouvinte para a beira do abismo, o segura diante do vazio e lhe pede que escolha o que considera mais seguro: o desconhecido de flutuar até o fundo de uma altura sem fim ou o caos conhecido da terra firme. Gosto de discos que começam me perguntando o que acho que consigo aguentar.

Os caras das lojas de discos que colocam *Let It Bleed* tocavam "Gimme Shelter" inúmeras vezes antes de passar para a faixa seguinte. Havia algo no jeito como a bateria soava quando batucávamos numa mesa ou num volante. *Let It bleed* é um disco muito bom – especialmente o lado B

– mas não há nada que se compare à imersão absoluta e ao esgotamento de "Gimme Shelter" para mim. Quando esses caras das lojas de disco dedicavam sua atenção à performance vocal de "Gimme Shelter", eles nunca se referiam a Merry Clayton pelo nome, só pela misericórdia que ela podia oferecer à música.

E que misericórdia era aquela, eu suponho, o jeito como ela e Mick lutavam um com o outro pelo espaço na canção, primeiro a voz dela lá em cima e então a dele e então a dela, a dos dois e, por fim, com muita certeza a dela e a de ninguém mais. Os Stones estavam tão estabelecidos em 1969 que provavelmente não importava que eles abrissem um álbum com uma canção na qual o vocalista era completamente atropelado por alguém que em essência não passava de uma cantora de *backing vocal*. Mas é válido dizer aqui, e em todo lugar onde puder ser dito, que Mick Jagger é apenas uma acentuação na melodia e essa canção poderia muito bem ser de Merry Clayton, exceto pelo fato de que ninguém que eu conhecia e falava sobre a música dizia o nome dela. Eles falavam da performance dela e de como ela evocava toda a escuridão por um lado e toda luz do outro. No entanto, um pouco antes de a internet ser como é agora, eu não via nem ouvia o nome de Merry Clayton até que abri o disco e procurei pelos créditos.

Eu gostaria de dar rosas a Merry Clayton porque vi o nome dela e não consigo deixar de ver a vida inteira que ela viveu toda vez que fecho meus olhos durante o refrão de "Gimme Shelter". Gostaria que as rosas fossem de tons luminosos de vermelho ou amarelo ou branco, ou da cor que mais lembre Merry Clayton das igrejas onde ela aprendeu a cantar. Eu gostaria de fazer isso agora, antes de ela ser relegada mais uma vez a ser uma *backing vocal* trágica, sem nome nem rosto. Eu escalaria o topo de uma montanha e seguraria pilhas dos discos solo dela como um messias, convocando as massas necessitadas a beberem algo de que elas estão sentindo falta. Gostaria que Merry Clayton vivesse para sempre, mas também aceito que as pessoas simplesmente digam o nome dela quando falarem da força impossível que sopra através de "Gimme Shelter". Aceito que as pessoas não sejam capazes de caminhar pelos destroços daquela canção sem esse assombro incontornável.

No outono de 1969, Merry Clayton não sabia quem eram os Rolling Stones e eles não a conheciam. Tudo o que Mick Jagger sabia era que ele tinha escrito os versos "rape/ murder/ it's just a shot away" [estupro/ assassinato/ a apenas um tiro de distância] numa folha para uma canção que se tornaria "Gimme Shelter", e precisava de alguém que cantasse essas palavras como se sentisse medo delas. Precisava de alguém que cantasse a palavra "assassinato" como se estivesse tentando fazer passar algo precioso por uma cerca de arame farpado. Os Stones precisavam de um bom momento, uma vez que tinham enfrentado dificuldades durante boa parte do ano para gravar *Let It Bleed*, lutando contra o colapso mental de Brian Jones e a brutalidade do mundo ao redor deles. Martin Luther King Jr. e Robert Kennedy foram ambos assassinados durante as primeiras sessões de gravação do disco. A Guerra do Vietnã parecia interminável e a oposição ao conflito cresceu enquanto os Stones lutavam com detalhes mínimos do álbum, mudando títulos de músicas ou simples frases de baixo. *Let It Bleed* estava descendo para uma escuridão que não tinha sido abordada nos álbuns anteriores dos Stones, uma vez que esse álbum recebeu a tarefa de capturar a bruma de medo e incerteza que pairava na atmosfera global.

Ficou claro que "Gimme Shelter", com seu balanço apocalíptico, tinha que abrir o disco. E no meio de uma noite, num estúdio de gravação em Los Angeles, Mick Jagger percebeu que ele precisava de uma mulher para cantar "rape, murder", e precisava que essas palavras fossem cantadas como se pudessem estremecer as paredes de uma igreja negra durante um funeral.

Merry Clayton era capaz de cantar assim, por isso talvez não surpreenda saber que ela era filha de um pastor. O reverendo A. G. Williams supervisionava a Igreja Batista New Zion em Nova Orleans e Merry começou a cantar lá, num coral de igreja onde todos sabiam cantar, mas nem todo mundo conseguia se equiparar ao seu volume, sua fúria vocal ou o jeito como ela conseguia levar um ouvinte até o limite da emoção mais desejada e então trazê-lo de volta antes que ele pudesse compreender completamente essa emoção. Clayton foi para Los Angeles com catorze anos e Bobby Darin a colocou na gravação de "Who Can I Count On?" – arrebentando no coral enquanto Darin gemia ansiosamente ao fundo. Em 1963, Clayton foi a primeira a gravar "The Shoop Shoop Song (It's in his kiss)", mas a versão dela não entrou nas paradas. A versão mais conhecida dessa música, cantada por Betty Everett, se tonou uma das dez mais no ano seguinte, num daqueles milagres inexplicáveis em que a canção certa é cantada pela pessoa certa no momento certo. A versão de Everett não é muito diferente da de Clayton, mas é um pouco mais suave, mais gentil, então a narrativa da canção parece instrutiva e não exigente. Clayton continuou fazendo *backing vocals* para Neil Young, Linda Ronstadt, Phil Ochs e outros, mas até 1969 não tinha conseguido um sucesso solo. Entrava nos estúdios e impressionava as pessoas, mas nunca o suficiente para que alguém lhe oferecesse uma canção solo. Certas pessoas pensavam que a maior falha de Clayton era que ela nunca se afastou do seu instinto de levar as pessoas à igreja, qualquer que fosse o conteúdo da letra da canção. Imagine: o seu maior erro é que você canta cada palavra como se ela tivesse sido enviada a você por Deus.

"Gimme Shelter" exigia o divino. Especialmente no fim dos anos 1960 e no começo dos anos 1970, os roqueiros do Reino Unido com frequência se viam imitando ideias da música estadunidense, entrando por qualquer portal que permitisse que suas ideias florescessem. Com os Stones, Jagger cultivou um sotaque falso do Sul dos EUA e cantou sobre bares de blues. Rod Stewart cantou sobre tempos difíceis trabalhando no Rio Mississipi para um chefe branco. No rock produzido nos EUA, as mulheres eram quase intercambiáveis, produtos do capricho de um produtor. Grupos de garotas duronas começaram a surgir; em várias dessas bandas, os papéis eram incertos e – como no das Crystals – um grupo inteiro poderia ser substituído no meio das gravações. Algumas mulheres negras tinham estabilidade no papel de *backing vocal*, ainda que não tivessem fama. Era um jeito de aproveitar a fragilidade de ser uma mulher negra que queria fazer carreira como cantora. Se você era capaz de cantar como Merry Clayton cantava, bandas do outro lado do Atlântico poderiam te ligar querendo reproduzir sons sobre os quais tinham ouvido falar, vindos diretamente das igrejas do Sul dos EUA.

Foi essa tempestade perfeita que fez com que o telefone de Merry Clayton tocasse à meia noite no outono de 1969, enquanto Mick Jagger encarava as palavras "estupro, assassinato" e sabia que ele não era capaz de dar vida ao terror que elas evocavam. O produtor dos Stones, Jack Nitzsche, acordou Clayton e pediu que ela saísse da cama e viesse ao estúdio. Havia um grupo de ingleses ali e eles precisavam muito de uma cantora. Clayton não precisava necessariamente desse trabalho, mas o marido a encorajou a ir. Clayton apareceu no estúdio usando seu pijama de seda, com o cabelo enrolado em bobs. Colocou um casaco de peles porque se recusava a aparecer no estúdio sem parecer nem um pouco fabulosa. Clayton também estava muito grávida. Quando chegou ao estúdio para cantar, tiveram que arrumar um banco para que pudesse se sentar na cabine, uma vez que estava tarde e o peso de sua barriga parecia ainda maior àquela hora. Ela não acreditou muito na letra que Jagger lhe mostrou, mas fez sua parte e se aprontou para voltar para casa. Então, depois de ouvirem a fita, Mick Jagger perguntou se ela gostaria de fazer só mais uma gravação e mostrar *realmente* tudo o que ela era capaz de fazer. E quando você canta como Merry Clayton é capaz de cantar, você não recusa uma oferta como essa.

"Gimme Shelter" foi lançada como um single em 5 de dezembro de 1969, um dia antes de Meredith Hunter ter sido agredido e apunhalado até a morte enquanto os Rolling Stones se apresentavam no malfadado Altamont Free Concert. Hunter era um estudante de artes de Berkeley, de dezoito anos, que usava roupas chamativas e um afro imenso. Os Hells Angels foram contratados para fazer a segurança do festival e foram pagos com cerveja grátis. Enquanto os Angels ficavam mais bêbados e a multidão ficava mais doidona, mais bêbada e mais irritada com os aparatos de grandes eventos em espaços abertos, o ambiente foi ficando mais agressivo. Os Hells Angels jogavam latas de cerveja cheias na plateia ou batiam nas pessoas com tacos de sinuca na tentativa de fazer o público recuar. Quando os Rolling Stones subiram ao palco depois que o sol se pôs, a tensão chegou a um ponto insustentável. Na terceira canção do show, Jagger foi forçado a parar a apresentação enquanto uma briga entre o público e os Hells Angels precisou ser contida. Depois de uma longa pausa, a banda, hesitante, continuou seu show sem nenhuma interrupção. Até que chegaram a "Under My Thumb".

Antes de cantar essa música, Jagger mais uma vez suplicou que o público ficasse em paz. Um longo discurso sobre unidade e mostrar ao mundo que todos somos um. "Under My Thumb" é um blues lento e animado, que naquela noite Jagger decidiu alongar e tentar usar para mexer com o público. Se demorando em cada sentimento lírico, na esperança de que algum bálsamo fosse encontrado, ele cantou "Say It's All Right" [Diga que está tudo bem] e "I Pray It's All Right" [Rezo para que esteja tudo bem] repetidamente, até que as palavras se tornaram um encantamento que prenunciava tragédia.

Meredith Hunter nem gostava tanto assim dos Stones, mas queria estar perto deles. Podem ter sido as drogas que ele tomou ao longo do dia, ou pode ter sido o desejo de proximidade que os festivais estimulam organicamente em seus participantes, ou pode ter sido uma combinação dos dois, mas, quando Hunter subiu em uma das caixas de som próximas do palco, isso já não fazia diferença. Ele tinha atraído a fúria dos Hells Angels, que tinham a tarefa de proteger o palco, bêbados e prontos para o conflito. Um deles arrancou Hunter de cima da caixa e o jogou no chão. Quando Hunter conseguiu se livrar dele, o mesmo segurança acertou um soco em sua cara. Outros dois motoqueiros se juntaram à confusão, derrubando Hunter no chão cada vez que ele tentava se levantar outra vez.

Toda a ideia de "Gimme Shelter" e de seu refrão é a de que às vezes basta uma coisinha. Um tiro disparado pode desencadear o desejo de violência de um país ou um soco pode dar início a um protesto. Todos nós estamos no limite do desejo que outra pessoa tem pelo poder. Essa agulha se mexe de tempos em tempos, dependendo de quem é o "nós" e quem é a pessoa ávida pelo poder. Mas a canção toda falava disso com insistência. O mecanismo da violência não dá trégua, e todos nós estamos a um pavio de distância de provocarmos o tipo errado de explosão.

Para Meredith Hunter, esse momento certamente chegou quando aqueles dois outros Angels vieram se juntar à surra que já estava em andamento, pressionando-o contra o chão ensopado de cerveja até que Hunter concluísse que estava numa briga perdida e que teria de recuar em direção ao público. Mas Meredith Hunter era negro num festival onde poucas pessoas na plateia eram negras, e por isso não havia espaço na plateia onde ele pudesse encontrar alguns salvadores com quem se misturar. Esse é o velho problema de ser invisível até se tornar a única coisa que alguém consegue ver.

Hunter correu e os Angels o perseguiram, primeiro três, depois mais e mais. Hunter estava com uma pistola e a sacou, achando que isso poderia afastar seus perseguidores. Quando os Angels alcançaram Hunter, um deles o atacou por trás, derrubando a pistola de sua mão, e o apunhalou duas vezes. Os Hells Angels estavam todos em cima dele, apunhalando-o repetidamente pelas costas. Quando ele caiu de joelhos, eles lhe deram pontapés no rosto até ele cair na grama, onde foi chutado por um bando de botas com biqueira de aço. Com ele no chão e enfraquecido, os Angels ficaram ainda mais furiosos, chutando-o na cabeça e atingindo-o com uma lata de lixo de metal. As palavras finais de Hunter foram uma correção inútil, direcionada aos motoqueiros: "Eu não ia atirar em vocês."

Quando se escreve sobre o festival de Altamont atualmente, fala-se que Hunter foi esfaqueado até a morte, o que só é verdadeiro em parte. Há menos detalhes sobre a surra cruel após as punhaladas, ou a falta de desejo de Hunter de se meter numa briga com os Hells Angels antes de ser esfaqueado. Menos detalhes ainda sobre o fato de Hunter ter sido carregado para uma tenda da Cruz Vermelha em seus últimos momentos de vida, mas seu nariz estava tão destruído que ele não conseguia respirar, puxando o ar pela boca e tentando falar algumas palavras além dos apelos inúteis por sua vida debaixo das botas dos agressores.

A família de Meredith Hunter não tinha dinheiro para comprar uma lápide, e então ele foi enterrado numa sepultura não identificada em East Vallejo, Califórnia. Ele era uma nota de rodapé naquele lugar, como se tornaria uma nota de rodapé para o festival de Altamont, a vítima da conclusão lógica daquele show. Correndo por sua vida enquanto o "rezo para que tudo esteja bem" de Mick ainda ecoava entre as estrelas. Implorando por sua vida enquanto DJs em alguma outra parte do país colocavam a agulha em cima do novo single dos Stones cantando sobre como basta um sopro de vento para que a morte alcance alguns de nós. A sepultura é o abrigo mais tranquilo, ainda que as pessoas que te amam não consigam encontrar seu nome.

É a segunda sílaba de "murder" na terceira vez que o refrão é cantado. Provavelmente é essa a parte de "Gimme Shelter" que as pessoas provavelmente disseram para você escutar. A parte da canção em que a voz de Merry Clayton se curva, então falha, uma porta cedendo lentamente ao exército de sons que a empurram. A intensidade emocional e vocal de Clayton vinha numa crescente enquanto a música avançava, e por volta dos 2m48s, quando ela teve a chance de cantar os versos que tinham sido reservados especialmente para ela, ela aproveitou a oportunidade. É bom cantar a palavra "assassinato" como se você sentisse medo de ser a vítima, mas é melhor ainda cantar essa palavra como se você não tivesse medo de cometer um homicídio. No primeiro refrão, Clayton canta "rape/ murder" como se ela sentisse o medo. No segundo refrão, as palavras são cantadas com um pouquinho de ansiedade, terminando num expressivo "yeah!". Na parte que precede o terceiro refrão, a voz de Clayton se quebra levemente em "it's just a shot away", mas ela já foi longe demais, disparando em direção a um óbvio crescendo. É a terceira vez que "murder" é cantada que engloba todas as emoções: medo, raiva, o relance de uma euforia subjacente.

O que as pessoas gostam de comentar é como se pode ouvir Mick Jagger, ao fundo, soltar uma exclamação de admiração e entusiasmo. Mas na faixa vocal isolada, por trás dos gritos e ganidos dos Stones no estúdio, pode-se ouvir uma suave hesitação quando Clayton faz a transição do uivo de "murder" para o verso seguinte. Os Stones mantiveram isso na gravação final, mas é uma pausa sutil entre "it's" e "just a shot", saindo levemente fora do ritmo. Como se um espírito tivesse entrado no corpo dela e então ido embora antes que qualquer um percebesse.

Merry Clayton não deu à luz o bebê que ela esperava quando foi ao estúdio gravar. Um pouco depois de voltar para casa ao terminar a gravação, ela perdeu o bebê. Há quem diga que o esforço físico que Clayton fez no estúdio contribuiu para o aborto espontâneo, embora ela nunca tenha culpado a canção, os Stones ou estúdio, o que poderia refletir uma escolha de manter o luto como uma questão particular e não associá-lo a mais uma história da mitologia do rock'n'roll. Eu não sei nada sobre gestar ou parir uma vida, mas sei que, quando a voz de Merry Clayton se parte em "Gimme Shelter", uma parte de mim quer pular como se ouvisse o som do tiro que dá início à guerra. Uma parte de mim escuta Mick gritar e quer saber o que ele viu naquele momento. Uma negra grávida se equilibrando sobre um banquinho, invocando tudo o que tinha para deixar um rastro memorável. As cantoras de *backing vocal*, cara. Elas conseguem ser memoráveis por alguns minutos e depois são esquecidas em todos os outros minutos. Quero saber se Mick viu todos os dentes podres na boca das feras mais furiosas caindo ao chão. Há um ajuste de contas terrível que precisa ser feito numa canção como aquela. Alguma coisa horrível com a qual é preciso viver.

Em 1970, Merry Clayton lançou seu primeiro álbum solo. Em uma tentativa de surfar a onda que a contribuição em "Gimme Shelter" lhe ofereceu, o álbum se chama *Gimme Shelter*. O primeiro single do disco foi a versão dela para essa música – seu primeiro single a figurar no ranking *Billboard Hot 100*, chegando na posição 73, em parte por causa do sucesso do single dos Stones. A carreira solo de Clayton consiste numa sequência meteórica de cinco álbuns nos anos 1970, nenhum dos quais alcançou marcas maiores do que 146 nas listas de vendas nacionais e 36 na de discos de R&B.

A versão de "Gimme Shelter" é contida, afogada em metais e num baixo agitado, crescendo com um coro gospel por trás. Na capa do *single* e do álbum, o afro dela ocupa grande parte do enquadramento e argolas grandes pendem de suas orelhas. Um meio sorriso surge em seu rosto e seus olhos se apertam levemente, produzindo um olhar satisfeito, de quem está por dentro. A letra da canção é exatamente a mesma, mas sob os cuidados solo de Clayton ela se torna menos sinistra e mais semelhante a uma oração. É uma canção de otimismo em tempos de ceticismo, o que eu suponho que qualquer um que foi criado cantando louvores possa fazer com uma letra. Clayton, uma vez na vida, consegue aproveitar o papel de condutora, com a onda de vozes atrás dela seguindo seus caprichos vocais. No fim, ela repete "it's just a kiss away, Lord, a kiss away" [está a um beijo de distância, meu Senhor, a um beijo de distância] antes de cortar direto para o apelo: "Stop that shooting/ Stop that shooting/ Love is just a kiss away" (Pare o tiroteio/ Pare o tiroteio/ O amor está a um beijo de distância).

Ela só canta as palavras "estupro, assassinato" uma vez. Tão rápido que se você estiver batendo os pés com muita ferocidade, não percebe.

Numa entrevista em meados dos anos 1980, Merry Clayton disse que ela não conseguia escutar "Gimme Shelter" há muito tempo, mas andava tentando. Tinha passado a cantar jingles comerciais não creditados, porque uma vez que você se acostuma a estar presente e não estar lá de jeito nenhum, é fácil transferir essas caraterísticas para um meio de vida. Ela também tinha começado um grupo gospel com Della Reese e O. C. Smith. O grupo se chamava Brilliance. O pai de Clayton ficou feliz de ouvi-la cantar as músicas que ele lhe tinha ensinado na igreja, mas o Brilliance nunca lançou um disco. Clayton passou grande parte dos anos 1980 apimentando canções das trilhas sonoras de

Agente 86 e *Dirty Dancing* nas quais ela desempenhava, mais uma vez, um papel secundário diante de uma figura mais ampla e dominante. Mesmo a maior cantora que fica de fundo tem dificuldades para se expandir para além disso. Ser conhecida dessa maneira é quase não ser conhecida de jeito nenhum. Ser enterrada na história, com uma sepultura sem nenhuma indicação do seu nome.

Pensei que Merry Clayton teria o retorno que merecia em 2013. O documentário *20 Feet from Stardom* (A seis metros do estrelato) tinha sido lançado naquele ano, detalhando a vida de cantoras que fizeram *backing vocal* ao longo da história do rock, e Clayton teve um papel importante nele, dando à carreira dela reconhecimento suficiente para que fosse chamada para cantar com músicos daquela época, como G. Love e Coldplay. Pouco depois do lançamento do filme, uma compilação do trabalho solo dela também chegou às lojas, tornando-a mais conhecida.

Então aconteceu o acidente de carro em junho de 2014. Um desastre quase fatal numa via expressa de Los Angeles que amputou suas pernas e a deixou meses internada e fazendo fisioterapia.

Quando as pessoas falam de Merry Clayton hoje, falam de sorte e azar e de como certas pessoas tem pouco da primeira e muito do segundo. E é verdade que Merry Clayton cantou uma canção sobre a tênue barreira entre o amor e a tragédia e, depois, ficou conhecida por estar apenas de um lado dessa fronteira e nunca ter atravessado para o outro lado. Mas ainda menos pessoas falam sobre como uma artista como Merry Clayton pode ter se sentido por ter dado tanto a uma indústria que já tinha criado uma caixa para ela antes que ela chegasse a ser colocada lá dentro. Ela seria a cantora com um vozeirão que levava as canções até o limite, mas nunca se viu imersa na fama e na infâmia que ela deu ao outros com tanto entusiasmo. Merry Clayton, mais conhecida pelo modo como sua voz se curvava em torno de uma única palavra, e conhecida depois por tudo o que ela perdeu.

Eu gostaria de dar rosas a Merry Clayton. Gostaria que as rosas brotassem das paredes de todas as salas onde Merry Clayton estiver. Gostaria de dar rosas a cada cantora cujo nome acabou numa lista de créditos e não nas bocas das pessoas que cantavam junto de seus vocais perfeitos. Gostaria de levar rosas para a porta da frente da casa de onde Merry Clayton saiu à meia-noite em 1969 e gostaria de colocar rosas no banquinho onde ela se sentou, com sua barriga de grávida pendurada, enquanto ela cantava *assassinato*,

assassinato, assassinato. Gostaria que as rosas desabrochassem do chão em qualquer lugar e a qualquer momento em que a voz de alguém falha sob o peso do que lhe pediram para carregar. Gostaria de fazer isso enquanto os vivos ainda vivem, e não ouvir nenhum filho da puta que não concorde com isso. Gostaria que chovessem rosas sobre Merry Clayton cada vez que o som de um tiro ecoa e gostaria que houvesse rosas para Merry Clayton nas mãos de qualquer um que poderia ter dado o primeiro soco, mas não deu. Quero que os botões vermelhos se ergam da terra e se abram lentamente onde estiver o corpo de Meredith Hunter, ou onde o corpo dele esteve. Quero que Merry Clayton seja tão grande quanto os Rolling Stones. Quero adolescentes usando camisetas estampadas com o rosto dela, e me refiro a seu melhor rosto, com seu belo afro e seu casaco de peles e os olhos que ela puxou de seu pai. Quero que as lojas de discos coloquem os discos de Merry Clayton na vitrine e quero que toquem todas as canções que ela cantou sozinha, sem mais ninguém. Quero rosas suficientes para construir lápides para todo mundo que eu amo. Quero o momento em que a bateria entra em qualquer versão de "Gimme Shelter". Quero aquele sentimento no meu peito para que sempre me lembre do que eu sentiria falta se ele me fosse tirado. Quero um abrigo, e nem sei mais o que isso significa. Não quero lugar nenhum, nada de sagrado.

Beyoncé se apresentou no Super Bowl e pensei
em todos os empregos que eu odiava

EM PRIMEIRO lugar, o show de 2016 nem foi quando Beyoncé foi a atração principal, mas poucas pessoas se lembram disso, incluindo eu. Ela teve a sua vez como atração principal do Super Bowl três anos antes e fez um show que estava acima dos padrões das apresentações engessadas e pouco inspiradas do intervalo do Super Bowl, que existe em grande parte para criar animação durante meses para depois servir como uma ponte sem graça entre dois tempos de pompa e circunstância da violência coreografada. A performance de Beyoncé em 2013 foi ótima, embora a apresentação de 2016 pareça ser a mais memorável. O fato é que se fala muito a respeito de Beyoncé, mas de certa forma, nunca o suficiente, sobre como a evolução dela como artista está diretamente ligada com a visão, com enxergar o que pode ser possível no mundo. Ela não é a única mulher negra que os estadunidenses viram se transformar em diferentes versões de sua própria visão ao longo de quase duas décadas. Há uma história de artistes negres – especialmente mulheres negras – se reinventando e evoluindo sem solução de continuidade e sem a falta de jeito que às vezes parece afligir artistas que fazem mudanças artísticas grandiosas. Nossa Josephine Baker, por exemplo, que passou os anos 1930 e 1940 acumulando as virtudes que ela incorporou no final de sua carreira nos anos 1950. Beyoncé, no entanto, tem se mantido firme como uma das estrelas do pop mais importantes e visíveis por um período mais longo que a maioria de suas companheiras. E, como Baker, à medida que envelhece, Beyoncé vem encontrando formas de inserir o político na performance. A tentativa é de não só começar a conversa, mas ser uma força condutora e uma guia no interior dessa conversa.

Em um período de apenas três anos, Beyoncé passou de artista ovacionada para alguém que tinha um pé nos dois mundos da performance: ser memorável e trazer uma mensagem. E então pouco importava que em fevereiro de 2016 o Super Bowl tinha tecnicamente contratado o Coldplay para ser a atração principal. Ninguém que eu conheço se lembra de que o Coldplay sequer estava lá. Eles jamais deveriam ter convidado Beyoncé se tinham o intuito de chamar a atenção para outra atração principal. Talvez não valha a pena pedir a Beyoncé que se apresente no intervalo de seu show se você quiser que o show continue sendo seu.

Particularmente essa performance, que foi apresentada como uma homenagem ao Partido dos Panteras Negras, uma vez que 2016 marcou o quinquagésimo aniversário da formação do movimento.

Vestindo uma jaqueta de couro preta enfeitada por uma faixa dourada simulando uma cartucheira, Beyoncé tomou o palco do show do intervalo evocando a era *Dangerous* de Michael Jackson. Embora não seja um dos melhores álbuns de Jackson, *Dangerous* se prestou a alguns dos melhores momentos visuais e estéticos do cantor. Aquele disco no qual ele se entregou completamente aos deuses dos gestos grandiosos. A fase em que ele sabia que os discos dele iam vender de qualquer jeito, então por que não dar ao povo algo que eles gostassem de ver? Beyoncé e Jackson são artistas bem diferentes, mas parecem vir de uma linhagem similar de conhecimento: a humildade é um bom jeito de acalmar os corações e mentes das pessoas que não conseguem compreender as alturas nas quais você opera. Mas se você é negro, e você é duas vezes melhor do que um monte de gente fazendo a mesma coisa, é importante você lembrar o público da sua grandeza de tempos em tempos.

Beyoncé caminhou pela grama do Levi's Stadium, na Bay Area, ao lado de pelo menos uma dúzia de mulheres negras, todas elas vestidas de preto, com afros perfeitamente penteados irradiando-se por baixo de suas boinas. Para aqueles que conhecem os Panteras Negras, ou mesmo para quem se lembra vagamente de alguma fotografia que viu alguma vez, aquilo fez sentido instantaneamente. Para aqueles que não estavam familiarizados com os Panteras Negras de jeito nenhum, a imagem também é clara. O intuito era criar alegria ou liberdade, raiva ou desconforto, dependendo dos olhos que contemplavam a cena.

Foi um gesto que ofuscou todos os outros momentos do show do intervalo – até mesmo as canções em si eram secundárias. Em um dos maiores palcos da consciência estadunidense, Beyoncé fez um tributo a um dos movimentos mais revolucionários de seu povo, no lugar onde o partido nasceu.

Em 2016, as pessoas negras já tinham descoberto novas formas de dizer "Estou com raiva de cada formato da violência estadunidense" sem dizer essas palavras em voz alta. Ficou muito evidente que as pessoas que perpetravam essas violências nos EUA estavam conscientes do que estava acontecendo e dos papéis delas nisso, e então a simples presença de pessoas negras percebendo e compreendendo o que se passava era o suficiente para deixá-las desconfortáveis. É por isso que em resposta ao "Black Lives Matter" – como declaração, nem mesmo como um movimento – a resposta escolhida foi desmontar o sentimento e aplicá-lo a todas as coisas. Não somente a raças ou indivíduos diferentes, mas a comidas, sapatos e produtos de cabelo. Transformar aquilo numa mercadoria até alcançar o silêncio. E então, quando pessoas negras decidiam usar suas plataformas para reivindicar sem sutileza o que tinha sido transformado em mercadoria e higienizado em nome do conforto americano, a reação negativa geralmente era irracional, sendo mais desproporcional vinda dos que estavam com mais medo.

Depois da aparição de Beyoncé no show do intervalo do Super Bowl, Rudy Giuliani insistiu que a performance atacava os policiais, embora nada na performance se inclinasse explicitamente em direção a uma crítica às forças da lei. Mas o truque é esse, não é? O poder, quando ameaçado, traz uma narrativa invisível lá das nuvens onde só os outros que também estão no poder e com medo conseguem enxergar.

O Super Bowl não é uma plataforma radical, por mais que uma performance política radical possa ser projetada nele por um brevíssimo período. Por isso, também foi difícil para mim não pensar no momento de Beyoncé no Super Bowl de 2016 como uma decisão consciente de como se vestir para ir trabalhar. É óbvio, compreendemos que para a maior estrela do pop de uma geração aparecer para trabalhar não é a mesma coisa que eu, você ou a maioria de nós caminhando entorpecidos até os nossos computadores e digitando a duras penas uma senha antes de começar as tarefas do dia. E é claro que até esse tipo de performance em um palco dessa amplitude está separado do trabalho do povo. Quero dizer claramente que a estética da revolução, quando associada à violenta máquina capitalista do futebol americano e apresentada por uma das cantoras mais ricas do mundo, está muito distante de qualquer trabalho revolucionário realizado em comunidades marginalizadas e negligenciadas por pessoas que estão lá na base. Mas o trabalho da performance e da apresentação ainda é trabalho. Alguém bate o ponto, de um jeito ou de outro. E Beyoncé escolheu vir trabalhar com um coro de bailarinas com afros volumosos ao seu lado e às suas costas, com munição falsa a tiracolo e com uma mensagem tão eloquente que não precisava ser dita para ser ouvida.

———

Na *startup* descolada de assistência médica, ninguém sabia como soletrar meu nome. A princípio trabalhei incansavelmente para corrigir as pessoas, tipo quando meu nome foi escrito errado na proposta de emprego e quando meu e-mail se revelou impossível de usar porque meu sobrenome tinha letras extras e erradas nele. No fim das contas eu apenas desisti, ao perceber que se eu gastasse todo o meu tempo corrigindo a grafia do meu nome eu não conseguiria fazer nada. Eu soube da vaga na *startup* descolada de assistência médica no site Craigslist em 2012, numa época em que procurar emprego no Craigslist estava se tornando mais infrutífero do que já era. Entre os golpes e as expectativas desiguais entre pagamento e experiência, as oportunidades de bons empregos na cidade onde eu morava, disponíveis no site, estavam diminuindo. Ainda assim, era um lugar que me parecia o mais amigável. Eu não tinha que responder a um monte de perguntas ou fazer o upload do currículo. Podia encontrar uma vaga a dois cliques de distância de onde encontrei um sofá velho, suspeito, mas útil. Era como uma lojinha de badulaques que atendia aos desejos mais diversificados, e eu simplesmente tinha que ajustar as minhas expectativas.

A descrição da vaga na *startup* descolada de assistência médica definitivamente parecia um golpe. Se vangloriava não apenas de salário e benefícios, como também de um escritório onde os empregados tinham direito a um almoço gratuito no restaurante interno e a usar roupas casuais. Na minha entrevista, me disseram para eu vestir "o que eu quisesse". Com tudo isso em mente, me surpreendi ao encontrar um escritório funcional com pessoas de verdade trabalhando lá. Quando consegui o emprego, senti como se eu tivesse avançado para um nível mais real da vida adulta, mas nos meus próprios termos. Um salário e benefício, mas também jeans, camisetas e tênis no escritório.

Minha primeira função na *startup* descolada de assistência médica era atender ligações e responder a chats de médicos e profissionais de saúde que tinham dúvidas sobre o *software* inventado pela *startup*, que tornava o complicado processo de obter autorizações prévias mais fácil. No telefone, os médicos me pediam para soletrar meu nome de duas a três vezes. Lá pela segunda ou terceira soletração, alguns diziam "Eu nem vou tentar pronunciar isso". São pessoas que, segundo imagino, passaram vários anos estudando. Durante as demonstrações do produto, nas quais eu falava com grupos de médicos e enfermeiras, tinha dias em que eu passava mais tempo repetindo o meu nome e falando de onde eu vim do que do programa em si. Se você tem um nome como o meu e recebe várias perguntas sobre as suas origens, vê que a linha entre a curiosidade genuína e o ceticismo se borra, principalmente porque as pessoas que se imaginam capazes de esconder a diferença de tom entre os dois na realidade não conseguem esconder a diferença de tom entre os dois. Quando digo para as pessoas que sou de Ohio, elas querem saber de onde vieram meus pais ou os pais dos meus pais. São impressionantes as armas que as pessoas disfarçam como conversa fiada.

Coloquei um adesivo do Black Lives Matter na parte de dentro da minha baia da *startup* descolada de assistência médica quando o movimento começou a ganhar impulso depois da absolvição de George Zimmerman, o assassino de Trayvon Martin. Uma semana depois, o adesivo desapareceu. Fui trabalhar na segunda-feira e tinha sumido. Na *startup* descolada de assistência médica, eu era uma de duas pessoas negras, mas era uma empresa pequena em crescimento e certamente haveria mais negros com o tempo. Eu não sorria tanto quanto a outra pessoa negra, que tinha uma simpatia contagiante à qual aspiro, mas que não consigo alcançar. Não me parecia um espaço confortável para perguntar o que tinha acontecido com um adesivo que afirma que vidas negras importam, então fiquei quieto. No entanto, havia cerveja e uma mesa de sinuca, às vezes fazíamos festas. Eu fui chamado de *nigger* no telefone por um médico do Maine, então desliguei o telefone e fui dar uma longa caminhada lá fora. Quando voltei, meu chefe me perguntou se eu terminaria de atender o médico.

Em julho de 2016, eu decidi tirar um dia de folga. Era 7 de julho, e em 6 de julho Philando Castile tinha sido assassinado por policiais no banco da frente de seu carro. No dia 5 de julho, Alton Sterling tinha tomado seis tiros à queima-roupa de policiais que tinham lutado com ele e o imobilizado no chão. No 4 de julho, os fogos de artifício desdobraram seu brilho e sua mágica efêmeros sobre rios e edifícios por todo os EUA, celebrando um desejo de barulho e luz. Celebrando um país como espetáculo antes de tudo, e tudo o mais em segundo lugar. E então, no 7 de julho, decidi que eu poderia não ir trabalhar.

Uma coisa que acho difícil de explicar são os momentos imediatamente posteriores a quando uma pessoa negra é alvejada pela polícia. O visual é chocante, mas se tornou algo que eu consigo evitar com facilidade. Mais ampla e mais ameaçadora é a ideia do medo, e como mapear e explicar aquele medo a pessoas que não o estão sentindo naqueles instantes. Até as pessoas que eu concluí que são boas, pessoas cuidadosas, mas que não conseguem sentir o medo muito particular que existe não apenas nas mortes, mas nas reações do país às mortes. Não é que eu me veja com medo de que um policial entre na minha casa enquanto durmo e me dê um tiro na minha própria cama. Mas penso nas coisas do corpo que podem ser confundidas com armas, incluindo o próprio corpo. Penso em como eu às vezes corro com fones de ouvido e posso não escutar uma ordem gritada por um policial com a mão a caminho de abrir o coldre. Penso no quão rapidamente a luz do luar pode provocar infinitos erros. Nos momentos depois desses tiros, quando pessoas negras dizem "Estou com medo de que esse país esteja tentando me matar", a réplica de quem não tem esse medo em particular geralmente está enraizada no que o país nos deu, e não no que ele pode nos tirar sem consequência alguma. "Você tem um bom emprego?" é a resposta a um tweet de uma mulher negra que expressou medo, frustração, exaustão. "Você não fez graduação e pós-graduação?"

Eu tive vários empregos e nenhum deles é capaz de parar uma bala. Eu tenho ouvido que sou inteligente, mas quando eu sou parado pela polícia na região rural de Ohio porque estou ouvindo música muito alto, sei que não devo tentar um debate intelectual onde não há outros carros visíveis por quilômetros. Eu ainda não recebi o suficiente deste país que possa silenciar a dor que chega quando um vídeo de uma pessoa negra sendo assassinada começa a circular por aí. Estou mais interessado em reparações que estejam arraigadas no estrutural: abolição, reformatar e reimaginar formas de construir um país a partir de outra coisa que não seja poder e violência. Mas se ainda não podemos ter isso, eu só preciso de um lugar onde possa sentir medo e estar confortável com o meu temor até que possa enterrá-lo debaixo de outra emoção.

Eu não podia dizer às pessoas da *startup* descolada de assistência médica que naquele 7 de julho, quando acordei, não queria sair da cama. Eu nem sequer sabia se algum deles tinha pensado em Philando Castile ou Alton Sterling. Havia sirenes da polícia do lado de fora do meu apartamento e eu não queria me mexer. Mandei um e-mail para o meu chefe numa linguagem genérica sobre precisar de um dia de folga para descansar, inventando alguma coisa. Nunca recebi uma resposta. Quando voltei ao trabalho no dia seguinte, as pessoas me pediram as anotações de uma reunião no dia anterior. Alguém me pediu se eu podia entregar uma tarefa que tinha sido enviada para o meu e-mail. Ficou claro que ninguém percebeu que eu não estive lá.

UM PEQUENO DEMÔNIO NA AMÉRICA

No dia em que Beyoncé lançou o clipe de "Formation", eu estava no aeroporto de Houston e me lembro disso não pela coincidência de estar por acaso no local de nascimento de uma artista no mesmo dia em que ela publica uma obra de arte capaz de fazer o mundo parar. Me lembro por causa de um homem branco de camisa amarrotada, com o blazer pendurado no encosto de uma cadeira do bar. Nós estávamos ao lado um do outro por causa das circunstâncias de longas escalas num lugar lotado e agitado. Frequentemente consigo notar quando alguém tem o desejo de falar, especialmente em situações relacionadas a viagens: em aeroportos, em aviões ou em carros compartilhados. Um olhar rápido se demora de um certo jeito, procura alguma coisa ou qualquer possibilidade de entrar numa conversa. O homem e eu ambos viajávamos a trabalho, mas em uniformes muito diferentes: o dele era um terno, o meu era moletom e uma camiseta antiga de A Tribe Called Quest. Eu ia ler uns poemas na Califórnia e ele ia para uma conferência de vendas em Seattle. O laptop dele tinha algumas planilhas abertas, enquanto o meu estava cheio de documentos abertos do Word. Usávamos nossos trabalhos como acessórios que caracterizam cada centímetro de cada um. Eu gosto da forma como dois estranhos que provavelmente nunca se verão novamente lutam para encontrar algum terreno comum primeiro e então veem o que ecoa a partir dali, para depois se separarem pela eternidade. Se temos que ficar confinados em nossos aglomerados de proximidade indesejada, vamos encontrar algo sem muita importância do que fazer graça e salvar as conversas difíceis para as pessoas em quem acreditamos e confiamos. Eu me vejo observando as pessoas brancas que fazem isso com mais cuidado e prudência comigo, e esse homem é um desses.

O *SportsCenter* estava passando na TV acima das nossas cabeças. Ele perguntou o que eu acho do Super Bowl, que está programado para acontecer nas próximas 24 horas. Disse a ele que estou torcendo pelos Panthers, eu acho. Gosto de Cam Newton, que naquele momento tinha se tornado o último numa longa fila de atletas negros famosos que são arrogantes demais, deslumbrados demais ou não sabem qual é o seu lugar. Expressei minha afeição por Newton só para ver onde estamos pisando, e o homem balança a cabeça gentilmente, em aprovação. Ele é um pouco mais velho do que eu e insistiu que ele é um fã à moda antiga, mas realmente gosta de ver Newton jogar. Ainda assim, disse que ia torcer pelos Broncos. Ele apostou um dinheiro nos resultados do jogo e acha que vai ser difícil superar a defesa deles. Faz uma piada sobre como vai ter que se obrigar a assistir ao show do intervalo. Disse que a esposa ama Coldplay e fez com que ele passasse a acompanhar a banda.

Quem trabalha com música ou no entorno da música por bastante tempo consegue desenvolver um tipo de sexto sentido de quando o universo musical está mudando, particularmente se um ambiente de repente se torna silencioso, ou se você olha ao redor e vê muita gente espiando o telefone com olhares de alegria e empolgação e não de medo e luto. Percebo isso acontecendo no meu entorno enquanto estou sentado no bar do aeroporto com meu novo companheiro e peço licença da nossa conversa para olhar o celular. Abro o vídeo de "Formation" e lá está Beyoncé, agachada no teto de um carro da polícia de New Orleans meio submerso.

O vídeo faz referências a muitas imagens – um menino negro num moletom com capuz dança na frente de uma linha de policiais armados, uma longa linhagem de imagens arraigadas na vida negra no Sul dos EUA, de homens a cavalo até vestidos fluídos e ondulantes do período anterior à Guerra Civil. Mas naqueles momentos iniciais em que estou absorvendo o vídeo, o que vejo é a água. Enquanto a canção se desenrola, o carro da polícia afunda mais e mais. Percebi que o homem próximo a mim assiste ao vídeo junto comigo, primeiro pelo canto dos olhos, depois com mais intensidade. O carro está em grande parte submerso a essa altura, a não ser pela parte de cima das janelas e sua sirene inconfundível.

O aeroporto de Houston foi renomeado em homenagem a George H. W. Bush, o pai de George W. Bush, que uma vez sobrevoou a cidade submersa de Nova Orleans e lançou um olhar enlutado da janela do Força Aérea Um enquanto os fotógrafos faziam imagens, e me parece que há muita linguagem contida em determinados momentos de silêncio. No final de "Formation", o carro da polícia desaparece totalmente na água e leva Beyoncé com ele – e o Aeroporto Intercontinental George H. W. Bush inteiro ao meu redor começa a inundar. Há água escorrendo pelas rachaduras nas paredes. Água brotando do chão e ensopando os pés de todas as pessoas negras em seus portões olhando para os seus telefones. Água pingando dentro e fora dos aviões. Água pela qual ninguém é responsável e que também não é responsável por ninguém. Quando o vídeo termina, o homem perto de mim se virou um pouquinho mais para a direita, um sinal de que talvez nosso flerte com o terreno comum tenha acabado. Parece-me que encontrei o que nos separa. Tanta linguagem contida em determinados momentos de silêncio. Imagino que tudo pareça distante quando você está se afogando. Mesmo as coisas que antes eram consideradas confortos compartilhados.

———

Quando Huey Newton fugiu do país depois das acusações de assassinato, em 1974, Elaine Brown foi indicada para liderar o Partido dos Panteras Negras. Ela foi a única mulher a ocupar essa posição, apesar do fato de que, no início dos anos 1970, a maioria dos integrantes do partido eram mulheres, algumas delas trabalhando para criar programas de educação comunitária e ativismo, algumas lutando na linha de frente contra a violência policial e a violência estatal. Brown foi a presidente do partido por três anos, entre 1974 e 1977. Se dedicou especialmente a encaminhar o grupo para a política eleitoral e a dar continuidade à firme tradição de serviços comunitários. Desenvolveu a Panthers' Liberation School [Escola de Libertação dos Panteras], que tentava trazer a empolgação com a educação para as vidas de estudantes negros que geralmente eram negligenciados pelos sistemas educacionais nos quais estavam inseridos. No entanto, em meio a tudo isso, Brown declarou que estava trabalhando contra dois tipos de resistência: interna e externa. Em seu livro de memórias *A Taste of Power* [Um gostinho do poder], publicado em 1992, ela afirmou:

> Uma mulher negra no Movimento Black Power era considerada, no melhor dos casos, irrelevante. Uma mulher negra se afirmando era uma pária. Se uma mulher negra assumisse uma posição de liderança, diziam que ela estava erodindo a virilidade negra, estava atrapalhando o progresso da raça negra. Era uma inimiga do povo negro... Eu sabia que eu tinha que me basear em algo poderoso para dirigir o Partido dos Panteras Negras.

No final de 2016, depois que os resultados das eleições foram oficializados e as análises demográficas das votações começaram a circular, a mais chocante de todas as estatísticas era a de que 52% das mulheres brancas votaram em Donald Trump, enquanto 43% votaram em Hillary Clinton. Contudo, sob essas estatísticas estava a informação de que expressivos 93% das mulheres negras votaram em Hillary Clinton. Boa parte da conversa se centrava no cruzamento entre gênero e poder e como as mulheres brancas votam de acordo com os interesses do poder mesmo que tenham de ignorar todo o resto. Mas o que também começou foi uma onda de apreciação pelas mulheres negras que me parecia perturbadora, em grande parte porque estava arraigada principalmente na capacidade delas de consertar o país ou de trabalhar em favor de uma bagunça da qual muitas delas nem pediram para fazer parte. O desconforto era mais visceral porque a maioria das pessoas que se engajou nessa narrativa em seus estágios iniciais era branca e potencialmente "bem-intencionada", mas não considerava o que a construção daquelas ideias poderia fazer. Ou não considerava os motivos por trás dessas ações. Gritar "as mulheres negras vão salvar todos nós!" pode parecer algo bom de se expressar num tweet, mas é interpretado como algo não tão bom quando alguém para e pensa que as pessoas negras – e, nesse caso, especificamente as mulheres negras – não estão neste país como embarcações para aproximar a nação de uma certa competência moral. A obsessão estadunidense com a imoralidade e a disposição de atribuir aos mais marginalizados a maior parte do trabalho de combatê-la é intrínseca à experiência negra estadunidense, e então me ocorreu que talvez as mulheres negras estivessem simplesmente tentando se salvar. Pois muitas pessoas negras neste país precisam trabalhar em empregos dos quais elas não gostam, ou lidar com ondas de microagressões no trabalho ou na lanchonete ou na academia, e ainda sabem que votar não vai salvá-las ou parar nada disso, mas foram votar mesmo assim porque a aposta já era ruim, mas o crupiê tinha as cartas na mão para tornar a rodada ainda pior, e muitos de nós sabíamos disso.

Assim, às vezes, é simplesmente uma questão de alternativas. O que as pessoas marginalizadas podem fazer com o espaço que criamos para nós até que alguém venha e o transforme no espaço deles. Elaine Brown e as mulheres do Partido dos Panteras Negras seguiram em frente, imagino, porque a alternativa era um caminho ainda mais difícil em direção à libertação. Bree Newsome escalou um mastro para arrancar uma bandeira confederada com suas próprias mãos, porque a alternativa era viver sob a sombra cruel dela por mais um dia e dias suficientes já tinham se passado. Beyoncé tinha cinco minutos para se apresentar como coadjuvante no intervalo do Super Bowl e vestiu cartuchos dourados e fez mulheres negras levantarem seus afros e se enfeitarem de couro preto porque a alternativa era o conforto estadunidense. Uma pessoa negra deixa aqueles que ama e seu próprio espaço de conforto para ir a um escritório onde suas ideias não são levadas a sério, mas ainda assim volta no dia seguinte e no outro, porque a alternativa que o capitalismo reservou para ela é a falta de segurança, ou a incapacidade de comprar as pequenas liberdades que a fazem se sentir mais humana no fim de tudo.

E eu sei, eu sei que bater o ponto num emprego ou ir votar quando isso não é obrigatório não é a mesma coisa que se apresentar no Super Bowl ou abrir uma escola em nome da libertação negra ou transmitir uma mensagem em camadas deitando-se sobre um carro de polícia que desaparece lentamente na água escura no fim de um videoclipe com uma produção cara. Mas a ideia de Excelência Negra à qual retorno é essa: o que uma pessoa faz quando se vê diante dessas alternativas. Qual vida melhor se vê além da vida construída atualmente? Além do emprego, além dos e-mails, além dos dias em que precisamos dar uma caminhada para espantar o espectro do medo, além dos vídeos que nos mostram o quão rapidamente uma vida pode ser aniquilada, além de um sistema eleitoral que falha com todas as pessoas que estão debaixo dele, mais com uns do que com outros. Beyoncé tinha toda uma carreira antes de sua apresentação no Super Bowl para alavancá-la e conquistar a confiança do público, então exigiu mais dos espectadores. O resultado final não é a excelência, ainda que seja excelente. A excelência, para mim, está na luta comum pela individualidade, ou está nos instantes anteriores ao momento. A excelência também está em aparecer quando é mais fácil para você não estar presente, sobretudo quando ninguém perceberia que você não foi. Quando aquelas mesmas pessoas só se levantam para aplaudir você pelo seu suposto desejo de salvá-las delas mesmas e da conta crescente dos danos intermináveis por elas cometidos. Quando sua marca é você mesmo, definida pelas regras criadas por você, você constrói um barco grande o suficiente para o seu povo e quem mais você precise que sobreviva. Salva-se primeiro.

QUARTO
MOVIMENTO

ANATOMIA DA INTIMIDADE/ À PROCURA DO SANGUE

Sobre os momentos em que me obriguei a dançar

COM A LÂMINA carinhosamente margeando a linha do meu couro cabeludo escapando de forma desigual pela minha testa, meu barbeiro diz *e escuta cara, hoje em dia os gays têm mais direitos do que nós, o povo preto* & não posso dizer que eu sei o que provocou isso & parei de ouvir o que esse negão fala uns cinco cortes de cabelo atrás & não estou de bem com isso mas eu moro em Connecticut & não confio em nenhum barbeiro aqui & eles são todos brancos & esse cara tem uma barbearia perto do apartamento que eu odeio & pago muito caro para morar nele & até agora tem sido fácil me distrair & ele sabe cortar essa linha & poucas pessoas falam de um corte de cabelo como um ato de intimidade & um jeito como alguém se coloca diante dos caprichos de outra pessoa & no momento em que meu barbeiro diz *e escuta cara, hoje em dia os gays têm mais direitos do que nós, o povo preto* minha cabeça está aninhada em sua mão esquerda e o dedão estica a pele perto do meu olho direito & quem pode dizer o que é um ato de amor e o que não é & penso isso ainda que eu cerre os punhos & aperte o maxilar depois que meu barbeiro fala & é verdade que eu cheguei aqui e pedi que me dessem uma nova aparência & o que é isso se não um ato amor & confio num homem que eu mal conheço e do qual não gosto para moldar a minha aparência & meu amor próprio & que merda & eu confio no meu barbeiro mais do que confiei em namoradas & irmãos & meus amigos de longa data & é assim porque se ele fizer o trabalho dele direito, eu sempre posso encontrar um novo amor em algum lugar & estamos valsando agora & com isso quero dizer que com uma lâmina na linha do couro cabeludo é preciso negociar & eu tenho um bico de viúva & que herdei da minha mãe que herdou da mãe dela que o conseguiu em algum lugar pior do que onde eu moro agora & então estou dizendo que tenho uma linha do couro cabeludo peculiar & que merece todo o carinho que eu não pude dar às mulheres que me abençoaram com ela & digo ao meu barbeiro *Mas tem pessoas que são gays e negras, cara* e ele só diz *Nem, não acredito nessa besteira* & não sei que *besteira* é essa & meus punhos ainda estão cerrados & ele ainda está traçando a linha ao longo da minha testa com uma lâmina afiada & talvez agora não seja o momento de brigar & nós contemos multidões é tudo o que eu estava dizendo tipo como eu posso querer brigar com esse negão mas também sei que ele é o único corte confiável na cidade & estou fracassando outra vez quando os riscos são altos & quando escrevo sobre o romantismo das barbearias nunca é sobre essa parte & nunca são os homens que desprezam as violências que apreciamos em nome de uma piada ou com a intenção de não se sentir só & nunca é a mulher que entra na barbearia ou trabalha na barbearia & nunca é nessa parte em que se espera que todos sob o teto da barbearia se curvem às convicções políticas de uma pessoa segurando gentilmente sua cabeça na palma da mão & sempre tem a ver com o romantismo familiar de um lugar onde os negros vêm para ficar bonitos & suponho que mesmo as famílias mais chegadas precisam resolver umas merdas de vez em quando & meu barbeiro diz *ei destrava esse maxilar, não consigo fazer a sua barba desse jeito*.

A rixa às vezes começa com um passo de dança

UMA VALSA numa câmara circular entre os seus manos e os não manos, gritando palavras de estímulo. Houve longos períodos em que as pessoas com quem cresci não queriam se envolver em brigas, mas poderiam fazer isso com relutância. Essas estações do ano nunca devem ser confundidas com os períodos em que as pessoas alimentam todo tipo de tumulto até que o *playground* ou a quadra de esportes seja um tornado de socos e cotoveladas e às vezes chutes. Nessas épocas, alguém talvez tenha que sair na mão uma ou duas vezes para que saibam que a pessoa não tem medo da briga. Lavar a camiseta branca de leve para que a mancha de sangue adquira um tom acobreado quando a luz do verão incidir sobre ela.

Essas estações não se alinham para todo mundo. Às vezes, se as mãos carregaram um caixão recentemente ou se dedicaram a plantar rosas numa sepultura, convocá-las para trocar socos parece impossível. Na escola, se qualquer esporte de equipe estava contando com a sua presença, um colega de time provavelmente tentaria te afastar daquilo para o qual suas emoções o atraíam.

O que eu amo e não amo numa desavença é que ela se torna mais traiçoeira quanto mais tempo permanece dormente. Na minha juventude, especialmente na escola, às vezes a performance da rixa era entre duas pessoas que não queriam exatamente brigar, se encarando a poucos centímetros de distância, expressando ferozes um conjunto de ressentimentos, os punhos cerrados na lateral do corpo. Se você teve uma rixa que tendeu a um clímax violento você sabe quem está e quem não está a fim de brigar. Eu sabia que se alguém me olhasse bem nos olhos – sem piscar nem desviar – na realidade não haveria muita briga física. Só a performance da percepção da dominância. Eu gostaria que mais pessoas falassem sobre a intimidade envolvida nos momentos que escalam até uma possível briga. A forma como os envolvidos imploram por proximidade e expectativa e sim, o contato visual, mapeando o interior de uma pessoa que você pode odiar, mas ainda tenta conhecer, ainda que esse conhecer seja simplesmente uma forma de se manter em segurança.

Brigas reais aconteceram no meu bairro: por território ou porque alguém voltou para casa com mercadoria demais ou sem dinheiro o suficiente ou por alguma longa história de retaliação violenta. Eram as brigas que podiam acabar em funeral ou em estadias prolongadas no hospital ou em pais trêmulos sob as luzes da varanda gritando os nomes de seus filhos numa rua escura e tendo apenas a escuridão como resposta às suas vozes.

As brigas secundárias – as que mais me consumiam e aos meus amigos na adolescência – eram quase exclusivamente relacionadas aos testes e às tribulações da vida amorosa. Especialmente entre os garotos. Alguém tinha uma namorada e então não tinha mais. Se uma menina beijasse outro alguém do lado de fora do cinema Lennox enquanto todos nós esperávamos nossos pais nos buscarem numa noite de sexta-feira, ou de domingo, quem sabe o que a percepção da desfeita poderia começar a criar. Era uma época anterior à popularização de celulares entre adolescentes, antes dos telefones com câmeras e do *boom* da internet. Tudo o que era visto era transmitido por uma longa cadeia de informações, com a história sendo enfeitada por detalhes saborosos conforme quicava de um ouvido a outro.

E então nós saímos no soco ou não, na maioria das vezes por causa de nossos corações partidos. "Vencer" não significava nada, é claro. Uma parte desse tipo específico de rixa acarretava brigar ou não pelo coração partido na tentativa de curar o ego, mas não de se aproximar novamente da pessoa responsável por partir o coração. A pessoa que eles talvez amassem, mas de quem provavelmente só gostavam um pouco, numa época em que o amor era medido muito mais pela proximidade do que pela emoção. É mais fácil circundar alguém numa valsa interminável de gritos e contato visual do que simplesmente dizer aos outros que você está muito triste. E então, existe a rixa, a mistura que ao menos promete um novo tipo de relacionamento para preencher o vazio.

Há muitas formas como uma rixa pode começar com um passo de dança e então sair do controle. Basta perguntar a James Brown e Joe Tex, pois ambos chutaram o pedestal do microfone e fizeram um espacate, mas é impossível saber quem fez isso primeiro e é seguro dizer que nenhum dos dois inventou as pernas ou o chute alto. Mas Joe Tex definitivamente lançou a canção "Baby You're Right" primeiro, em 1961. Ele a gravou pela Anna Records numa época em que procurava por um hit. Tex começou a se tornar conhecido em 1955, depois de sacodir Nova York vindo de Rogers, Texas. Em seu primeiro ano do ensino médio, ganhou um show de talentos em Houston; o prêmio era trezentos dólares e uma viagem a Nova York, com uma semana de estadia no hotel Teresa, localizado nos arredores do lendário Apollo Theater.

A noite dos calouros no Apollo Theater era o primeiro e mais verdadeiro terreno de testes para jovens artistas, porque não havia uma barreira real entre a performance no palco e a expressão de prazer ou desagrado da plateia. O público tinha o poder de demonstrar seu desagrado com a apresentação dos artistas, pela voz ou até fisicamente, com gestos como correr pelos corredores, gritar e apontar o dedo, ou – se gostassem – até fingindo desmaiar de alegria. O Apollo já existia antes de painéis de jurados oferecerem seus comentários, quando mesmo os comentários mais rudes de um jurado pareciam roteirizados e feitos para a televisão. No Apollo, o público estava lá para se apresentar tanto quanto o artista no palco. Como qualquer boa plateia de uma briga no pátio da escola, eles eram capazes de ditar os rumos da noite, ou de uma vida inteira, num determinado momento. Pode-se defender a ideia de que nenhuma sala cheia de pessoas deveria ter tanto poder, mas a multidão formada em sua maioria por pessoas negras estava lá para dar a uma maioria de artistas negros o que eles precisavam: honestidade vinda do seu povo.

Em um instante voltarei a falar daquele tolo do James Brown, que roubou "Baby You're Right" de Joe Tex, e então talvez seja possível dizer que ele também roubou passos de dança ou que ao menos só recebeu o que mereceu quando seus próprios passos de dança foram roubados. Mas agora é a hora de mencionar que quando Joe Tex chegou para a noite dos calouros no Apollo lá em 1955, Sandman Sims foi a pessoa que desempenhava o papel de Executor. O público amava o Executor, mas os artistas não queriam vê-lo nem pintado de ouro quando estavam no palco, porque se aquele negão viesse atrás de você, era sinal de que o seu tempo acabou. No momento em que você via o Executor, as vaias provavelmente eram tão altas que o público não estaria escutando nada do que você cantasse. O trabalho do Executor é livrar a plateia de algo que ela estivesse aturando, ao entrar no palco e sapatear expulsando o artista do palco enquanto as vaias davam lugar aos aplausos.

Howard "Sandman" Sims, o "Homem-Areia", queria ter sido boxeador na Califórnia, mas quebrou a mão duas vezes na juventude e ninguém pode lutar boxe se não consegue manter o punho fechado, mas a piada era que ele não era um bom lutador de boxe de qualquer maneira. Era conhecido pela forma como se movia pelo ringue. A antiga ideia do desejo de dançar sobrepujando o desejo de realmente se meter numa troca caótica de socos. Ele se mexia quase como se flutuasse, esquivando, desviando e confundindo. O som dos pés dele enquanto saltitava pelo ringue, espalhando a resina pela madeira. Como areia chutada para todos os lados. Quando ele percebeu a dança como uma carreira alternativa ao esporte, tentou colar lixa nas solas dos sapatos e no tapete de dança, na tentativa de reproduzir o som de seus pés se deslocando num ringue de boxe. Quando isso não funcionou, ele espalhava areia nas plataformas lisas para criar efeitos sonoros. Isso foi nos anos 1930, quando o movimento era rei e o som e o corpo estavam se tornando uma coisa só. Sapateadores como Sandman levavam os sapatos para todo lugar, e, se vissem mais alguém carregando os sapatos, eles jogavam os seus no chão para lançar um desafio, o que poderia acontecer bem aqui no meio da rua.

Às vezes uma rixa começa com a batida dos sapatos na calçada.

Sandman deixou a Califórnia e se mudou para o Harlem no início dos anos 1950. Ele desafiou e venceu todos os dançarinos de rua de Los Angeles, então ouviu falar que no Harlem havia alguns capazes de dançar em cima de um prato sem quebrá-lo ou sapatear sobre uma folha de jornal sem rasgá-la. Esses desafios valiam a pena, mas Sandman tinha seus olhos voltados para o Harlem e o famoso Apollo Theater. Ouviu falar das noites de quarta-feira, nas quais os amadores buscavam a glória ao subir no palco. Foi até lá e venceu a competição, estabelecendo um recorde de vinte e cinco vitórias. Depois da vigésima quinta vez, uma nova regra foi estabelecida: os artistas não podiam mais competir depois de ganharem quatro prêmios de primeiro colocado.

Sandman conquistou o Apollo e reescreveu a história do teatro, mas não ganhou nada de tangível com isso. Ainda não tinha um trabalho estável como dançarino, nem nada parecido. Em meados da década de 1950, o Apollo decidiu contratá-lo como gerente de palco. Logo após a contratação, ele assumiu o papel de Executor. Revolucionou a função, não só retirando os artistas do palco ao som de passos de sapateado, mas acrescentando elementos cômicos a sua aparição, como perseguir os cantores com uma vassoura ou um gancho enquanto usava trajes de palhaço ou fraldas. Tudo isso era um truque para trazer a plateia de volta do limite de seu desagrado e dar a ela algo satisfatório entre as apresentações. Reza a lenda que, quando ele tirava os artistas do palco, abandonava o personagem e consolava quem precisava. Sandman foi o Executor que desempenhou essa função durante mais tempo no Apollo, mantendo o papel até 1999. O tempo inteiro, apesar de ter um trabalho remunerado, ele ainda carregava seus sapatos de sapateado pelas ruas do Harlem e os lançava no chão para um desafio toda vez que via uma oportunidade.

No entanto, Joe Tex nunca encontrou o Executor durante o tempo que passou em cima do palco do Apollo, porque nunca foi vaiado ao se apresentar lá. Venceu a noite dos calouros durante quatro semanas seguidas antes mesmo de se formar no ensino médio. Quando se formou, em 1955, assinou imediatamente um contrato para gravar um disco com um selo chamado King Records, de Cincinnati, Ohio. A gravadora era mais conhecida entre as pessoas negras como Queen Records, que distribuía inúmeros discos raciais nos anos 1940 antes de se fundir com a King, que tinha como foco o rockabilly, e Joe Tex parecia uma estrela em formação. Ele era carismático, um compositor afiado, com uma voz que atingia o tom certo para um tipo de apelo – como um pássaro gentil e engaiolado pedindo para escapar.

O problema foi que, no início de sua carreira, Joe Tex não conseguiu canalizar todas essas qualidades para um sucesso. Ele gravou pela King entre 1955 e 1957, mas não conseguiu se destacar com nenhuma das canções. Uma antiga fofoca de bastidores da King Records dizia que Tex escreveu e compôs "Fever", que acabou se tornando um sucesso com seu colega de gravadora Little Willie John. Tex vendeu a música para a King Records para pagar o aluguel. Imagino que esse foi o primeiro sinal de que o período de Tex com a King precisava terminar.

Tex mudou para a Ace Records em 1958 e continuou sem conseguir emplacar um hit, mas ele sempre conseguiu se garantir nos palcos. Lá ele sempre estava um passo adiante de seus companheiros. Cultivou uma reputação singular para suas apresentações ao vivo, fazendo truques com o microfone e passos de dança que nunca tinham sido vistos antes. Incluindo seu principal truque: deixar o pedestal do microfone cair para pegá-lo antes de chegar no chão, no último segundo, com o pé, e então chutá-lo para que ficasse de pé outra vez, tudo isso no ritmo da música que cantava. O estilo dele no palco lhe garantia dinheiro e uns poucos shows de abertura. Ele abria a noite para artistas em ascensão, como ele, mas que se julgava terem maior potencial para o estrelato. Artistas com Jackie Wilson ou Little Richard. Ou James Brown.

É claro que isso não quer dizer que James Brown ficou na moita observando Joe Tex, estudando os passos de dança e mapeando tudo para depois usá-los. Mas James Brown com certeza conseguia sujeitar um pedestal de microfone à sua vontade, assim como Joe Tex, e algumas pessoas diriam – mais uma vez, é impossível ter certeza. De volta a "Baby, You're Right": Tex gravou a canção em março de 1961, quando a Anna Records pertencia a Anna Gordy, irmã de Berry Gordy. Tex estava tentando construir uma passagem para a Motown, e assim gravou "Baby, You're Right" para eles, junto com umas outras músicas. A música não tinha nada de excepcional para a época, com uma base lenta de guitarra dedilhada e explosões de metais que pontuavam a letra, que declarava para uma amante que ela fazia falta.

É aqui que James Brown reaparece. No final de 1961, James Brown gravou um cover da canção, alterando a melodia e mudando um pouco a letra. A melodia lírica de Brown arrasta as palavras, acrescentando uma urgência palpável às perguntas. "Yooooouuuu think I wanna love you?" [Você acha que eu quero te amar?] se mantém por mais tempo no ar, uma pouco mais do que a versão de Tex, enquanto o ouvinte – embora soubesse a resposta – espera ansioso por um retorno. Tex cantava para convencer sua amada, enquanto Brown cantava compreendendo que sua amada já estava convencida. Isso foi o suficiente para catapultar James Brown para as Dez Mais das listas de sucessos do pop e R&B. Brown decidiu colocar seu nome junto de Tex como compositor nos créditos.

Tex, que não tinha conseguido alcançar as listas de sucessos em toda a sua carreira, finalmente chegou lá. Um pequeno círculo de luz dentro da sombra de James Brown.

Eu menti quando disse que vencer não significa nada, e é assim que você pode perceber que eu perdi o suficiente para saber que deveria parar de brigar. A dor no ego pede por curativo, um bálsamo que pode vir sob a forma de dominar um oponente numa luta corporal ou descobrir uma canção antes que isso aconteça, mas o ego pedirá um bálsamo de qualquer jeito. Um dançarino jogando os sapatos aos seus pés está tentando conduzir o seu orgulho por um caminho sem volta. Está dizendo que conhece você e sabe do que é capaz, mais do que você se conhece. É bom saber que as pessoas têm medo de você. Foi isso o que manteve Sandman procurando por desafios nas ruas e o que impedia os artistas no palco do Apollo de baterem nele quando ele invadia as apresentações com uma vassoura na mão. Vencer às vezes significa que você pode evitar a violência no caminho mais adiante. Às vezes, vencer significa que você consegue chegar em casa com a cara limpa e nenhuma pergunta dos familiares preocupados.

Foi a cena do casamento que deixou *New Jack City: A Gangue Brutal* fora de alguns cinemas na minha cidade quando o filme fez sucesso no fim do inverno de 1991. O filme é todo sobre o quão fundo pode descer a vontade intensa de preservar o poder, mas a cena do casamento é especificamente angustiante. Ao descer as escadas depois do fim da cerimônia, uma das daminhas deixa cair um dos enfeites da decoração. Enquanto ela volta para buscá-lo, o líder, Nino Brown, se abaixa para pegá-lo e devolver à criança, com um sorriso se insinuando no rosto. Sabemos que algo ia dar errado porque Nino foi para o casamento vestido todo de preto, como se estivesse pronto para enterrar alguém ou ser enterrado. E qualquer um com um pouco de inteligência poderia espiar a cena e saber que o pessoal do bufê com a van estacionada ao pé da escada na verdade eram mafiosos italianos, esperando para se vingar. Mas já era tarde demais, ainda que você soubesse o que aguardava no horizonte. Os mafiosos sacam suas armas e começam a atirar, daquele jeito que atiram nos filmes – a esmo, sem realmente atingir alguém.

Se a cena simplesmente espiralasse para os tiroteios usuais de filmes a partir daí, seria banal e indigna de controvérsia. Mas há um momento que dura cerca de quatro segundos. Enquanto o pai da menina sobe as escadas para proteger a filha, enquanto as balas ricocheteiam no concreto soltando fumaça, Nino pega a menina que está aos gritos e a segura diante de seu rosto e seu tórax, fazendo-a de escudo. Mesmo com os precedentes de horror já estabelecidos pelo filme, essa cena é especialmente horrível. Está claro que foi posta no filme para estourar todos os limites da violência, mas também para traçar uma linha na areia, deixando claro que Nino Brown era um personagem que não poderia ser redimido por nenhum público razoável.

Os pais no meu bairro começaram a saber da cena quando saíram as críticas. Houve pressão para que os cinemas retirassem o filme da programação e alguns fizeram isso. A imprensa local criou pânico, alegando que o filme incitava a violência – uma ameaça que seria tratada sem a devida seriedade em 1991, quando *Os donos da rua* foi lançado, e em 1993, quando *Perigo para a sociedade* chegou às telas.

Aqueles que conseguiam escapar iam assistir ao filme assim mesmo. Eu era jovem demais para ir ao cinema, mas não a ponto de deixar de ouvir vigaristas e jogadores mais velhos dissecarem o filme na quadra de basquete na rua em frente à minha casa, nem deixar de escutar meu irmão mais velho conversando com os amigos. Numa rixa *real*, do tipo que deixa corpos sangrando pela cidade em plena luz do dia, os riscos se tornam diferentes. Alguém está morto, então outra pessoa tem que morrer. Mas mesmo no código das ruas existe uma ética, que em geral envolve mulheres e crianças, funerais e casamentos. Eu ouvia que Nino Brown não merecia compaixão porque não tinha um *código*. E ver a falta de código ser representada na forma escolhida por Brown estremeceu as bases daqueles que cuidavam de suas rusgas com um entendimento firme de quem deve e quem não deve sangrar.

O tiroteio inteiro dura mais ou menos um minuto, mas é no fim que aparece aquela parte dele que não é tão memorável para a maioria quanto o momento da criança usada como escudo. Enquanto Nino Brown e sua gangue se escondem atrás de mesas e decorações de casamento, atirando descuidados contra os adversários, os mafiosos aos poucos começam a se retirar. Por algum motivo inexplicável, Keisha, a única mulher integrante da gangue de Brown envolvida na troca de tiros, corre com sua arma para o patamar no meio da escadaria e começa a atirar. Como era de se esperar, livre da cobertura dada por uma mureta, ela é atingida por uma sequência de disparos, cada um dos quais pinta um borrão vermelho no terno creme. Ela cai nos degraus e Nino Brown sobrevive. É a parte do filme que evidencia do modo mais claro possível que o poder – especialmente para os homens – significa ter acesso a corpos que não o seu para sofrer danos colaterais. Inúmeras opções para permanecer ileso.

Para James Brown, essa opção era Bea Ford. Ford era uma cantora de *backing vocal* com uma voz afiada e convidativa. Ela foi casada com Joe Tex até 1959, e em 1960, James Brown a contratou para cantar com ele a música "You Got the Power", uma lenta balada cheia de tesão que começa com Ford cantando:

I'm leaving you, darling
And I won't be back
I found something better
Somewhere down the track[1]

No instante em que a voz de Brown entra na canção, o vocal dele e de Ford se costuram de modo inextricável, como se eles tivessem se conhecido desde sempre.

Em algum momento depois do lançamento da canção, Brown enviou uma carta para Tex. A carta insistia que estava "tudo acabado" entre ele e Ford e Tex poderia pegá-la de volta. Em resposta, Tex gravou a canção "You Keep Her", que começa com os seguintes versos:

James I got your letter
It came to me today
You said I can have my baby back

....

[1] Querido, estou indo embora/ e não vou voltar/ Encontrei algo melhor/ Em algum lugar pelo caminho.

But I don't want her that way
So you keep her
You keep her because man, she belongs to you[2]

Há muitas maneiras de incomodar uma pessoa durante bastante tempo, enfiando uma faca em suas piores inseguranças e então torcendo a lâmina. Suponho que a palavra "pertence" seja a lâmina aqui. Mesmo procurando nos confins mais longínquos da internet, não há muito que se possa encontrar sobre Bea Ford. A única gravação pela qual ela recebeu crédito foi o dueto com James Brown, e ela não durou muito no show de Brown depois que a canção foi lançada. A primeira foto que aparece numa busca é ela, de pé diante do microfone cantando, enquanto um jovem James Brown a observa, na expectativa.

Um dos muitos problemas das rixas – como se construíram ao longo da história – é que os espectadores são usados como moeda dentro do ecossistema da desavença. Quando a rusga é entre dois homens, geralmente esses espectadores são as mulheres. Mulheres que têm vidas inteiras, carreiras, ambições, mas são reduzidas a armas por homens que levam a cabo uma disputa mesquinha. Esse é o lado mais baixo de tudo isso. Às vezes a desavença tem a ver com quem tem e quem não tem algo, e, com

---

[2] James, recebi sua carta/ Chegou hoje para mim/ Você disse que posso ter minha garota de volta/ Mas eu não a quero desse jeito/ Então você fique com ela/ Fique com ela, cara, pois ela te pertence.

isso em mente, até as pessoas são transformadas em propriedade.

Assim, em meio aos fogos de artifício, toda a conversa emocionante sobre as brigas e o público esfregar as mãos na expectativa de saber quem vai provocar a próxima disputa, eu não quero que se perca o fato de que Bea Ford era uma mulher de talento. Uma mulher que provavelmente tinha ambições de carreira muito além desses homens entre os quais foi parar. Uma mulher a respeito de quem tenho especulado muito, porque a única informação fácil de encontrar é que ela foi casada com um cantor até que cantou um dueto com outro. Há algo nocivo no que acontece ao redor de dois homens brigando entre si. O ego de um homem poderoso explode, e os vestígios são uma terra onde nada se parece com o que era antes da detonação. Até as memórias mais claras se tornam vento.

Notorious B.I.G. disse *Beef is when you roll no less than thirty deep*[3] e é difícil dizer quantas pessoas acompanhavam James Brown quando ele ia para um bar depois do show em 1963, ele e seus companheiros levando algumas espingardas, mas isso é o que acontece quando a merda fica tão sé-

....
[3] Rixa é quando você não anda com menos de 30 manos por aí. Verso da canção "Whats's Beef", do álbum *Life After Death* (1997).

ria que não pode ser outra coisa além de uma rixa. A desavença se torna mais emocionante quando as duas pessoas nela envolvidas são performers, que talvez tenham algo a perder e, portanto, fazem questão de arrastar seus desentendimentos ao longo de muito tempo. Pessoas que têm um dom natural para o drama embutido em seu DNA. Um rapper que cresceu brincando de provocar e tem intimidade com a linguagem e com a capacidade de usá-la para humilhar. Um sapateador que joga os sapatos no chão no meio de uma rua lotada e pergunta quem ousa aceitar o desafio. Ou um cantor de soul que arrasta uma plateia inteira com cada um de seus movimentos.

Por volta de 1963, Joe Tex e James Brown estavam absolutamente de saco cheio um do outro. Tex zombava de Brown a cada oportunidade. Ainda assim, como o mundo do soul, da Black music e do rock'n'roll ainda era relativamente pequeno e segregado, Tex e Brown não conseguiam se evitar na estrada. Então, quando os dois se apresentaram juntos em Macon, Georgia, no show que James Brown fez ao voltar para sua terra natal, Tex aproveitou a oportunidade para realmente enfiar as esporas na rixa entre eles. Naquele ponto, James Brown já tinha desenvolvido sua famosa performance usando capa. Aparentemente consumido pelo suor e pela emoção no fim de uma apresentação, Brown pedia que alguém colocasse a capa sobre seus ombros e o acompanhasse na saída do palco. Ele dava alguns passos exaustos com a capa nas costas antes de jogá-la longe e correr de volta para o microfone, conduzindo a voz aos limites mais extremos e levando a plateia ao delírio. Era um velho truque de dançarino, que é um velho truque de briga, que é simplesmente um velho truque para lidar com a multidão: deixar as pessoas acreditarem que você não aguenta mais e então oferecer-lhes uma parte nova, melhor, de quem você é.

Em Macon, Georgia, Joe Tex abriu para o show de James Brown com um cobertor esfarrapado nas costas. Sob o olhar do público, ele caiu no chão e rolou pelo palco fingindo agonia e gritando "alguém, por favor, me ajude a me livrar dessa capa!".

Era o lugar onde James Brown nasceu, onde o povo o conhecia e o amava antes da fama. Antes dos passos de dança serem roubados, antes mesmo de existirem passos de dança para roubar. O amor antes da fama é real. Vir até o quintal de uma pessoa e desafiar a grandeza dela é algo, imagino eu, que não se pode tolerar. Nem agora nem em 1963, quando artistas negros não podiam se apresentar em vários lugares, mas podiam fazer isso em sua terra natal. O lar era onde eles ainda conseguiam ser vistos.

Existe um código na rixa, até que não existe mais.

Depois do show, Joe Tex foi para o Clube 15 assistir a uma apresentação de fim de noite de Otis Redding e os Pinetoppers. Foi lá que James Brown e sua galera apareceram com suas espingardas e atiraram, a esmo. Otis Reeding mergulhou atrás do piano e ficou por lá. Joe Tex saiu correndo pela porta dos fundos e se escondeu entre as árvores. Seis pessoas foram baleadas, mas ninguém morreu. Essa história nunca foi muito além daquela noite, porque alguém da turma de Brown passou distribuindo notas de cem dólares para as pessoas em troca de silêncio.

Quando as balas falam e deixam suas intenções claras, me parece que não há mais nada a dizer. Joe Tex e James Brown entraram numa desavença por um determinado motivo até que a coisa assumiu um aspecto completamente diferente e chegou a um ponto em que um deles precisou cair fora, sob pena de pagar um preço que ele não tinha como bancar. Joe Tex finalmente conseguiu emplacar um hit em 1964 com "Hold on to What You've Got", e depois colocou seis músicas no Top 40 somente em 1965. Dali até a primeira metade dos anos 1970, Tex finalmente teve a carreira que todo mundo achava que ele alcançaria.

Em 1972, James Brown lançou uma faixa de oito minutos com Bobby Byrd e Hank Ballard chamada "Funky Side of Town". Uma parte da canção envolve uma dinâmica de chamada e resposta, com Byrd e Ballard chamando os nomes de estrelas do soul e James respondendo afirmativamente.

Alguém grita "Aretha Franklin!". "Aí, sim!", Brown responde. "Joe Tex!" o outro grita. "Quem?" é a resposta de Brown.

"Joe Tex!"

"Quem?", Brown responde outra vez.

A canção segue sem vocais por alguns segundos depois disso, e acho que é aí que a rixa termina: num tipo de esquecimento. Uma pessoa dizendo ao mundo que seu antigo inimigo agora é tão irrelevante quanto o pó.

Na década de 2000, eu tinha a impressão de que sempre havia um filme sobre dança e desafios de dança em cartaz. Eu não morava num lugar onde aquilo poderia acontecer na vida real. Todo mundo que eu conhecia que sabia dançar também sabia brigar e não estava muito a fim de dançar para se livrar de uma confusão quando poderia facilmente resolver o problema saindo na mão. Quando terminou a primeira década do século, eu e a maioria da minha galera estávamos cansados de arrumar rixas por causa de amor. Alguns de nós eram bons nos esportes, outros arrumaram emprego ou tinham carros legais ou corriam atrás para manter algum dinheiro no bolso, pois ele parecia estar sempre escapando. O próprio amor era abundante. Além disso, naquela época, muitos de nós tínhamos ouvido falar do que acontecera num bairro que não era o nosso, mas era bem perto. Um jovem levou um tiro numa sexta à noite, e na manhã de domingo, como retaliação, atiraram contra uma igreja enquanto as pessoas louvavam lá dentro. Ninguém morreu, mas a igreja fechou. Os vitrais das janelas estilhaçadas se amontoaram no chão durante meses. Os conflitos eram diferentes naquele tempo. Todas as estações do ano eram época de induzir alguém a buscar sangue. Já estávamos cansados de nos encontrar no meio de uma roda de amigos e circundar um oponente, procurando pelo desejo em seus olhos. A certa altura, cada pessoa tem que saber que já não está a fim de ter um determinado tipo de conflito. Você é do tipo que dança, talvez do tipo que briga, mas ainda não é do tipo que mata.

Sandman deixou o Apollo em 1999. Conta-se que, mesmo com seus oitenta e poucos anos, ele às vezes saía caminhando pelas ruas do Harlem com os sapatos de sapateado. Sem saber o quanto o mundo mudara, o quanto as brigas e desafios haviam se tornado completamente diferentes sem que ele percebesse. Penso nisso com frequência. Como deve ser quando você se define pela forma como seu corpo é capaz de se mexer. O medo que seus pés podem despertar no coração de alguém. O que é procurar por uma rixa do único jeito que você conhece, dentro de um mundo que não é mais do jeito que você o conhecia. Tudo é um show, até que o show continua sem você. E lá está você com as suas armas, mas sem luta. A rixa nunca muda, até que muda. Até você jogar os seus sapatos na rua e não encontrar nada além de um eco.

Medo: uma coroa

FOI A FORMA como Myke Tyson entrava no ringue que me disse que ele se encontrava num estado diferente de mente e espírito. Nas antigas fitas VHS de pouco antes de eu nascer, a estática irrompia desigual pela televisão e a voz dos comentaristas era enrolada, como se eles falassem com metade da cabeça mergulhada num rio. Mas quando as luzes do ginásio diminuíam, cobrindo as arquibancadas com uma vasta e infinita escuridão, o zoom das câmeras ia e voltava na direção da saída do túnel. Entre a multidão de homens gritando e guardas de segurança, lá estava Mike Tyson. Embrulhado numa toalha com um corte grande o suficiente para que a cabeça dele passasse, de modo que a toalha pudesse ser usada como uma túnica. Ela pendia solta ao redor do corpo de Tyson, quase pedindo para ser retirada. Às vezes ele entrava no ritmo de "Welcome to the Terrordome", de Public Enemy, se soltando nos instantes mais frenéticos da música:

os arranhões, os grunhidos, as sirenes cortadas. Em outros momentos, ele aparecia em meio a uma cascata de sons variados. Correntes arrastadas ou celas de prisão se fechando. No boxe, a entrada é uma arte.

Os boxeadores que eu amava eram os que mais tendiam para a opulência: uma tentativa de se declararem majestosos na entrada, na esperança de que pudessem continuar desse jeito na saída, com o rosto limpo e um roupão dourado jogado sobre os ombros. Era a simplicidade da entrada de Tyson que assombrava. Tenho medo de ferimentos, mas tenho ainda mais medo do homem que sente prazer em ferir.

■

Por mais que eu tema o homem que sente prazer em infligir dor, nem por isso deixei de me lançar aos lobos nos corredores da escola nos primeiros momentos do meu nono ano, porque eu era pequeno & vinha de um lugar onde você tinha que saber brigar mesmo que não quisesse & então eu dava socos lentos & repetidos na minha própria sombra no quintal quando o sol estava alto o bastante para fazer da minha sombra uma versão maior & mais poderosa de mim mesmo & andava com um pessoal que *na verdade* nunca brigava mas jurava que poderia brigar se precisasse & às vezes é só uma expressão de disposição & às vezes é só saber o quanto você vai se machucar & como o corpo pode se recuperar ou não se recuperar de tudo isso & uma vez uma mulher sussurrou *eu vou partir seu coração* no meu ouvido numa pista de dança & ainda assim permiti que ela me levasse pela mão noite adentro com a crescente certeza de um luto prometido em alguma manhã além da seguinte & alguns dirão que lutar não tem a ver com a vitória mas com o vigor com que a pessoa entra no caos & é por isso que ao ser parado por quatro garotos no último dia antes do verão eu fiquei firme & soquei mesmo quando a minha visão foi embaçada pelo meu próprio sangue & praticar a violência com a própria sombra é dizer que não há vitória, mas rezar por aquilo que é capaz de fazer você encolher ou aumentar.

Rezar por aquilo que é capaz de fazer você encolher ou aumentar, dependendo do palco ou do humor específico no qual a multidão se encontra numa determinada noite. No Def Comedy Jam, no início dos anos 1990, o público podia se tornar hostil se um comediante não provocasse risos assim que pegasse o microfone. Bernie Mac fazia diversos bicos e à noite trabalhava como comediante ao lado do Cotton Club em Chicago. Na noite em que ele ficou famoso, a plateia no Def Comedy Jam estava no limite e já tinha expulsado vários comediantes do palco à força de vaias, apesar dos pedidos do mestre de cerimônia Martin Lawrence para que o povo se acalmasse. O que está oculto na troca entre o comediante e o público vai além do desejo de rir; também inclui a tentativa de dar sentido a absurdos do mundo lá fora que de outra forma pareceriam inexplicáveis. Os riscos são altos para um comediante, que é ao mesmo tempo um veículo de piadas, um terapeuta e um contador de histórias. O Def Comedy Jam poderia garantir ou afundar a carreira de um comediante iniciante, e Bellamy disse isso a Bernie Mac nos bastidores enquanto as vaias e gritos da multidão expulsavam mais um do palco. Mac, que com certeza já tinha visto muita coisa e também com certeza não ia voltar à vida que tinha antes de colocar o pé nesse ringue, disse a Bellamy: *foda-se*. Em seguida, entrou no palco com tudo, arrancou o microfone do pedestal, analisou a plateia e gritou *eu não tenho medo de vocês, seus filhos da puta*. Nos corredores, teve quem caiu de tanto rir.

Nos corredores, corpos caem uns sobre os outros, tentando alcançar o último ou o primeiro item de alguma coisa. O supermercado é um museu do alcance humano. Outrora foi um complexo de edifícios de tijolos, cambaleantes mas fortes o suficiente para abrigar famílias de trabalhadores negros aglomeradas em apartamentos. As quadras de basquete desapareceram e então as crianças prenderam um caixote de leite no alto de um muro velho, mas a certa altura o muro também foi derrubado. É mais fácil pensar na gentrificação em termos do que antes estava de pé e agora não está mais, mas costumo pensar nela como uma substituição das pessoas e de suas histórias. Penso que a forma como uma paisagem muda pode obscurecer o que já foi, de modo que uma pessoa não pode levar alguém ao bairro onde cresceu e mostrar onde aprendeu a jogar basquete. Por isso, amo os bairros que ainda se mantêm, não importa o custo dessa preservação. Mesmo no meu bairro, que não era o mais seguro na zona leste de Columbus, as pessoas ainda tinham calafrios diante da ideia de pisar no condomínio Windsor Terrace, algumas quadras ao norte. Âncoras de TV torciam as mãos e falavam sobre o crime, as gangues, as gangues. Nenhum deles considerou que as gangues operam de várias maneiras. Uma delas, naquela vizinhança, era manter a terra longe de mãos indesejadas. Manter os edifícios de pé pelo máximo de tempo possível. Mesmo que tivessem de usar o rosto de um morto numa camiseta.

Se isso significa usar sua cara numa camiseta enquanto está vivo, bom, um negão tem de se destacar de um jeito ou de outro. Isto quando ser preto e espalhafatoso não basta por si só para você conseguir o que quer. Bernie Mac mandou pintar com spray sua cara inteira numa jaqueta jeans, e deve-se dizer que isso foi no começo dos anos 1990, quando esse estilo não era surpreendente. As pessoas enchiam os corredores das escolas fundamentais e do ensino médio com qualquer coisa pintada com aerógrafo. Manos mortos, manos vivos, o nome da área de onde você veio. No palco, assim como em toda a carreira de Bernie Mac, o importante não era o que ele estava dizendo, mas como ele estava dizendo. O jeito deliberadamente agitado, ofegante e às vezes meio resmungão juntando as palavras soava como o de ninguém mais. Mesmo se o público não conseguisse desvendar a mistura sonora, riam de como aquilo chegava aos seus ouvidos. Toda vez que uma piada funcionava, Mac se virava para o DJ Kid Capri, responsável pelo som da Def Comedy Jam, gritava "Solta o som!" e dança por alguns segundos enquanto Capri tocava um trecho de "Buck Whylin" de Terminator X. Então Mac passava a mão no pescoço, sinalizando para Capri cortar a música para que ele pudesse encarar o público e gritar, "Vocês não entenderam! Eu não tenho medo de vocês, seus filhos da puta!" mais uma vez – cada repetição da frase com mais confiança e seriedade, fazendo o povo perder o ar de tanto dar risada. Nunca deixe as pessoas esquecerem de que você é intocável.

Nunca deixe as pessoas esquecerem de que você é intocável, como insistia Muhammad Ali. É por isso que, quando não passei dos 1,70m e percebi que não gosto de frequentar a academia, decidi que precisava ser rápido. Meu nome do meio é Muhammad, mas recebi esse nome em homenagem ao profeta, não ao boxeador. O profeta é descrito por uma série de características que poderia pertencer a qualquer homem. Al-Bara escreveu: *Certa vez, o vi usando uma capa vermelha e nunca vi um homem mais bonito do que ele*. Anas disse: *Quando Allah o levou para junto de Si, ele mal tinha vinte fios de cabelo branco na cabeça e na barba*. Eu amo carregar o nome bom e santo de um homem que poderia se parecer com qualquer um. Posso explicar melhor todas as maneiras como tenho desaparecido. Eu pensei que estava apaixonado o suficiente para ficar, mas então o céu se abriu e me transformei num caleidoscópio de borboletas. Pensei que poderia viver uma vida sem decepcionar ninguém, mas aquele era outro homem que não eu, mas que pensei ter visto antes. Muhammad é um dos nomes mais comuns do mundo e, com algumas variações de grafia, foi dado a mais de 150 milhões de pessoas. Quando eu era criança, as pessoas diziam, rindo, que meus pais tinham ficado sem ideias de nomes quando me tiveram, o caçula de quatro filhos. Mas eu herdei um desejo de ser rápido demais para ser tocado. Toda a dor infligida a este corpo teria de ser infligida com esforço. Manterei meu sangue comigo. Uma capa vermelha, nunca exposta do lado de fora.

■

Do lado de fora, uma capa vermelha veste o céu acima das casas e dos apartamentos fechados com tábuas no conjunto habitacional. Buster Douglas saiu do Windsor Terrace em Columbus, Ohio, há muitos anos. Ele era melhor jogador de basquete que arruaceiro, mas a maioria das pessoas não sabe disso. Na escola Linden-McKinley, na década de 1970, ele conseguiu um título estadual com suas cestas. Era capaz de enterrar com tanta força numa sexta à noite que o quarteirão inteiro ainda tremia no sábado de manhã. Mas o pai dele era lutador. Dynamite Douglas, que fez fama nos antigos parques de diversão que circulavam pelo estado no fim dos nos 1960. Ele teria sido um campeão se não fosse pelo que alguns chamavam de falta de interesse e foco – a mesma coisa que disseram a respeito de seu filho Buster, mesmo depois de Buster ter superado seus primeiros oponentes. Ele perdeu um título numa luta contra Tony Tucker por nocaute técnico em 1987 antes de emplacar seis vitórias consecutivas, o que lhe deu a honra de, como muitos supunham, perder para Myke Tyson, que entrava no ringue rápido e sem pompa para derrotar seus oponentes de modo similar. Douglas era considerado um pequeno obstáculo antes que Tyson chegasse a Evander Holyfield, o verdadeiro prêmio. Buster Douglas perdeu sua mãe, Lula Pearl, vinte e três dias antes da luta. Aqueles que não entendem a morte podem não entender como ela nos lava de qualquer medo que possa existir. Mesmo antes de eu ter perdido alguém, eu já sabia. Durante as entrevistas, vi os olhos dele mudarem.

Durante a entrevista, os olhos de Robin Givens mudaram. Em 1989, diante de Barbara Walters, Givens está sentada num sofá vestindo um terno azul. Seu marido, Mike Tyson, usa um suéter azul, um braço repousando sobre os ombros dela. Barbara Walters quer falar sobre Tyson como se ele não estivesse na sala e como se ele não fosse, na época, o homem mais temido dos EUA. Corriam boatos de que Tyson maltratava Givens e atormentava a atriz e sua mãe. Quando Walters toca nesse assunto, Givens fica tensa. Praticamente dá as costas a Tyson, como se só ela e Walters estivessem na sala. Fala sobre o medo – como Tyson a sacode e mostra os punhos para ela. Fala sabendo que mundo via o corpo de Mike Tyson como um veículo para a violência. Quanto mais ela falava, mais ela expunha, calmamente, sua vida com Tyson. É assustador assistir a uma pessoa discorrer sobre os detalhes do abuso ao vivo, em rede nacional. Os críticos de Robin Givens destacaram a calma na voz dela, mas não repararam em muito além disso. A forma como ela segurava as mãos para impedir que elas tremessem ou a forma como mantinha o olhar fixo num único ponto. Ou, mais importante, a forma como Mike Tyson não fala nada, mas respira cada vez mais fundo, o azul de seu suéter se inflando e se alongando sobre seus ombros largos. Um homem tentando desesperadamente se controlar.

———

Um homem tentando desesperadamente se controlar tem que aprender a olhar além do seu oponente. Eu aprendi isso, também, bem cedo. A briga pode ser vencida ou perdida nesses momentos de tensão silenciosa. O truque é escolher um ponto no qual focar, como uma orelha. Então começar a prestar atenção em todos os detalhes dela: a curva, a forma, as gotas de suor pingando no lóbulo. Nenhum outro observador será capaz de perceber que você sequer está olhando para a pessoa. De todos os truques bobos de dominância, o mais bobo talvez seja o quanto a imobilidade é valorizada quando outra pessoa está bem perto da sua cara. Os boxeadores são melhores do que ninguém nisso. No meio do ringue, Buster Douglas nem se dava ao trabalho de encarar Mike Tyson, que o olhava com indiferença. Tyson muitas vezes olhava para seus oponentes com desdém, mas nem sequer conseguia ter esse sentimento por Douglas, que mexia nas luvas enquanto o árbitro dava instruções. Na casa onde eu era criança e assistia à luta, alguém anunciou que é assim que eles sabiam que Douglas estava frito. Suponho que na época eu não sabia o que sei hoje sobre o medo, mas imagino que aquele momento representava o contrário. Douglas conhecia o truque dentro do truque. Se você sabe que eu vejo você encarando, mas não me dou ao trabalho de olhar de volta, quem de nós é realmente indiferente? No compacto da luta a que assisto agora, foi nesse momento que eu soube. Ele nunca teve medo.

A maior piada de todas é que ele sempre teve medo. Bernie Mac estava assustado e mentia com todas as suas forças, porque mentir é o que gente com medo faz de melhor. Existe um jeito de fazer do medo um espelho, eu acho. E qual arma é melhor do que um espelho – que carrega um eco das boas e das más notícias. A cada *Eu não tenho medo de vocês, seus filhos da puta* que vibrava no ar, e depois de cada novo coro de gritos e palmas, Mac conseguia um pouco mais de ginga nos seus passos e vinha com algo ainda mais tenso. As pessoas queriam rir antes que ele abrisse a boca outra vez, esperavam que ele acelerasse a ponto de dançar um break e dissesse a eles o quanto ele não temia nenhum dos bobos na plateia. Vocês entendem agora por que não consigo separar as piadas da violência de um ringue de boxe? Já deixei claro o suficiente que vim de um lugar onde, se você fizesse piadas boas o bastante, podia escapar de levar uma surra? E se eu contasse a vocês que quando meus pais estavam irritados e considerando todas as possibilidades de castigo, eu tentava fazer eles rirem? Essa é a primeira e única luta. No piso térreo. Aquela que diz *Eu gostaria de evitar os meus piores impulsos, e gostaria que vocês me ajudassem*. Bernie Mac disse que, se fosse para ser expulso do palco ao som de vaias, ele ao menos faria com que se lembrassem dele. Se insistissem em derrotá-lo, ele ao menos acertaria alguns golpes.

■

Ao menos acertar alguns golpes pelas caixas de leite exaustas & trepidantes derrubadas na grama a cada tijolo jogado pelas mãos das crianças que poderiam estar brigando no pátio de alguma escola, mas não hoje. Ao menos acertar alguns golpes pelo que restou nas caixas de leite antes de serem esvaziadas & um buraco fosse cortado fundo para evitar que o diabo pusesse aquelas mãos ociosas a seu serviço. Ao menos acertar alguns golpes pelo horizonte engolindo os edifícios do lugar de onde você veio & substituindo-os por lojas onde você não consegue fazer compras. Ao menos acertar alguns golpes em nome dos vivos que não lavam suas camisetas pintadas com aerógrafo para que os rostos dos mortos não desbotem. Acertar alguns golpes pelas pessoas para quem você sorriu quando estava diante delas, mas depois sonhou em matá-las. Acertar alguns golpes pelas vezes que você se livrou de algum perigo & chamou a atenção por algum tempo até os inimigos caírem na gargalhada & esqueceram que há pouco eles queriam fazê-lo em pedacinhos. Acertar alguns golpes por todas as vezes que você não acertou nenhum & voltou para casa e encarou um pai que ganhou algumas brigas de rua no tempo dele & não sonhou em criar um filho incapaz de ganhar uma. Acertar alguns golpes pelo lugar de onde você veio & por que o lugar de onde você veio nem sempre será o lugar de onde você veio. Acertar alguns golpes pela compreensão de que, ao virar uma esquina após toda vitória, sempre haverá quem possa dizer – com o peito estufado – é melhor você *tomar cuidado com essa boca*.

É melhor você tomar cuidado com essa boca e com o protetor de plástico em forma de lua crescente apertado dentro dela quando a ação no ringue esquenta. Hoje, posso dizer que certamente foram os *jabs* de direita que Buster Douglas acertou durante a luta inteira que resolveram o assunto. Douglas era quase quinze centímetros mais alto do que Mike Tyson e tinha um alcance maior, o que significava que conseguia lançar seu *jab* direito de uma certa distância e impedir Tyson de chegar perto, onde ele geralmente fazia um estrago. Tyson derrubou Douglas na lona no oitavo round, mas Douglas se levantou e fez Tyson cambalear contra as cordas durante o nono. Foi no décimo que Tyson foi à lona pela primeira vez em toda a sua carreira com um gancho e então uma sequência de socos na cabeça. Mas como eu era criança, tudo de que me lembro é do protetor voando da boca de Tyson e quicando na lona. Tyson cometeu o erro de tatear procurando pelo protetor no chão enquanto o árbitro Octavio Meyran fazia a contagem até dez de pé ao lado dele. Tyson tentou fechar a mão enluvada em torno do protetor antes de se levantar. Quando finalmente se ergueu, ele cambaleou nos braços de Meyran enquanto o velho juiz lhe dizia "tá tudo bem, tá tudo bem" várias vezes. Eu me lembro do protetor bucal e como Tyson parecia perdido no chão. Eu me perguntava em que momento, durante a queda em direção à lona até então desconhecida, ele começou a aceitar o fato de ser mortal.

É sempre durante a queda que tenho que aceitar o fato de ser mortal. Nos aviões, é mais fácil para mim esquecer que estou no ar quando o zumbido do movimento é constante, às vezes enterrado sob o barulho dos fones de ouvido ou de crianças inquietas. Hoje em dia viajo de avião com frequência suficiente para ter desenvolvido métodos para encobrir a ansiedade. Uma terapeuta me disse uma vez que não é a altura que me dá medo, mas a ideia de cair de um lugar alto. Essas duas coisas me parecem dois rios que confluem para o mesmo corpo de água apavorante, mas quem sou eu para discutir. Ainda assim, saber que o avião está fazendo um mergulho controlado e intencional de volta à terra me faz agarrar os braços do meu assento. Quando as nuvens do lado de fora ficam finas e se abrem para revelar os topos das árvores e os telhados das casas, é então que imagino ser mais provável algo dar errado. Sempre no final, quando acho que já sobrevivi ao pior. Tem também, agora, o lance de ligar meu telefone outra vez. Depois de um ano aterrissando e recebendo uma onda de notícias apavorantes com uma certa frequência, eu comecei a pagar pelo wi-fi nos voos, ainda que não o use o tempo todo, só para que as notícias pudessem vir em pequenas porções. Onde as armas foram disparadas dessa vez. Onde os entes queridos vivos vão velar seus mortos. Fico mais ansioso a respeito do mundo que melhor conheço quando estou a milhas de altura, mas me aproximo dos horrores ao voltar.

Os horrores de voltar ao mundo tornam as fugas mais desejáveis, mas também há uma janela estreita para aproveitar essas escapadas. Se me afasto por tempo demais, posso me esquecer como é estar de luto. A coisa mais recente que me enche de medo é a ideia de me tornar entorpecido demais num mundo que exige um engajamento cada vez mais furioso. Volto a dormir e quando acordo tem cinquenta muçulmanos mortos na Nova Zelândia e o povo mais uma vez discute quem merece viver até morrer de morte natural e como aquelas pessoas deveriam ter tido essa oportunidade. Em todos os meus grupos de conversas, ninguém sabe realmente o que dizer, e por isso ninguém diz nada. Já esgotei todas as minhas piadas para quebrar o gelo. Na internet, alguém menciona todas as coisas nas quais nosso luto coletivo pode se transformar: fúria, esperança, algo útil contra o exaustivo fluxo de violência.

Amigos, venho até vocês francamente com muito medo de estar perdendo a minha fé na ideia de que o luto possa se tornar alguma outra coisa além do luto. A forma como velhos bairros são arrasados e bairros novos brotam do mesmo chão me faz sentir, na maioria dos dias, que meu luto está simplesmente sendo reconstruído e reestruturado em minha paisagem interior. Não há distância suficiente entre as tragédias para que a minha tristeza amadureça em qualquer outra coisa além de um novo monumento que obscurece o monumento recente. Em 1990, quando os entrevistadores perguntaram a Buster Douglas qual era o plano dele, dias antes da luta, ele respondeu *Só vou bater nele, eu acho*. E acreditem, eu me arrastei de volta aos muros formados pelos meus medos e soquei aqueles tijolos na esperança de abrir uma rachadura para que a luz do sol pudesse entrar. Mas acontece que não sou o lutador que eu costumava ser e, na verdade, nunca fui um grande lutador desde o começo. Acontece que todos os meus medos se tornaram irredutíveis.

Não tenho medo da morte em si, mas do desconhecido que vem depois. Não tenho medo de ir embora, mas de ser esquecido. Amo alguém hoje, mas tenho medo de não amá-la amanhã. E isso sem mencionar balas, bombas, o nível do mar subindo e um potencial apocalipse. As pessoas me pedem que eu lhes ofereça esperança, mas prefiro lhes oferecer sinceridade. Pedem que as pessoas negras demonstrem esperança quando as pessoas brancas estão com medo, mas isso nem sempre representa a realidade. A esperança é um buraquinho cortado num mecanismo de sinceridade. O engradado de leite ainda é um engradado de leite, mas, com a abertura certa, pode servir como uma cesta de basquete. Se eu vou sentir medo, eu posso pelo menos fazer isso com sinceridade. De braços dados com todas as pessoas que eu amo, enfeitado com meus machucados e hematomas, cantando e fazendo piadas rumo à sepultura.

Sobre a performance da suavidade

Junho de 1997

FOI O VERÃO em que minha mãe viva se sentou, sem saber, na soleira da porta de um desaparecimento repentino. Foi o verão do funeral e meus amigos não sabiam o que me dizer depois, então foi o verão de jogar videogame em silêncio a não ser pelo estalo e o chiado de uma lata de refrigerante sendo aberta. Foi o verão em que eu meus irmãos improvisávamos *freestyle* em nosso porão à noite, embora nenhum de nós soubesse rimar, mas cada um de nós queria alguma razão para ficar acordado até mais tarde. Não ir para os nossos quartos, que eram quartos diferentes de como eram antes do enterro. Era o verão em que cada um de nós queria suspender nossa realidade e fingir que qualquer som que fizéssemos substituiria o eco da risada da mãe vibrando nas paredes. E então batíamos as palmas das mãos nas coxas à mostra ou batíamos com baquetas na bateria que anos depois eu roubaria daquela casa ou soltávamos umas rimas malfeitas enquanto ríamos uns dos outros até que alguém caísse no chão, segurando a barriga de tanto rir.

Foi o verão em que o Wu-Tang Clan voltou e lançou o segundo disco com um single principal de seis minutos sem um refrão. Era o verão em que você ainda podia se sentar na frente da TV e assistir à estreia de um videoclipe como se fosse o maior evento do planeta, quando saiu o clipe de "Triumph" foi teatral e um sucesso e com chamas dançando em cima da cabeça do Method Man enquanto ele andava de moto por uma rua de Nova York consumida pelo fogo e U-God pendurado de cabeça para baixo numa árvore seca enquanto as chamas lambiam os cabelos dele e RZA usava asas pretas imensas no meio de uma rebelião na cadeia e nada disso fazia sentido, mas na verdade todo mundo que eu conhecia amava porque os nossos meninos do Wu-Tang estavam de volta. Esse grupo formado por irmãos que se juntaram para abrir caminho com muita luta saindo do ecossistema de rap underground de Staten Island com sua afinidade por antigos filmes de kung-fu e álbuns com piadas absurdistas.

No parque, os mais velhos me contam que eles gostam do Wu-Tang Clan porque o grupo assumiu a forma que quis, e eu realmente não sei o que isso significa, mas sei que a época em que eu gostava mais deles era quando se referiam a si mesmos como Wu-Tang Killa Bees e sei que amo o clipe de "Triumph" e como cada um deles explode num enxame de abelhas criadas por computação gráfica depois que os versos terminam no fim da canção, Raekwon e Ghostface alternando versos numa jaula, e esse era o verão no qual você era definido pelo integrante do Wu-Tang Clan do qual você mais gostava e os garotos populares gostavam do Meth porque ele era alto e parecia o mais capaz de chamar a atenção numa festa, mas eu gosto do Ghostface porque nada do que ele diz faz sentido para mim na hora mas soa bem e digo a todos os moleques no ônibus que entendo tudo porque quando nada faz sentido tudo pode fazer sentido. E ninguém no Wu-Tang tem mais proximidade do que Ghostface e Raekwon, que poderiam muito bem ser parentes ou parecem amar um ao outro de um jeito que poucos parentes já me amaram.

No verso final de "Triumph", Raekwon faz seu rap com fúria enquanto Ghostface gesticula loucamente atrás dele, jogando os braços em todas as direções, com um sorriso que se alarga no rosto e um orgulho incontrolável consumindo esse trecho específico de um vídeo que fora isso é coberto de fogo e desolação e paisagens futuristas assombradas. Ghostface e Raekwon trancados longe de um mundo se acabando em chamas e abelhas, competindo entre si como sempre fizeram. E ali, nos momentos finais da música, no verso final de Raekwon, Ghostface joga o braço em torno do seu mano e dá um beijo na lateral da cabeça dele e é um tipo de beijo diferente daqueles desajeitados e esquisitos que eu tinha conhecido até aquele momento e também é diferente de qualquer beijo que eu entendia que dois amigos poderiam dar um no outro. Ghostface puxa Raekwon para perto e pressiona os lábios na cabeça do amigo por alguns segundos a mais do que eu já tivesse sido beijado por alguém e Raekwon sorri e eu nunca tinha visto dois homens se beijarem de jeito nenhum antes e então digo para mim *Isso deve ser amor* e então eles e todo mundo presente na cena se transformam em abelhas.

Agosto de 2016

O rapper Young Thug usa um vestido na capa do álbum *Jeffery* e a internet quer discutir o que tudo isso significa para o futuro da masculinidade e eu preciso de um corte de cabelo amanhã, mas não vou à barbearia para ouvi-los falando merda, vou porque é a única barbearia na cidade, mas odeio as posições política deles, mas preciso ficar na minha porque não me sinto bem comigo mesmo sem um bom corte de cabelo. Deixe-me tentar outra vez. Eu não me sinto bem comigo mesmo sem algo que me torne desejável para gente que eu não conheço e saber disso é saber que o futuro da masculinidade provavelmente não será da forma que as pessoas querem que seja. Mas Young Thug está usando um vestido caro na capa do álbum e na internet as pessoas estão insistindo que isso será a coisa que vai levar *a conversa* adiante. Alguém compartilha os clipes de Young Thug exibindo armas e eis a justaposição: *Você pode ser durão e ainda assim usar um vestido* é o sentimento. Rolo pelos comentários e vejo variações desse tema, mas não vejo ninguém comentar que um dos problemas talvez seja a ideia do público de que a antítese masculina de usar vestido seja mostrar que você está disposto a praticar a violência. Uma hora depois da divulgação da capa, sites escrevem sobre ela, rotulando a arte como controversa. Ninguém sugere que a ideia de normas de gênero em si seja controversa, ou que qualquer binarismo agressivamente reforçado por definições rígidas é polêmico. Young Thug usou um vestido na capa do álbum que tinha algumas canções boas sobre as mesmas merdas sobre as quais Youth Thug faz rap desde sempre e ninguém que conheço realmente ouviu tudo com atenção porque a conversa sobre o vestido eclipsou todo o resto. Mais ou menos um mês depois, um homem saiu de uma estação de trem perto do meu apartamento usando top cropped, com o rosto maquiado e um jeans justo com a boca de sino. De acordo com o jornal, ele foi perseguido por um grupo de homens até que eles o alcançaram numa esquina a dois quarteirões de onde eu morava. Foi surrado por um homem até sangrar enquanto outros dois ficaram em cima, zombando da forma como ele se encolhia como uma bola ao ser chutado. Esse episódio foi parar nos cinco minutos finais do jornal local. Eu fico pensando com que tipo de roupa a masculinidade poderia se disfarçar para se afastar da obsessão com a dominância por meio da violência. Não vou cortar o cabelo nas três semanas seguintes.

Março de 1998

Nas minhas mãos está o sangue de um garoto que eu um dia quis que gostasse de mim, provavelmente até mais ou menos uma hora atrás. Imagino que o sangue venha do nariz dele, mas poderia ter vindo de qualquer lugar e certamente está misturado com o meu. Eu não tinha dito "eu te amo" em voz alta para ninguém em voz alta desde que minha mãe morreu. Não tenho uma linguagem para a afeição, mas sei como dar um soco. Do jeito que meu pai me ensinou uns anos atrás, quando pegou minha mão e curvou meus dedos gentilmente coma palma da sua mão. Esse é um outro tipo de romance, eu suponho. As regras de combate são transmitidas por um homem que as aprendeu com outro homem mais velho do que ele. Não deixe o polegar do lado de fora. Não soque a cara de alguém usando óculos. Eu ouvi que deveria brigar apenas quando fosse necessário, mas quem realmente determina essa necessidade? Eu tenho que brigar porque não tenho linguagem para nada além da violência, então, quando o garoto que eu queria que gostasse de mim pegou minha bola de basquete e a chutou para o terreno atrás da escola, queria dizer a ele *Como você pode fazer isso comigo* ou *O que eu queria era que a gente jogasse videogame juntos em silêncio* mas em vez disso o joguei no chão e briguei com ele e isso é uma busca de proximidade. Mesmo com raiva, eu sabia que queria ser abraçado. Ainda que eu não tenha dito uma palavra em voz alta sobre amor, recuei meu punho e o lancei contra o rosto de alguém que eu poderia me imaginar amando, ainda sem saber se meninos poderiam ser capazes de amar uns aos outros. Nós nos debatemos um contra o outro até estarmos cobertos do sangue um do outro, tentando recuperar o fôlego no chão. Ninguém estava lá para assistir a essa briga, e então ninguém estava lá para declarar um vencedor, e assim nada se ganhou nem se perdeu. E é só então, deitado com as costas na grama olhando para o céu, que eu percebo que estou tremendo. É só quando a nuvem acima das nossas cabeças se divide na forma das mãos do meu pai que eu entendo que o som perto de mim é do menino chorando, com respirações curtas, e toco meu rosto e percebo que há uma lágrima minha escorrendo em direção ao corte no meu lábio e penso que a dor que nós infligimos um ao outro não é a dor que está nos magoando, mas também é impossível dizer isso, então nenhum de nós fala e nos levantamos do nosso campo de batalha improvisado e vou para casa a pé e vejo meus amigos pelo caminho e eles veem meu lábio inchado e os arranhões vermelhos abertos na pele escura do meu rosto e perguntam *Você ganhou?* e no verão o menino com quem briguei se mudou do nosso bairro e nunca mais voltou.

Um ônibus de turnê, 1994

No documentário *The Show*, produzido pela gravadora Def Jam em 1995, Method Man está contando uma história sobre onde ele cresceu, tão comum quanto a maioria das histórias sobre os lugares de onde as pessoas vêm quando elas vêm de um tipo específico de lugar. Embora nenhuma quebrada seja a mesma, o conceito abrangente de quebrada – quando é empregado por alguém que veio de lá – pode parecer um tanto monolítico. Ainda assim, Method Man está no centro das atenções, contando histórias de Park Hill, o conjunto habitacional de Staten Island onde cresceu. A mesma história sobre o basquete, os postes de luz, o medo. O ano do vídeo é indefinido, mas Method Man se estabeleceu num papel claro de estrela do grupo, o que sempre pareceu lhe estar destinado. O lado B do single "Protect Ya Neck", que revelou o grupo em 1993, incluía o "Método do Homem" de Method Man – uma apresentação do artista na esperança de destacá-lo e separá-lo do grupo desde cedo. O contrato de gravação do Wu-Tang Clan não tinha precedentes quando eles entraram em cena. RZA fez com que eles assinassem com a Loud Records como um grupo, mas trabalhou por um acordo que permitisse que cada integrante pudesse assinar seu contrato de carreira solo com um selo independente, e desde o início Method Man foi escolhido como queridinho pela Def Jam Records. Ele era o mais apresentável, o que com frequência fazia com que assumisse a frente durante as entrevistas, e, enquanto ele está guiando uma visita ao ônibus do grupo, os outros integrantes o olham com uma mistura de frustração, irritação e exaustão. Por fim, quando Method Man realmente começa a contar a história, Ghostface interrompe de repente:

"Cara, corta esse papo. Ninguém quer ouvir essa merda."

Inspectah Deck e U-God também se intrometem afirmativamente. Method Man fica de pé, insistindo que o grupo sempre zomba dele quando as câmeras estão ligadas. Uma discussão começa e se intensifica. O tipo de discussão que na verdade não é sobre o que eles estão debatendo. Irmãos guardam coisas. Especialmente quando eles dependem uns dos outros para o sustento, para fazer um verso ou para manter as aparências. Há inúmero lugares onde se podem esconder os danos ao ego quando você e os seus ganham dinheiro com a performance do amor. A discussão no ônibus de turnê é fascinante porque claramente não tem a ver com entrevistas ou sobre quem fala mais.

Tem a ver com pessoas que cresceram juntas conhecendo umas às outras e o mundo começando a conhecer uma delas de um outro jeito. Não há como declarar essa dor com franqueza, a não ser, talvez, assim: gritando sobre quantos minutos de câmera alguém consegue em comparação com os demais.

Quando a câmera foca em U-god reclamando de uma entrevista no Reino Unido na qual Method Man deu todas as respostas, o espectador consegue observar outro personagem na cena. Lá está Raekwon, olhando nostálgico pela janela do ônibus da turnê, sem dizer uma palavra.

Verão de 1999

Meu irmão comprou um Ford Thunderbird 1992 azul-escuro e colocou filme nas janelas e rodas de liga leve. Era o primeiro automóvel dele e me disseram que eu só poderia começar a dirigir dali a um ano, quando enfim conseguiria a autorização temporária e poderia começar a ter aulas. Eu e meu irmão temos apenas um ano e cinco meses de diferença, mas entre esses dezessete meses há um oceano inteiro separando os dois continentes de nossas adolescências. Meu irmão era descolado e eu não. Isso ficou estabelecido bem cedo na nossa infância, e penso que nós dois decidimos nos dedicar a isso, para o bem e para o mal. Quando dividimos a mesma escola no segundo ciclo do fundamental, separados por uma série, me toquei de que eu não me tornaria mais popular e talvez só serviria para torná-lo menos descolado. E então nós escolhemos escolas diferentes no ensino médio e caminhos diferentes para remodelar nossas identidades. Ele se tornou uma estrela do futebol americano. Eu jogava futebol e entrei no grupo de teatro.

Quando éramos mais novos, discutíamos o tempo todo e às vezes partíamos para a briga, que geralmente terminava numa derrota para mim. Ele era maior, mais forte, mais agressivo. Nós dois éramos encrenqueiros por natureza, o que simplesmente nos levava a ficar de castigo juntos com frequência. Então, entre as nossas discussões e nossas brigas, compartilhávamos muito das nossas infâncias na intimidade do castigo, banidos para o nosso quarto, tendo que usar nossas imaginações ao máximo. Nosso amor um pelo outro era forjado pelos nossos pais, que – imagino – não sabiam o que fazer com dois garotos que não conseguiam parar de se meter em contratempos bobos. Nos raros momentos em que não estávamos encrencados juntos, eu percebia que sentia falta dele. Se eu pudesse brincar lá fora e ele estivesse de castigo, eu andava de bicicleta ou arremessava na quadra de basquete sozinho. Um irmão mais velho, especialmente com uma idade tão próxima, pode ser muitas coisas. Para mim, ele era um tipo de Estrela Polar. Eu me orientava por ele, pelos seus movimentos. Quando nossos outros irmãos mais velhos ou nossos pais separavam nossas brigas e nos perguntavam por que não conseguíamos parar de brigar um com o outro, imagino que a resposta que eu tinha, mas nunca dei, era que eu amava demais o meu irmão para me permitir sentir medo dele. Embora soubesse que nunca conseguiria vencê-lo numa briga, revidava para mostrar a ele que eu ainda estaria ali independentemente dos socos, dos brinquedos arremessados do outro lado do quarto do qual nenhum dos dois podia sair, independentemente das noites que passamos sem trocar uma palavra.

No primeiro ano depois que minha mãe morreu, nós brigamos menos e então não brigamos mais de verdade. Estávamos crescendo, é verdade. Mas talvez também tivéssemos chegado à conclusão de que só tínhamos energia para nos chocarmos contra o muro do luto. Naquele ano, fui para o ensino médio. Fui suspenso por brigar. Fui mandado para a diretoria com frequência e me transformei numa mobília do escritório do diretor. Eu me via tentando preencher o espaço da violência nascida da discórdia. Não entendia especialmente a calma e a harmonia que envolviam os relacionamentos mais duradouros que conhecia e então encontrei o caos em outro lugar.

Meu irmão passava a tarde inteira polindo os aros das rodas do carro. Ele mandou instalar um som. Dois alto-falantes tão pesados no porta-malas que faziam a suspensão do carro arriar na parte de trás. Quando ele voltava para casa, você podia ouvi-lo a pelo menos um quarteirão de distância. Nas primeiras semanas dele com o carro novo, toda vez que eu ouvia um som tênue de baixo retumbando desde a esquina, corria para a janela para vê-lo encostar na garagem. Quando ele começou a chegar tarde em casa, eu parei de ir para a janela de vez. A coisa que sempre foi a mais difícil de reconhecer estava ficando bem clara: ele sempre fez amigos com mais facilidade do que eu. Ele sempre deixaria para trás a parte do nosso relacionamento na qual só tínhamos um ao outro e essa era nossa janela para o mundo exterior. Tudo o que víamos e absorvíamos e amávamos passava pelas lentes do nosso amor um pelo outro. Um amor que era tênue, que se apoiava tanto na violência quanto numa resistência a ela.

Não era o carro em si, mas uma janela mais ampla de possibilidades que o carro oferecia. Ele tinha a opção de sair da nossa casa, e eu ainda não podia. Ele podia deixar os espaços onde eu sentia que nosso vínculo era mais próximo, lá fora num mundo que comparava as nossas qualidades e constatava que eu deixava muito a desejar. Passei a maior parte do verão em casa, assistindo a gravações antigas de *Rap City* que fizemos nos dias em que chegávamos da escola tarde demais para assistir ao programa. Defino a solidão pela forma como as águas entre meu irmão e eu aumentam e se tornam mais traiçoeiras.

Revista *The Source*, 1993

Na primeira grande entrevista como um grupo, o entrevistador pergunta ao Wu-Tang Clan como eles conseguiam se manter tão próximos apesar do fato de eles serem muitos, e, com o sucesso, não seria possível evitar o egoísmo enquanto navegavam em direção à fama que certamente parecia próxima. Raekwon respondeu à pergunta:

"É fácil. Ame seus manos. Ame cada um deles."

Como se isso fosse tão simples.

Maio 2017

Nós encontramos alguns botecos em algumas regiões daquelas cidades que começaram a dar nomes bonitos para as áreas gentrificadas para distrair da revolta das pessoas que estavam ali antes. O Pineapple District ou o Old North District. Estamos numa parte da cidade onde existem esses bares que parecem antigos, mas com certeza são novos. Digo a mim mesmo que isso é legal porque ao menos a jukebox tem um pouco de hip hop e consigo achar alguma coisa que no mínimo vai despertar um desconforto nas pessoas no fundo do bar, bebendo cervejas caras e usando casacos pretos longos e grossos apesar de a temperatura lá fora se aproximar do calor do meio do verão.

Meus amigos e eu encontramos uma cabine de canto e ponho "Can It Be All So Simple" para tocar porque estou me sentindo nostálgico por um estilo muito específico do Wu-Tang Clan, que é esse aí. Uma daquelas canções do Wu que realmente só dizem que nenhum de nós pode ser como éramos quando jovens. Que muitos de nós vimos, ouvimos e vivemos coisas demais para conseguir resgatar nossa inocência do meio do ceticismo ou da mágoa que ocupou o lugar dela. Na música inteira, Raekwon e Ghosthface simplesmente procuram um ao outro em meio à vasta extensão da memória, tudo isso costurado num sample de Gladys Knight. Não á a melhor canção para uma noite com amigos que eu não vejo sempre, uma vez que moramos em lugares espalhados pela paisagem dos EUA e nos reunimos apenas em ocasiões como esta: alguém está se casando, é aniversário ou bodas, alguém morreu e precisa de um enterro. Talvez seja melancólico demais e não o tipo de coisa que provocaria um brinde alegre, mas aqui estamos nós e não somos mais crianças.

No fim da noite, agarro meus amigos e digo a eles que os amo. As palavras saem fáceis e os abraços se demoram, pois sabemos que não sabemos quando o próximo abraço será dado. Damos socos de leve no peito uns dos outros depois dos abraços, antes de entrar nos carros ou táxis que aceleram em direção a umas poucas horas de sono ou diferentes viagens de avião. Do banco de trás do carro, sob as ondas brilhantes de luzes neon entrando pelas janelas, penso em como eu e os garotos que eu conhecia fomos ensinados a amar uns aos outros por meio de expressões de violência. Se esse era o nosso patamar para o amor, talvez seja impossível para nós amar alguém direito, inclusive nós mesmos.

Primavera de 2002

Vou dizer a minha namorada que a amo e as palavras se transformam num enxame de abelhas. Volto para casa para pedir dinheiro ao meu pai e me viro para dizer a ele que o amo, mas as paredes se transformam em abelhas. Nós enterramos Shawn e a terra colocada sobre a cova dele se transforma em abelhas. Nós enterramos Trenton e tento me aproximar para ver o corpo dele vestindo um terno que ele nunca usaria, mas o caixão se transforma em abelhas. Derrick morre e a mãe dele chora ao ouvir a notícia, e cada lágrima dela se torna uma colmeia. As igrejas onde peço perdão por todas as minhas maldades se transformam em abelhas assim que minhas orações ecoam nelas, e por isso nunca sou perdoado. As abelhas não vão embora do meu apartamento. Não tenho como pagar o conserto do silenciador do meu carro velho, então toda música que toco no som de merda do meu carro tem um zumbido baixo ao fundo. Beijo uma garota numa festa e nos afastamos com fios longos de mel escorrendo das nossas línguas. Vou de carro a alguma paisagem indefinida do Oeste e a areia está lotada de abelhas mortas. Minha amiga Brittany me conta uma história sobre como as abelhas não querem picar as pessoas. *Elas não querem morrer*, ela me disse. *Elas querem viver, assim como nós*. E penso em todos os amigos que amei e não queriam viver e como eu nunca disse a eles o quanto os amava enquanto eles estavam vivos. Como eles procuravam por alguma coisa que valia a pena picar até que enfim encontraram.

Dezembro de 2014

O Wu-Tang Clan lançou um novo álbum e as abelhas estão morrendo. Parece que já faz algum tempo que elas estão morrendo. Não entendo a explicação científica, mas, numa festa, uma mulher me diz que se as abelhas continuarem morrendo, todos nós vamos morrer de fome. Faço uma piada e digo que ser consumido por um enxame de abelhas deve ser o melhor jeito de morrer e ela se afasta, meio nervosa. O Wu-Tang Clan não lançava um disco novo há sete anos, e o grupo se dividiu de um jeito nada romântico, como os grupos às vezes se separam. Não há uma grande briga ou uma saída dramática. Eles simplesmente amadureceram e se afastaram, sem disposição de estarem todos juntos mais uma vez, uma vez que todos tinham carreiras solos que tinham tomado direções bem diferentes, com resultados variados.

Ainda assim, RZA parecia determinado a criar um último álbum do Wu-Tang Clan, então o grupo voltou para gravar o confuso e desconexo *A Better Tomorrow*. RZA e Raekwon brigaram publicamente a respeito dos rumos do álbum: RZA implorava a Raekwon que viesse às sessões de gravação e Raekwon se mostrava cético. Embora tenha acabado por gravar uns versos, eles soam especialmente distantes, desligados do projeto. O álbum recebeu críticas ambivalentes e foi visto como um último esforço exausto de capturar uma magia que há muito estava perdida. Mesmo assim, nostálgicos e fãs do hip hop sentiram algum conforto ao ver o grupo reunido outra vez. A performance das aparências. Todos eles pareciam amar uns aos outros só mais um pouquinho. Isso é engraçado, as coisas que dão conforto às pessoas. Até um grupo de homens com dentes cerrados e escondendo ressentimentos de longa data pode trazer alegria para pessoas que nem os conhecem, mas construíram um monumento à proximidade deles em suas cabeças. Escuto o disco do Wu-Tang Clan e sei que ele não foi feito com harmonia mas fingia ter sido feito assim, porque esses foram os primeiros homens que eu conheci que não tinham medo de amar uns aos outros aberta e publicamente, mesmo daquele jeito tosco e confuso, e estou tentando aprender a amar de um jeito melhor. Estou tentando ultrapassar a extensão superficial da rigidez de gênero e seguir na trilha da afeição, em vez de viver apenas os pontos altos desse caminho, as partes dela que não são difíceis. Imagino que é difícil viver uma vida inteira com seus irmãos mesmo quando você não quer isso. Estar com raiva ou ressentido ou só exausto, mas ter o nome sempre ligado aos deles. Nos cartazes ou nas camisetas exibidas no tórax das pessoas que não sabem o que é ter que amar em meio a um mundo exaustivo como o da fama e da visibilidade. Ah, se tudo fosse tão simples como "Ame seus manos". Ah, poderia ser um beijo na cabeça quando a agitação por dividir o espaço com alguém se torna grande demais e não há outra maneira de expressar isso.

Acabo pesquisando a ciência por trás do desastre do colapso das colmeias que está matando as abelhas. É quando as abelhas operárias desaparecem e deixam apenas a rainha com algumas cuidadoras responsáveis pelas abelhas jovens que acabam morrendo, porque a força de trabalho que as manteria vivas desapareceu. Fico fascinado, pensando como as poucas abelhas solitárias devem lutar para manter a si mesmas e suas amadas. E qual força as impulsiona? Não é o amor por si só, imagino. O amor por si só é uma caverna aquecida, mas vazia. É onde são guardados os corpos que um dia estiveram vivos.

Dezembro de 2019

Ó Brandon, Tyler, Trenton, sinto saudades de todos vocês. Ó Kenny, MarShawn, Thomas. Ó Demetrius, Trey, James.

Gostaria que minhas mãos pudessem ter aparecido nos penhascos onde vocês estavam pendurados. Ó meu grupo de amigos queridos falecidos, há tantas formas de deixar a terra e meu nome certamente estará marcado numa delas num dia em que eu talvez ainda queira estar aqui, mas pensarei em vocês. Meus amores, só quero saber se o paraíso é real se houver a promessa de que vocês estarão lá. Não temo a morte tanto quanto temo a escuridão incerta. Temo uma eternidade que não inclua a chance de reparar todas as coisas que me impediram de abraçar vocês enquanto estavam respirando e dizer a vocês como eu não entendia sobre o amor. Agora eu sei que sempre amei vocês e agora vocês não estão mais aqui. Estou tentando amar melhor em memória de vocês. Estou tentando ter menos pelo que me desculpar. Caras, andei desenhando a tatuagem mil vezes. Ainda não acho a que a minha pele mereça carregar os nomes de vocês.

Lacrar as portas, derrubar paredes

NO INTERVALO entre as músicas de um show da Fuck U Pay Us (FUPU) na cidade natal deles, Los Angeles, a guitarrista e vocalista Uhuru Moor deixa sua guitarra balançar livremente enquanto abre os braços de frente para a plateia, que ainda está zumbindo de agitação enquanto a última música chacoalha e ecoa no ambiente. Um sorrisinho se insinua no rosto de Uhuru enquanto começa a balançar. "Para quem não nos conhece, nós somos a Fuck U Pay Us, o que significa que estamos em busca de reparações para o povo preto." A multidão – uma maioria de pessoas negras e não brancas amontoadas na beira do palco – começa a aplaudir. A banda deixa a aclamação se prolongar por um instante antes de seguir para a próxima cacofonia brilhante.

Essa é a segunda vez que assisto à Fuck You Pay Us, depois que um amigo me convenceu a ir a um show em 2017, quando por acaso eu estava numa cidade onde a banda ia tocar. Para ser honesto, não foi preciso muito para me convencer a ir. Bastou o comentário do meu amigo: "Essa é a banda que você sempre quis ver no palco".

É difícil colocar em palavras como é ver a FUPU pela primeira vez, especialmente se você é preto e cresceu ouvindo punk, ansiando por uma banda como essa. Realmente é uma banda que dá o máximo ao vivo, e qualquer um na plateia é encorajado a fazer o mesmo. As brincadeiras que fazem entre as canções misturam piadas e uma sequência de verdades. Cutucadas sobre a supremacia branca e reparações que com certeza deixam claro para toda pessoa branca na plateia que ela não está isenta – que a presença dela naquele espaço não significa absolvição. Dão o papo reto para a plateia, sem pregação, mas com uma expectativa de que exista um consenso no local: se você veio até aqui hoje, sabe o que veio ver. E, se você não sabia, essa é a programação.

A banda é formada por Tianna Nicole na bateria, Ayotunde Osareme no baixo, Moor na guitarra e Jasmine Nyende no vocal. Apesar de tudo o que pode ser dito sobre a presença de palco do grupo, ou sobre a forma como mantém o espaço coeso até o exato momento em que desejam que tudo venha abaixo, tudo isso começa com as canções. A maneira como o baixo de Osareme ressoa nas costelas, o jeito como a bateria de Nicole é clara e penetrante, martelando um caminho suave para que Moor e Nyende criem uma bagunça deliciosa com a paisagem sonora. Que diz a você, logo de cara, quais os interesses da banda, que nunca serão amenizados. A FUPU faz isso no nome da banda, nos títulos das canções e na composição de suas letras, às vezes escassas. Durante o show em Los Angeles, quando começaram com empolgação a marcha lenta da música "Burn Ye Old White Male Patriarchy, Burn" [Queima, queima, velho patriarcado do homem branco], Nyende se inclina para a frente, repetindo o título da canção, entoando-o enquanto alguém da plateia perto de mim ergue o punho fechado e grita "Queima!" após cada repetição. A palavra se torna quase uma oração e as palavras se dobram umas nas outras até que a frase se torna uma palavra. Uma meditação gritada com porções iguais de raiva e esperança.

O show da FUPU, sem dúvidas, é um show punk, embora tenha menos relação com o espetáculo, o que torna o show em si ainda mais urgente. As pessoas no palco estão na linha de frente das mesmas políticas que defendem. Fazem parte das pessoas que estão em maior risco se a mudança pela qual trabalham não produzir resultados. Sim, é claro, o grupo também entrega uma performance – são artistas que sabem muito bem como se mover pelo palco ou como agitar um momento para que ele desabroche num bem maior para a plateia. Mas a banda se sente tão próxima dos temas de suas criações que não tem de se esforçar muito. O show e as canções dão a sensação de que o trabalho é tentar destravar um destemor no público. Por volta da marca de três minutos de "Burn Ye Old White Male Patriarchy, Burn", Nyende entra na espiral de um canto rítmico de "burn ye old/ burn ye old/ burn ye old", e isso ao mesmo tempo fascina, instiga a raiva e dá a sensação de empoderamento. Todas as pessoas à minha volta gritam "queima" em diferentes tempos e tons, embriagadas pela compreensão de que esse é um tipo de espaço onde alguém pode pedir esse incêndio e permanecer ileso.

Há um amor e uma afeição entre o público num show da FUPU que me atraiu da primeira vez que assisti à banda e me atraiu mais ainda quando a assisti em Los Angeles. Não tinha muita gente se acotovelando para reivindicar seu espaço, embora as músicas peçam pelo movimento, como a esparramada e multifacetada "Roots", que fez com que eu e o pessoal à minha volta começássemos balançando a cabeça devagar e depois a nos debater freneticamente com a parte de cima do corpo. Ainda assim, nos momentos eufóricos de braços e cabeças jogados de um lado para o outro provocados pelo espírito dos ruídos de colisão, há um respeito pelo espaço – uma decência nem sempre concedida ao povo marginalizado nos shows de punk que frequentei. O dom da FUPU e de sua música é deixar bem claro para quem e por que estão fazendo música. Não precisam anunciar essas coisas (embora possam fazer um intervalo entre as canções só para reiterá-las). Muitos artistas – eu inclusive – falam sobre fazer arte para o seu povo, mas fazem isso com a compreensão de que quando as obras chegam ao mundo, perdemos o controle sobre elas em alguma medida. Até alguém que não gostaríamos que tivesse acesso ao nosso trabalho pode colocar as mãos nele e considerá-lo útil. Mas o show ao vivo da FUPU é direto e agressivo, e parece ser desse jeito por causa de uma proteção afetiva. Criam pensando nas pessoas às margens das margens. O povo negro, com certeza. Mas especificamente mulheres negras, pessoas trans negras, trabalhadoras sexuais, sobreviventes. Pessoas negras e pessoas não brancas expostas a maior vulnerabilidade pela violência sistêmica. Há algo dentro dos limites do show que leva as pessoas para além de uma raiva coletiva e as conduz a uma espécie de segurança amorosa. Há pessoas perto de mim que começaram o show gritando, mas que no fim estão nos braços de alguém que também estava gritando. Eu estou muito longe dos meus dias mais efusivos na plateia de um show, mas, durante a apresentação, senti um tipo de expressão muito diferente emanando de mim. Todas as frustrações e micro raivas que engoli podiam viver num outro lugar fora do meu corpo. E a cura estava no sentimento que ficava do outro lado disso. A exaustão, a beleza, o conforto de saber que eu encontrava alívio aqui. Isso não quer dizer que pessoas que não são marginalizadas podem se sentir ou certamente se sentirão fora do lugar num show da FUPU. Ao contrário, pois a banda declara seus objetivos e seus limites tão livremente que eu me senti acolhido de uma maneira que quase não me sinto mais em shows. Me senti seguro. Há beleza e generosidade nisso. Embora algum tolo possa olhar de fora e só ver pessoas negras gritando e imaginar que isso é só raiva.

Cresci entre pessoas negras que viviam com raiva. Às vezes, ou com frequência, ficavam com raiva de qualquer acidente besta no qual eu me metia. Ou pelo menos era assim que a raiva se manifestava. As pessoas que eu amava e as pessoas que eles amavam provavelmente estavam irritadas com alguma outra injustiça imutável, mas gritar com uma criança bagunceira liberava um pouco da tensão. Eu amava as pessoas negras com raiva, e não as amava apesar de sua raiva, mas por causa dela. Porque a raiva era parte de quem elas eram. As pessoas achavam que a mãe do meu amigo Jason era má por causa do jeito como ela se materializava nas laterais da quadra de basquete se J. demorasse muito além da hora em que os postes começam a iluminar a escuridão aqui e ali, gritando que ele fosse para casa. E pela forma feroz como ela olhava para qualquer um que ousasse rir enquanto o filho balançava a cabeça e caminhava desgostoso na direção dela. As pessoas pensavam que ela era muito rígida porque J. a chamava de "Senhora" em vez de "Mãe" ou "Ummi". Mas eu a adorava, assim como amava outras pessoas mais velhas do bairro, até quem gritava comigo quando eu deixava rastros de lama em suas casas ou gritava comigo da varanda quando passava correndo com a bicicleta em seu gramado recém-aparado. Quando o cabelo de J. estava selvagem demais para os corredores da escola, nós nos sentávamos para jogar videogame na sala da casa dele aos domingos e a mãe pegava um pente e desembaraçava com ternura e cuidado a cabeleira dele antes de trançá-la outra vez, cantarolando uma canção antiga que também era cantarolada na minha casa.

E é por isso que não sei se acredito na raiva como algo oposto à ternura. É mais fácil eu acreditar que as duas estão trançadas juntas. Dois elementos tentando sobreviver num mundo quando se adquire a compreensão da capacidade do mundo para a violência. É claro, isso não é verdadeiro para toda manifestação da raiva – não estou defendendo o abuso ou a replicação da violência. Estou falando aqui do fato de que a minha mãe era uma mulher barulhenta. Quando ela ria, dava para ouvi-la a duas casas de distância; quando ela gritava se ouvia de mais longe. Na nossa casa antiga e barulhenta, a gente sabia quando minha mãe estava chegando, e pelo tom dos passos dava pra saber como estaria o humor dela quando chegasse. Quando estava em paz, seus passos eram calmos, gentis e lentos. Quando estava animada, seus passos eram mais rápidos, quase correndo ao descer a escada de seu quarto no segundo andar. Quando estava com raiva, os passos eram pesados e ameaçadores. Ela não fazia nada em silêncio.

Quando éramos jovens e vivíamos num estado constante de travessuras, meu irmão e eu geralmente tínhamos que esperar ansiosos enquanto nossos pais decidiam quem seria o responsável por nos repreender. Cada escolha tinha suas vantagens e desvantagens. Quando meus pais ainda estavam vivos, preferíamos levar a bronca do nosso pai, que era mais inclinado a repreender com calma, às vezes falando durante horas. Como castigo, ele nos entregava livros grossos, cheios de dobras nos cantos das páginas, ou nos dava grandes projetos de pesquisa para fazer, geralmente com temas relacionados ao motivo pelo qual nos metemos em encrenca. Se eu fosse pego roubando um doce, por exemplo, poderia ter que pesquisar a história daquele doce e escrever uma redação sobre isso. Esse tipo de castigo era cansativo e sem dúvida desagradável. Mas, de certa forma, ele parecia mais suave, mais contido. Nós simplesmente tínhamos que aturar uma longa conversa e depois entregarmos uma tarefa. Estudantes de faculdade pagam para ter algo parecido com o castigo do meu pai.

Ser punido pela minha mãe era uma experiência bem mais curta. O difícil nem era suportar a raiva dela, mas lidar com a ideia de que estava furiosa comigo. Ela gritava um pouco e então nos mandava para o nosso quarto. Mas como ela era uma mulher que expressava todas as suas emoções, não conseguia esconder quando estava com raiva ou decepcionada com a gente. De algum jeito, esse castigo era muito pior que as câimbras na mão por escrever três páginas sobre a história do chocolate. Quando alguém ama de um jeito barulhento, com tudo o que tem dentro de si, a contenção desse amor, mesmo que breve, parece impossível de suportar.

O lado bom de ser punido pela minha mãe era que ela raramente conseguia se manter furiosa por muito tempo. Ela acalmava muito mais rápido que meu pai, que era eternamente estoico e mais difícil de compreender. Era minha mãe quem geralmente mudava de ideia, deixando a gente sair do castigo mais cedo, quem nos deixava pegar uns doces durante as idas às compras quando não devíamos fazer isso. Há alguma coisa na forma como a raiva se entrelaça ao amor, que se entrelaça com uma necessidade de proteger. Proteger as pessoas de quem você gosta, mas também se proteger.

Eu tinha doze anos quando tive minha primeira e única convulsão. Na noite anterior, tinha ficado de castigo por algum motivo do qual não consigo me lembrar e olha, eu tentei lembrar. Era a véspera do início do recesso de primavera, então só consigo imaginar que fiz alguma besteira na escola e um professor ligou para o trabalho da minha mãe.

Eu recebi um castigo do meu pai e da minha mãe – e a ideia era passar o recesso em casa, tão ocupado quanto eu estaria durante as aulas. Entregando textos todos os dias e fazendo tarefas. Na primeira noite de castigo, fui dormir na cama de cima do beliche, meu irmão na de baixo. Quando acordei, estava sentado na mesa da cozinha. Diziam que meus olhos estavam abertos, mas eu não conseguia ver nada. Alguém tentou me fazer tomar um copo de suco de laranja. Minha cabeça doía e eu não tinha tendência a sentir dores de cabeça. Tenho certeza de que as convulsões afetam as pessoas de formas diferentes. Para mim, parecia que eu estava sendo enrolado em fita isolante do pescoço para cima, mais apertado a cada volta.

Penso, ainda hoje, o quanto aquele momento deve ter sido assustador para minha família. Meu irmão, que acordou e descobriu que eu estava no meio de uma convulsão, me contorcendo na cama. Meus pais, enquanto eu não reagia e quando, ao conseguir falar, comecei a gritar que não estava enxergando. Quando meus olhos finalmente voltaram a funcionar, era como se a estática de um televisor tivesse sido empurrada para a parte de baixo da tela. Lá estava a minha mãe, parada ao lado da mesa, aliviada, sorrindo, segurando as lágrimas enquanto cerrava um punho trêmulo.

No avião de volta para casa, depois do show da FUPU em Los Angeles, ainda sentia a energia da música e do ambiente criado pela banda circulando pelo meu corpo. Direi às pessoas que foi para isso que eu me aproximei da música punk, embora saiba que é mentira. Quando era mais novo, me aproximei do punk porque achei que a música me ajudaria a liberar toda a raiva contida dentro de mim. Depois que minha mãe morreu, depois que fui suspenso por brigar, depois que roubei coisas da minha casa e de membros da minha família. Achei que o problema era não ter um escape para a minha raiva, e meus amigos iam a shows onde se jogavam de um lado para o outro e se sentiam um pouco melhor no final, então comecei a acompanhá-los.

A cena punk do Meio-Oeste no meu cantinho do Meio-Oeste acontecia num círculo de cidades, e os destinos quase sempre dependiam de uma decisão financeira. Se conseguíssemos juntar dinheiro suficiente para alguns tanques de gasolina, o sonho sempre era ir a Chicago. Na época, a cena era densa e shows lotados rolavam durante todo o fim de semana. Havia vários lugares para ficar, e se não fosse o caso, meu amigo Tyler tinha uma van na qual dormíamos. Se a grana estivesse mais curta, Detroit e Pittsburgh também eram lugares com uma cena de alta qualidade. Se a grana estivesse curtíssima, Dayton estava a uma viagem rápida de Columbus. E é claro que a própria Columbus também dava pro gasto.

No entanto, a questão de todos esses lugares era que se você andava com uma maioria de punks negros, especialmente se você e seus punks negros eram de outra cidade, os espaços que você frequentava poderiam não ser seguros nem oferecer a liberação que buscava. Há lugares onde você pode começar uma briga, outros não. Há lugares onde você pode revidar quando te batem, há lugares de onde você é expulso. Há uma escala mutável para isso, ser negro num lugar onde as pessoas podem estar mais propensas a testar você ou se sentir mais merecedor do seu espaço. Brigar nunca foi uma catarse para mim quando me parecia algo ligado à minha sobrevivência imediata. Lançar meu corpo contra uma massa de outros corpos não me trazia muita resolução emocional quando parecia que as pessoas ao meu redor nem sempre me viam como um igual e, portanto, ligavam menos se eu me machucasse. Mesmo na minha confusa compreensão juvenil da violência e da raiva como catarse, eu sabia que era melhor quando quem era considerado inimigo era alguém que tinha algum nível de respeito pela minha humanidade ou compreensão dela. Se eu trocasse socos com um moleque na quadra de basquete do meu bairro, nós nos encontraríamos na semana seguinte, na outra e depois. Então, se chegávamos a trocar socos, fazíamos isso entendendo que embora não fossemos amigos, do outro lado da nossa briga havia um mundo no qual teríamos que interagir e encontrar algum terreno comum entre as nossas vidas vulneráveis compartilhadas.

Isso era raro nas cenas nas quais eu ia de vez em quando e ainda mais raro nas cenas nas quais eu vivia. Quando via outros punks negros por aí nos shows, às vezes nos juntávamos e acabávamos nos aconchegando no fundo de algum lugar. Se estivéssemos em quantidade suficiente, abríamos caminho aos empurrões até lá na frente e formávamos nossa pequena nação.

Se estou sendo honesto comigo mesmo, o que eu gosto em bandas como FUPU, Big Joanie, The Txlips, The Muslims e outros é que agora eles vão contra o que a minha versão mais jovem parecia desejar ver nos palcos. No fim da adolescência e início dos vinte, quando eu declarava que queria ver alguém no palco parecido comigo, isso era tudo o que eu procurava – no nível mais básico. Alguém homem e negro que replicasse a performance de ferocidade que os artistas brancos que eu via pareciam ter infinita permissão para apresentar. Eu queria ver uma reprodução de uma ideia muito estreita e masculina de como liberar a raiva, porque tudo o que eu sabia era que ainda não tinha encontrado uma saída, e esperava que alguém pudesse me mostrar. E é claro que havia bandas que ao menos tinham o espírito da FUPU esperando por mim o tempo todo, mas nunca pensei em procurar, seja devido a minha juventude ou a minhas ideias estreitas de como seria a permissão para expressões públicas de raiva (e amor). Havia bandas esperando não apenas para abalar minhas ideias iniciais sobre gênero e representação, mas que se dirigiam ao público e o desafiavam ao vivo. Bandas que parecem interessadas numa liberação emocional em tempo real, algo que vai além da raiva necessária que aponta para feridas abertas. Quando você se vê correndo atrás do rabo da representação a todo custo, pode se surpreender com o que passa correndo enquanto não está olhando. E vai se surpreender com o que é capaz de aceitar para si quando sua ideia mais estreita de representação é atendida.

Agora estou mais velho e vou a bem menos shows do que costumava. Acho que ainda vou a mais shows do que a maioria das pessoas da minha idade e com o meu nível de responsabilidades e falta de tempo livre. Mas vou aos shows de um jeito diferente. Agora, na maioria das vezes, sou uma mobília feliz no fundo das salas. Me encosto na parede, numa pilastra, num bar. Em qualquer lugar que me permita descansar um pouco enquanto ainda consigo ver um pequeno pedaço do palco. Se for um show ao ar livre, com lugares para se sentar, pode contar comigo. E eu sei como isso soa, uma vez que o tenho dito em voz alta para vários de meus amigos com quem eu ia a shows abarrotados cinco noites por semana. E eles dão muita risada antes de perceberem que estão mais ou menos assim. Nós geralmente íamos a show nos quais tínhamos que brigar por centímetros de espaço, nos batendo gentilmente contra estranhos, mas às vezes sem tanta gentileza. Durante quase uma década, procurei um jeito de me reconstruir por meio desses atos de raiva mal direcionada, até que encontrei formas novas e melhores. Até que me tornei velho, magoado e cínico demais para continuar procurando, ou quando me perguntei: *A que preço?* e não conseguia mais suportar a resposta. Acumulei enterros, agarrado a camisetas velhas de amigos mortos. Amigos que eu amava e tomaram cusparadas de punks *straight-edge* brancos em Illinois ou brigaram na Pensilvânia porque alguém chamou o seu amigo de "preto sujo". É claro que as coisas não eram assim o tempo todo em todos os lugares. Mas às vezes eram assim em alguns lugares. Acabei percebendo que estava acumulando mais raiva do que seria capaz de liberar.

Então, num raro show de punk no final de 2018, bem no fundo de um lugar onde sou a única pessoa negra no meu campo de visão, um cara branco para bem na minha frente e começa a andar para trás confortavelmente, até que eu tive que colocar minha mão nas costas dele, avisando-o da minha presença. Quando eu disse gentilmente que ele estava invadindo o meu espaço e tinha bloqueado toda a minha visão do palco, ele se virou para mim e disse, como se fosse a coisa mais normal do mundo: *não posso sair daqui, estou esperando por esse show há meses.*

Nos meus dias de juventude, eu o teria empurrado ou teria brigado ou começado alguma discussão inútil aos gritos. No entanto, outra coisa que aprendi há muito tempo é que as cenas lucram com a aparência de diversidade, porque essa aparência lhes dá espaço para que nenhum comportamento realmente mude lá dentro. É um modelo muito conhecido, no qual uma empresa ou uma organização faz alguma grande merda publicamente ou é criticada por causa de algo que há muito se sabe, e o primeiro instinto deles é chamar uma pessoa negra para ajudar a acalmar o ruído. Um político acusado pela população negra de não saber absolutamente nada sobre a população negra estadunidense tuita uma mensagem mal escrita de feliz Kwanzaa. A negritude, ou a proximidade da negritude, é um dos remédios favoritos nos EUA para uma consciência culpada.

No entanto, o que raramente é abordado é a vida inteira além da performance da presença. A cena punk é um alvo fácil, com certeza. É muito branca e provavelmente continuará muito branca porque, quando jovens negros vão aos shows, as pessoas têm o cuidado de incluí-los nas fotos, mas os empurram para fora do caminho assim que as músicas começam. Essa cena continuará muito branca porque os shows se resumem a negociações de espaço, de quem o merece e quem não, e não tem jeito de você e sua galera criarem espaço para pessoas que não se parecem com você quando a maioria das pessoas no ambiente se parecem com você.

Ainda assim, caras brancos usando camisetas de bandas ainda me dizem que agora a garotada negra vai aos shows deles. Um pessoal *queer* também vai, que coisa. Talvez não conheçam nenhuma dessas pessoas pelo nome ou algo parecido, mas Deus sabe que esses jovens estão lá e então a crise sobre o que fazer em relação a essa maldita confusão acabou.

Deve-se dizer que parece egoísta dizer a jovens punks não brancos que parem de ir a shows. Eu me divertia, e se um mais velho me dissesse aos dezenove anos para parar de ir aos shows em vez de lutar pela minha porção de liberdade num show, eu teria dado risada na sua cara. E também não tenho o direito de dizer aos jovens punks não brancos insatisfeitos que comecem sua própria cena. Em primeiro lugar, isso não resolve nada. Ignora a raiz do problema e parte da suposição de que todo mundo tem o mesmo acesso e capacidade de crescer e aparecer de repente e criar o próprio negócio. Mas também ignora o fato de que muitos deles já fizeram isso. Há festivais punks negros e não brancos brotando em todos os cantos dos EUA e além. Contudo, isso ainda deixa muitos jovens (e não tão jovens) em determinadas regiões se debatendo contra as mesmas paredes ou paredes semelhantes contra as quais eu me jogava há mais de uma década. Eu vejo essas pessoas. Falo com elas depois de ler poemas ou recebo e-mails delas. E quero dizer a elas que se desapeguem. Parem de se dar para cenas que não estão interessadas em reconhecê-las ou servir a elas, ou cenas que as tratam como invisíveis quando a música começa. Mas sei que isso não é justo, e não combina comigo enviar diretrizes do alto da minha autoridade. Então eu ouço, assinto e digo que as entendo, porque isso já aconteceu comigo. Falamos das bandas de que gostamos e digo-lhes para manterem contato se precisarem conversar. Então voltamos para os nossos mundos.

Quando falo sobre o meu desapego pessoal, não estou falando apenas de me retirar dos espaços. Isso é parte do que faço agora, mas também é a parte mais fácil, pois me animo mais com meu sofá do que com qualquer buraco. Também estou falando de me desapegar de oferecer minha energia à cena, especificamente a minha raiva. Não expressar a raiva é uma ferramenta poderosa – descobri que é mais útil do que não expressar o amor. É a raiva que me impulsiona com mais vigor no meu trabalho de servir ao meu povo, então não considero útil desperdiçá-la diante ou a favor de um povo com quem não estou envolvido.

Acho que o brilhantismo de uma banda como a Fuck U Pay Us está na compreensão disso. Um tolo pode ir ao show ou ouvir as canções na sequência e ver apenas a raiva. Raiva da branquitude, do patriarcado, do império. São todos alvos legítimos da raiva, para deixar claro. E é claro que há raiva direcionada a essas instituições e estruturas sociais. Mas a raiva que está nas canções e a raiva sustentada no palco parecem dar permissão. *Isso* é o que eu estive procurando. Sim, é fúria para olhos e ouvidos destreinados. Mas também é um amor intenso, muito intenso por todos os que estão por dentro. Os que estão numa sala e gritam, dizendo que querem queimar tudo, mas recebem a aceitação das pessoas à sua volta. Os que batem com os punhos contra a parede, na esperança de que ela se quebre e revele um lugar onde se possa viver sem fardos, seja lá qual for o seu povo. O que mais leva as pessoas a esse tipo de raiva, senão o amor? Ou a esperança talvez, embora não a esperança vazia da publicidade e das campanhas políticas. Esperança de uma terra prometida e o conhecimento do que deve ser destruído para chegar lá. Eu testemunhei um show da Fuck U Pay Us, e não fui capaz de parar de pensar nisso desde então. Pessoas negras gritando porque não existe um outro jeito de elas conterem o que sabem. Não há forma de expressão para o entendimento de todas as coisas que impedem as pessoas negras de entenderem a liberdade, e não há outro volume no qual se possa dizer ao povo negro: *quero que todos nós sejamos livres, e não posso fazer isso sozinho*.

QUINTO
MOVIMENTO

CHAMADOS PARA LEMBRAR

Sobre os momentos em que me obriguei a não dançar

EU QUIS morrer vezes suficientes na minha vida para entender a ideia de que querer morrer não é uma coisa boba. Minha amiga Donika e eu uma vez estivemos juntos numa mesa, em Washington D.C., porque tínhamos escrito livros que concorriam a prêmios. Isso era um milagre em si, dado que ambos somos negros nos EUA, um lugar onde o nosso povo nem sempre pôde ler ou escrever sem medo de punição. Quando Donika recebeu o prêmio, ela agradeceu por ter sobrevivido a todas as coisas que tentaram matá-la, incluindo ela mesma. Eu ainda não fui capaz de separar essa breve e simples declaração do fato de que ainda estou vivo, sabendo que durante um período houve dias em que não quis estar vivo e sei que podem chegar outros dias nos quais outra vez não vou querer. Não tenho a intenção de estimular a ideia de querer uma saída, mas, para mim, não imaginar isso como uma coisa boba significa que eu, por ser quem sou, recebi a tarefa de levar isso a sério. Não posso viver como já vivi, dizendo às pessoas que estava bem e querendo desesperadamente que elas se esforçassem para desvendar minuciosamente a linguagem e ver que eu estava sofrendo.

Sou chamado a me lembrar disso hoje, neste momento em que ainda estou respirando e posso dar notícias de minha vida, que às vezes são boas e outras, não. Sou chamado a me lembrar disso enquanto há uma mensagem do meu irmão no meu telefone que estou ansioso para responder. Meu irmão que certa vez, há muitos anos, deixou de lado alguma coisa que estava fazendo para dirigir até um lado da cidade distante de onde ele mora e bateu na porta na qual eu estava recostado, sentado no chão, no final de um verão em que tudo deu muito errado. Sou grato por crescer com uma vida atada a outra vida, ainda que ambos envelheçam para acima e além dos caminhos de onde viemos. Sou grato pelo modo como a proximidade dessas vidas cria uma espécie de compreensão do não dito e sou grato pelo modo como esse elo cria um tipo de urgência em torno dessa compreensão.

Sou chamado a me lembrar de tudo isso quando penso em como meu irmão bateu na porta e não foi embora, sabendo que eu estava sentado no chão, segurando a maçaneta com uma mão trêmula e me recusando a girá-la. Sou chamado a me lembrar de como, quando finalmente a girei, lá estava o meu irmão, que não se deu ao trabalho de perguntar se eu estava bem. Ele sabia apenas que não conseguiu entrar em contato comigo numa semana em que as coisas ficaram ruins, e me refiro ao tipo de coisas ruins que parecem insuperáveis. E me lembro, acima de tudo, de como meu irmão – maior do que eu em todos os sentidos – me abraçou enquanto eu chorava nos braços dele e não disse nada, nem para me garantir que as coisas iam melhorar. Em vez disso, em silêncio, me ajudou a entender que as coisas não iam bem, mas ali estava ele, me arrastando para longe da beirada. Me segurando até que aquela beira de precipício se tornasse terra firme outra vez. Ficando naquele apartamento velho e barato comigo até que ficou tão escuro lá dentro que enfim tive que sair do chão para acender a luz. Demonstro minha admiração por tudo isso hoje, um dia em que vou responder à mensagem do meu irmão e parar um pouco para conversar com ele ao telefone.

Nós nunca falamos sobre isso, meu irmão e eu. Depois daquele dia, foi apenas mais uma recordação na nossa longa e às vezes complicada tapeçaria de memórias. Meu irmão que, mesmo antes do dia em que salvou a minha vida, uma vez me visitou na cadeia quando passei uma semana preso por roubar, mentir e roubar outra vez. Cansei de falar da vida como se ela fosse algo a ser ganho, merecido, presenteado ou desperdiçado. Serei honesto em relação ao meu boletim e direi apenas que a conta entre eu estar aqui e as pessoas que me mantiveram aqui não fecha, quando considero a pessoa que eu fui e ainda posso ser de vez em quando. Mas não é essa a finalidade da gratidão? Ter uma compreensão implacável de todas as formas como você poderia ter desaparecido, mas não desapareceu? As possibilidades para a minha saída foram infinitas, então a minha gratidão por estar aqui deve ser igualmente interminável. Sinto muito que este texto não seja sobre movimento ou história ou dança. Em vez disso, é sobre imobilidade. Sobre todos os momentos congelados dos quais fui retirado, para poder tentar mais um dia.

Agradecimentos

ESTE LIVRO se tornou possível graças à paciência e à gentileza de muitas pessoas e à generosidade daqueles que compartilharam trabalho, recursos e tempo. Agradecimentos infinitos a Maya Millet por conduzir este livro numa direção nova e melhor. A Dart Adams pela checagem dos fatos. A Kambui Olujimi pelos arquivos de maratonas de dança. A todos da Random House que acreditaram neste livro e trabalharam nele enquanto ele mudava, especialmente Ben Greenberg que se manteve disposto a acreditar no que o livro poderia ser.

Como todas as coisas, este livro é o resultado feliz de muitas pessoas, livros, ideias e energias que têm nutrido a minha vida até este ponto. Escritores que eu admiro, sim, mas também meus amigos em Columbus que encontram tempo para estar comigo no conforto de nossas afeições perenes compartilhadas. As pessoas em meus grupos de conversa que aturaram meus textos desconexos e impacientes. Os organizadores de Columbus e demais lugares, que trabalham para ampliar a minha imaginação, para me fazer pensar que vale a pena escrever no mundo e sobre o mundo. Sou grato a todas essas pessoas.

Este livro é dedicado à memória de MarShawn McCarrel, Amber Evans, Rubén Castilla Herrera, Gina Blaurock e Bill Hurley.

Créditos

O meu reconhecimento agradecido a todos a seguir pela permissão para reproduzir textos ou publicar material inédito:

CMG Worldwide, Inc.: Trecho do discurso de Josephine Baker em St. Louis em 1952. Usado mediante autorização. Josephine Baker® é uma marca registrada pelos herdeiros de Josephine Baker, licenciada pela CMG Worldwide (cmgworldwide.com).

Liveright Publishing Corporation, integrante do grupo editorial W. W. Norton & Company: "Full Moon", publicado em *Collected Poems of Robert Hayden*, organizado por Frederick Glaysher, copyright © 1962, 1966, Robert Hayden.

Sony/ATV Music Publishing LLC: Trecho de "You Keep Her", de Joseph Arrington Jr., mais conhecido como Joe Tex, copyright © 1964 Sony/ATV Music Publishing LLC e editores desconhecidos. Todos os direitos ou melhor oferta a Sony/ATV Music Publishing LLC administrada por Sony/ ATV Music Publishing LLC, 424 Church Street, Suite 1200, Nashville, Tennesse 37219. Todos os direitos reservados. Utilizado mediante autorização.

Sobre o autor

Hanif Abdurraqib é um poeta, ensaísta e crítico cultural. Sua poesia foi publicada em revistas como *PEN America*, *Muzzle* e *Vinyl*, entre outras. Seus ensaios e críticas foram publicados em *The New Yorker*, *Pitchfork*, *The New York Times* e *Fader*. Sua primeira coletânea de poesia, *The Crown Ain't Worth Much*, foi finalista do Eric Hoffer Book Award e indicada para o Hurston/Wright Legacy Award. Seu primeiro livro de ensaios, *They Can't Kill Us Until They Kill Us*, foi considerado um dos livros do ano por veículos como *NPR*, *Buzzfeed*, *Esquire*, *O: The Oprah Magazine*, *Pitchfork* e *Chicago Tribune*, entre outros. Seu livro *Go Ahead in the Rain: Notes to A Tribe Called Quest* entrou para a lista dos mais vendidos do *The New York Times*, foi finalista dos prêmios National Book Critics Circle e Kirkus Prize e indicado para o National Book Award. Sua segunda coletânea de poemas, *A Fortune for Your Disaster*, recebeu o Lenore Marshal Poetry Prize. Em 2021 foi premiado pelo programa McArthur Fellowship. Em 2024 lançou *There's Always This Year*, uma meditação sobre a beleza, o luto e a mortalidade pelas lentes do basquete.

Abdurraqib.com

GRÁFICA PAYM
Tel. [11] 4392-3344
paym@graficapaym.com.br